es 1177
edition suhrkamp
Neue Folge Band 177

»Ich sitze vor dem Tor der griechisch-katholischen Kirche Sant'Atanasio in der Via del Babuino in Rom und überlege mir, was ich zu diesem Buch schreiben könnte. In der Hoffnung, daß ich die Kirche offen vorfinden werde, bin ich durch den Borghesepark über die Piazza del Popolo in die Via del Babuino gegangen, um in der Kirche, vielleicht während der Zelebration eines Gottesdienstes durch weihrauchschwenkende Popen, für mein Rußlandbuch ein Motiv zu finden. Als ich an der Kirchentür ankam, setzte ich mich, ein wenig erschöpft vom langen Marsch, auf eine Stufe.
Eine ausgemergelte, schwarz gekleidete Frau schlapft, laut vor sich hinredend, mit sechs vollgepackten blauen und einem weißen Plastiksack vorbei. Einer der beiden neben der Kirche stehenden Carabinieri hebt sein Bein auf eine Steinstufe und schnürt sein rechtes Schuhband zusammen. Vor der geschlossenen Kirche sitzend, fällt mir ein, daß Njetotschka Wassiljewna Iljaschenko in ihrem ukrainischen Heimatort Dóbenka wenige Stunden, bevor die Kolchosführer gewalttätig die Kirche schlossen und die Ikonen zerstörten, das Heilige Sakrament der Taufe empfangen hatte. Bevor sie, Jahre nach ihrer Verschleppung in einem Viecherwaggon aus der Ukraine nach Kärnten, den Jungbauern, auf dessen Hof sie als Magd gearbeitet hatte, heiratete, sagte der Dorfpfarrer, daß der Bauer sie nur ehelichen könne, wenn sie bereits in Rußland getauft worden sei. Und Njetotschka Iljaschenko erzählte dem Dorfpfarrer ihre Geschichte.«
Josef Winkler, geboren 1953 in Kärnten, veröffentlichte zuletzt die Erzählung *Wenn es soweit ist* (suhrkamp taschenbuch 3417) und *Natura morta. Eine römische Novelle,* wofür er den Alfred-Döblin-Preis 2001 erhielt.

Josef Winkler
Die Verschleppung

Njetotschka Iljaschenko
erzählt ihre ukrainische Kindheit

Suhrkamp

edition suhrkamp 1177
Neue Folge Band 177
Erste Auflage 1984
© Suhrkamp Verlag Frankfurt am Main 1983
Erstausgabe
Alle Rechte vorbehalten, insbesondere das
des öffentlichen Vortrags, der Übertragung
durch Rundfunk und Fernsehen
sowie der Übersetzung, auch einzelner Teile.
Kein Teil des Werkes darf in irgendeiner Form
(durch Fotografie, Mikrofilm oder andere Verfahren)
ohne schriftliche Genehmigung des Verlages reproduziert
oder unter Verwendung elektronischer Systeme
verarbeitet, vervielfältigt oder verbreitet werden.
Druck: Nomos Verlagsgesellschaft, Baden-Baden
Printed in Germany
Umschlag gestaltet nach einem Konzept
von Willy Fleckhaus: Rolf Staudt

2 3 4 5 6 7 — 07 06 05 04 03 02

Josef Winkler
Die Menscherkammer

Einmal vor langer Zeit sind wir Menschen gewesen, die nicht an die Religion der anderen geglaubt haben: und darum hat man zu jener Zeit denen, die die Großväter unserer Großväter gewesen sind, die Spitzen der Zungen abgeschnitten, damit sie sich keine Kirchenlieder mehr singen konnten.

Jean Giono, *Der Berg der Stummen*

Vorn rechts: Hapka Davidowna Iljaschenko

Njetotschka Wassiljewna Iljaschenko bereitete sich zum Schlafen vor und zog ihren Schlafmantel an. Ich sagte zu ihr in der bäuerlichen Küche, daß ich unter dem Herrgottswinkel in ihrem Schlafzimmer ein Bild gesehen habe, das ich näher betrachten möchte, daß ich aber nicht alleine in ihr Schlafzimmer gehen, dort herumschnüffeln möchte. Ich ging, als wir gemeinsam über die Stiege kamen, schnurstracks auf die Herrgottswinkelecke zu. Ihr Schlafzimmer ist düster, keine starke Glühbirne beleuchtet es. Einen Schritt von den Ehebetten entfernt steht ein Gitterbett, in dem aufrecht eine Puppe in roten Seidenkleidern sitzt. Da das Licht schlecht war, trat ich ganz nahe ans Bild heran, um es genauer betrachten zu können. Ich fragte Njetotschka Wassiljewna, ob ich dieses Bild von der Wand nehmen dürfe. Freilich kannst du es haben, sagte sie. Ich hob es vom Nagel ab, sah es kurz an, drehte es um, sie bemerkte die Spinnweben und sagte, daß sie es zuerst säubern möchte. Sie ging auf den Waschraum zu, nahm das Handtuch und entfernte die Spinnweben. Du kannst dir ja ein frisches Handtuch aus dem Kasten nehmen, sagte sie und erzählte, daß dieses Bild früher über den Gitterbetten ihrer Kinder gehangen hat. Ich wollte sie noch fragen, in welchem Zimmer und in welchen Betten ihre Kinder damals geschlafen haben, ob es noch Reste, Überbleibsel von Gitterbetten gibt, aber ich hielt sie nicht länger auf. Sie sagte Gute Nacht und schloß ihre Schlafzimmertür. Mit dem Bild, das ich unter dem Herrgottswinkel von der Wand ihres Schlafzimmers genommen hatte, ging ich in mein Zimmer und legte es auf den Tisch, neben meine Schreibmaschine.

Das Gold des Bilderrahmens ist abgeschürft, teilweise abgebröckelt, es ist von Holzwürmern nicht verschont geblieben, obwohl es ein Heiligenbild ist. Das Bild zeigt ein bloßfüßiges Mädchen, das am linken Arm ein Holzkörbchen und in der rechten Hand einen Strauß Blumen hält. Dieses Kind geht über die Brücke eines rauschenden Baches. Über dem Kind schwebt mit ausgebreiteten Flügeln, ausgebreiteten, schützenden Händen ein Engel, der blonde Haare hat, ein blaues Seidenkleid, einen weißen Schleier halb um die Brust, halb um die linke Hand gewunden. Ich sage: eines rauschenden Baches, weil ich den Bach rauschen höre, während ich das Bild betrachte, aber wahrscheinlich spreche ich von einem rauschenden Bach, weil unweit von meinem östlichen Zimmerfenster ein Bach rauscht. In dieses östliche Zimmer des Bergbauernhofes wurde am 7. April 1943 in der Nacht, es war gegen elf Uhr, die kleine vierzehnjährige, in einem Viecherwaggon aus Rußland deportierte Njetotschka Wassiljewna Iljaschenko einquartiert, nachdem sie das Nachtessen bekommen hatte. Es war das Zimmer einer jungen Magd, die einen Kropf hatte. Njetotschka Wassiljewna glaubte zuerst, daß diese Frau mit dem großen Kropf und den langen auseinandergefallenen Haaren eine Hexe sei, eine *Widma*, wie es auf russisch heißt. Njetotschka Wassiljewna glaubte, daß sie gebraten werde. Sie erinnerte sich an das Märchen von Hänsel und Gretel, das ihr damals, in ihrem russischen Heimatdorf, in Dóbenka, ihre Schwester, die Lydia Wassiljewna Iljaschenko erzählt hatte, die ebenfalls, im selben Viecherwaggon, nach Kärnten zur Zwangsarbeit verschleppt worden war.

Neben der kleinen Njetotschka Wassiljewna hockte in der Küche ein schwarzer Hund, der Waltl hieß. Rührte sie sich, begann der Hund zu knurren. Sie blickte gespannt auf die Frau mit dem Kropf, die am Herd stand und einheizte. Immer wieder lief ihr der Gedanke, daß sie jetzt von dieser Widma gebraten werde, durch den Kopf. Njetotschka Wassiljewna hatte eine fast vierwöchige Fahrt im Viecherwaggon hinter sich, der von Kiew, durch die Tschechoslowakei, Polen und Österreich fuhr, ehe er in Villach ankam. Sie lauschte auf das bedrohliche Schnaufen der Widma. Njetotschka Wassiljewna dachte an die Erzählungen ihrer Mutter, der Hapka Dawidowna Iljaschenko, daß in den dreißiger Jahren, während der Hungersnot in Rußland, manche Eltern ihre eigenen Kinder aufgegessen hätten, um ihren Hunger stillen zu können. In einem Heustadel ihres Heimatdorfes wurde ein Kinderkopf gefunden. Njetotschka Wassiljewna dachte an die buckelige Schwester dieses toten Kindes, die damals, als ihre Eltern schon verhungert waren – da auch ihnen die Kolchosführer von Dóbenka, Holowá Kolhospu und Holowá Silrádi, diese mörderischen sowjetischen Puppen, alles an Feld und Gut weggenommen hatten –, im Heustadel, in der Nähe ihres Elternhauses in Dóbenka, herumkramte und nach etwas Eßbarem suchte. Njetotschka Wassiljewna fühlte sich vom schwarzen Hund, der neben ihren Beinen hockte, bewacht, damit sie nicht vor der Widma, die den Ofen einheizte, um sie zu braten, davonlief. Im Viecherwaggon, während dieser mehr als dreiwöchigen Fahrt, die ein paarmal unterbrochen wurde, um die Deportierten zu untersuchen und sie zu entlausen, konnte sie sich nicht ausstrecken. Wie die Viecher waren wir geschlichtet, erzählte sie mir, ich hockte an der Wand, hatte meine Beine angezogen, den Kopf auf die Knie gelegt und mußte so schlafen. Erst in Wien hatte sie einen anständigen Kaffee und ein Stück eßbares Brot bekommen, die übrige Zeit mußte sie dieses, wie sie es bezeichnete, *Sägespänebrot* essen. Am Bahnhof in Villach, erzählte sie, wurden wir regelrecht aus dem Waggon entladen und wie ein Schock Viecher durch die Stadt zum Arbeitsamt getrieben. Mit ihrer Schwester, der Lydia Wassiljewna, begleitet von den Bauern, die zum Villacher Arbeitsamt gekommen waren, um die russischen und polnischen *Menscher* auszusuchen und abzuholen, ging sie über den Geißrücken nach Fresach und von dort weiter ins Bergbauerndorf Mooswald hinauf. Wie ein Stück Vieh haben uns die Bauern angeschaut und herausgesucht, was ihnen brauchbar schien. Die Ukraine, erzählte sie mir, ist eine hügelige und berglose Gegend, und als ich das erstemal hier einen Berg sah und hinaufgehen mußte, dacht ich mir zuerst, wie kann ein Mensch nur auf einem Berg leben. Die Lydia Wassiljewna kam zum Kofler vom Amberg, während die Njetotschka Wassiljewna zum Niederstarzer von Mooswald kam. An einer Weggabelung mußten sie sich trennen. Njetotschka hielt sich an der Hand ihrer Schwester fest und gab den Bauern, da sie ja kein Wort Deutsch sprechen konnte, so zu verstehen, daß sie sich von ihrer Schwester, mit der sie gemeinsam aus Rußland nach Kärnten verschleppt worden war, nicht trennen wolle. Aber es war ein Mann, ihr späterer Schwager, dabei, der an der russischen Front gewesen war und ein bißchen russisch sprach und der ihr zu verstehen gab, daß sie ihre Schwester jeden Sonntag besuchen könne und daß sie nur einen Fußweg von einer halben Stunde von ihrer Schwester entfernt sei. Als sie das erstemal in Villach vor dem Arbeitsamt, wo sich die Deportierten vor den Bauern aufreihten, Kärntner Dialekt reden hörte, dachte sie, Das kann doch überhaupt keine Sprache sein, das kann doch überhaupt nichts heißen. Das werde ich mein Lebtag nicht erlernen.

Die Widma, die den Ofen einheizte, während die junge Russin ängstlich neben dem schwarzen Hund saß, machte ihr einen Tee und ein Butterbrot. Dann war mir schon leichter, erzählte sie mir, als ich merkte, daß ich etwas zu essen bekomme und nicht gebraten werde. Als sie fertiggegessen hatte, nahm die Widma die Russin an der Hand, und Njetotschka Wassiljewna wußte wieder nicht, was mit ihr geschehen werde. Die Widma führte die Njetotschka in ein Zimmer, in dem zwei Betten standen, und deutete auf ein leeres Bett. Njetotschka Wassiljewna, die nach einer fast vierwöchigen Fahrt im Viehwaggon übermüdet und krank war, konnte jetzt, seit sie in ihrem Elternhaus in Dóbenka um zwei Uhr morgens von einem Polizisten, der mit seinem Gewehrlauf in ihre Rippen stieß, geweckt worden war, das erstemal wieder in einem Bett schlafen. Njetotschka Wassiljewna schlief tief und erwachte am nächsten Morgen *erst, als es schon hell war*. Sie stand auf und schaute zum Fenster hinaus. Draußen lag Neuschnee.

In diesem Zimmer, in dem die damals vierzehnjährige

Njetotschka Wassiljewna Iljaschenko ihre erste Nacht verbracht hatte, legte ich 38 Jahre später das Schutzengelbild, das sie mir aus ihrem Schlafzimmer gab, auf den Schreibtisch, neben die Schreibmaschine. Dieser Engel beschützt also das Kind, begleitet es über die Brücke, es muß ein gläubiges, ein betendes Kind sein, das am Abend vor dem Einschlafen *Heiliger Schutzengelmein* spricht, wie ich es getan habe, damals, die Hände gefaltet, während die Mutter am Bettrand saß und mir weiterhalf, wenn ich stockte. Heiliger Schutzengelmein, laß mich dir empfohlen sein, steh in jeder Not mir bei, halte mich von Sünden frei, führe mich an deiner Hand, in das himmlische Vaterland. Während ich das Gebet sprach, sah ich das Bild, wie ein Engel ein Kind über die Brücke geleitet, vor mir, aber es gab in meinen Kinderfantasien nicht nur Engel, die mich beschützten, es tauchte auch dann und wann ein Schwarzer Engel auf, der es nicht gut mit mir meinte, der Wind machte mit seinen schwarzen Flügeln in meiner Kindseele und mich würgte. Ich kannte den zu einem Luzifer abgestürzten Engel. Es kamen die Mongoloidenengel, die Invalidenengel, der eine violette Engel kam auf Krücken daher, wahrscheinlich wurde ihm beim Engelkrieg über den Wolken der bäuerlichen Häuser meines Heimatdorfes der Fuß weggeschossen, die auglosen Engel kamen mit ihren Blindenschleifen um ihre nonnenartig hochgestreckten Hälse und hielten Totenwache bei einem ausgestreckt auf dem Bett liegenden, mit Magritten geschmückten Kind.

Im Frühjahr des 81er Jahres arbeitete ich in Wien an einem Romanmanuskript und fuhr, erschöpft von der Romanarbeit und vom Stadtleben, mit einem Freund nach Kärnten in das Bergbauerndorf Mooswald, wo seine Eltern ein altes, renoviertes Bauernhaus besitzen. In diesem Haus hielten wir uns mehr als vierzehn Tage auf, und ich hatte mir in der Zwischenzeit schon vorgenommen, Wien zu verlassen. Ich ertrug es nicht mehr, in den Volksgarten zu gehen und zusehen zu müssen, wie ein Polizist vor im Park liegenden jungen Menschen stand und ihre Namen aufschrieb. Augenblicklich stellte ich mir vor, wie ich auf den Polizisten losgehe und ihm den Knüppel aus dem Sack reiße. In Rom, im Borghesepark, liegen im Frühjahr unter den Baumblüten Tausende junger Menschen, fußballspielende Ragazzi laufen den Rasen ab, die Mädchen beschmieren mit ihren Lippenstiften die Lippen der unzähligen Steinbüsten, die im Borghesepark herumstehen, und ich sehe keinen Polizisten, der hinter einer Statue hockt und plötzlich, Knüppel oder Strafzettel zückend, hervorspringt. Omnibusse fahren durch diesen von Straßen zerstückelten, riesigen Park, links und rechts beugen sich die Ragazzi aus den Fenstern der fahrenden Omnibusse, schreien, halten Transparente und klopfen im Takt mit ihren Handinnenflächen an die Karosserie der Omnibusse, dann weiß man, ohne die Meldung aus dem Radio hören zu müssen, daß AC Roma wieder gewonnen hat. Ich nahm mir also vor, Wien, eine Stadt, in der ich es nicht länger als fünf Monate aushielt, zu verlassen, auf einen Berg hinaufzuziehen, bei einer Bergbauernfamilie zu leben, auf einem Berg zu wohnen, der über meinem Heimattal liegt. Ich ging, es war schon Ende Mai, in Mooswald von Bergbauernhof zu Bergbauernhof und fragte, wo ich ein Fremdenzimmerschild vor der Haustür sah, nach einer

Unterkunft, aber die Bauern gaben mir zu verstehen, daß schon alle Zimmer reserviert seien, daß die deutschen Urlaubsgäste ihre Zimmer schon bestellt haben. Ich sagte zu den Bauern, daß ich aber mehrere Monate bleiben würde, daß ich an einem Manuskript zu arbeiten habe, aber es gelang mir nicht, jemanden zu überreden, den Deutschen abzusagen und mich aufzunehmen.

Ich hatte eigentlich keine Hoffnung mehr, ein Quartier zu bekommen, und machte mich auf den Weg zurück ins Wochenendhaus. Unterwegs sah ich einen blonden Bauernbuben auf einem Traktor, der gerade dabei war, das Heu in die Scheune zu bringen. Ich ging öfter an seinem elterlichen Bauernhof vorbei, sah kein Fremdenzimmerschild, und da ich oft mehrere Söhne vor der Haustür, in der Garage arbeiten sah, konnte ich mir nicht vorstellen, daß sie ein freies Zimmer hatten. Ich ging auf den Traktorfahrer zu. Er trat auf die Bremse. Ich sagte zu ihm, daß ich eine schriftliche Arbeit zu erledigen hätte, daß ich mich mehrere Monate hier auf dem Berg bei einer Bauernfamilie einquartieren möchte, um in aller Ruhe, wie ich mich damals ausdrückte, weiterarbeiten zu können, und fragte ihn, ob er nicht vielleicht eine Bauernfamilie wisse, die mich einquartieren könne. Im Lärm des Traktors rief er mir, Frag meine Mutti! zu. Im selben Augenblick deutete er mit seiner Hand auf das Prantator des Heustadels, da trat seine *Mutti* heraus. Ich gab der Bäuerin die Hand und erklärte ihr mein Vorhaben. Wir besprachen den Vollpensionspreis und machten aus, daß ich am Abend oder am nächsten Tag wiederkommen und das Zimmer besichtigen würde. Am nächsten Abend kamen wir, mein Freund und ich, wieder ans Bauernhaus heran, aber ich hatte nicht den Mut, in die Bauernstube zu treten, wir blieben auf der Rasenbank vor dem Bauernhaus sitzen. Ich hatte jahrelang kein fremdes Bauernhaus mehr betreten, war jahrelang in keinem Stall mehr, hatte mich aber in den letzten Jahren ständig am Schreibtisch mit meiner bäuerlichen und dörflichen Herkunft auseinandergesetzt. Die Bäuerin kam aus dem Stall und ging durch die Hintertür, die durch einen Vorraum führte, in dem ein Backofen stand, in die Küche hinein, während wir auf der Rasenbank an der vorderen Tür saßen. Ich blieb eine Zeitlang sitzen und blickte in der Erwartung, daß sie uns doch endlich in die Bauernstube holen werde, in den Fichtenwald und aufs Heimattal hinunter. Ich legte das eine Bein über das andere, hielt mit der einen die andere Hand fest. Ich hörte die Hahnenschreie vom Nachbarhof, das Bellen der beiden Hunde, die Stallviecher rasselten mit ihren Ketten, manch eines brüllte, und über die Schornsteine der Bauernhäuser hinweg zog eine Schar Raben. Ich sah auf die unzähligen winzigen schwarzen Füßchen, die weit über unsere Köpfe hinwegzogen. Ich blickte auf die eingezäunten Gemüsegarten, ohne zu ahnen, daß ich ein dreiviertel Jahr später vor Njetotschka Wassiljewna Iljaschenko mit einem Tonband hocken und, während sie den Garten ausjätete, die Geschichte ihrer russischen Kindheit und ihrer Verschleppung aufnehmen würde. Und als sie den großen Garten ausgejätet hatte, war die Tonbandaufnahme fertig. Damals ahnte ich noch nicht, daß ich nicht nur ein paar Monate bleiben würde, um ein Romanmanuskript fertigzustellen, daß ich mich über ein Jahr in dem Zimmer ihres Bauernhauses aufhalten würde, in dem sie damals, am 7. April des 43er Jahres, nach den langen Strapazen im Viehwaggon erwachte, aufstand, zum Fenster ging und sah, daß Neuschnee gefallen war. Sie wunderte sich, daß noch im April in Kärnten der Schnee fiel. Draußen in Rußland, erzählte sie mir, wird im März schon geackert, werden im März schon die Felder bestellt.

Wir warteten vergeblich. Anscheinend hat sie auf uns wie wir auf sie gewartet. Schließlich aber standen wir doch auf, ich klopfte an die Küchentür und öffnete sie. Ich trat auf die Bäuerin zu, gab ihr die Hand, wandte mich aber sofort verlegen von ihr ab und setzte mich neben dem Diwan auf die Bank. In der Ecke unter dem Herrgottswinkel steht ein Radio, eine kleine Vase mit Strohblumen steht drauf. Wenn das Radio länger eingeschaltet ist, dachte ich, wird es die Vase und die Strohblumen wärmen. In der Ecke gegenüber steht der Fernsehapparat. Auf dem Fernsehapparat steht ebenfalls eine Vase mit Blumen, aber mit lebendigen Blumen, keinen Strohblumen, daneben steht das färbige Brustbild eines jungen Mannes. Über dem Fernsehapparat hängen, auf einem alten hölzernen Tellerträger festgemacht, Lebkuchenherzen, die man unter dem Verkaufszelt beim Landkirchtag zu kaufen kriegt, Medaillen von den Schimeisterschaften hängen am Tellerträger, Pokale stehen oben drauf. Der Schiweltmeister und Olympiasieger Franz Klammer ist einer ihrer Nachbarn. Über dem westlichen Fenster steckt auf einem Nagel eine Anzahl Partezettel. An der nördlichen Küchenwand hängt, breit eingerahmt, eine färbige Luftaufnahme, die einen Hof zeigt. Ich stand auf, trat näher an das Bild heran, die Bäuerin trat ebenfalls hinzu und sagte, Das ist der Starzer! Das ist also der Hof ihrer Familie. Zwischen dem Heustadel, Stall und dem Wohnhaus steht eine alte Linde, die Haus und Stadel überragt. Wie hätte ich auch ahnen können, daß wir, Njetotschka Wassiljewna Iljaschenko, ihr jüngster Sohn und ich ein dreiviertel Jahr später im Stall und unter der Linde gemeinsam ein Lied von Franz Schubert singen würden: Am Brunnen vor dem Tore, da steht ein Lindenbaum, ich träumt in seinem Schatten, so manchen süßen Traum. Ich schnitt in seine Rinde, so manches süße Wort . . . In diesem Brunnen, einem tiefen, runden Schacht neben dem Lindenbaum vor dem Stalltore, hatte ihre Familie während der Sommerhitze ein geschlachtetes Lamm an den Füßen festgebunden aufbewahrt, bis es verzehrt war. Als die Linde blühte, gingen wir, mit der Hacke auf der Achsel, auf ihre Äste los. Alte Bäuerinnen kamen mit Körben, und Njetotschka Wassiljewna Iljaschenko gab ihnen die Blüten für ihren Lindenblütentee.

Die Bäuerin richtete für mich und für meinen Freund eine Wurst- und Speckjause her, legte die belegten Holzteller auf den Tisch und stellte den Brotkorb dazu. Wie hätte ich auch ahnen können, daß ich hunderte Mal in diesen Brotkorb hineingreifen, ein Brotstück herausnehmen, brechen und die eine Hälfte links vom Teller, die andere rechts legen würde. Neben Speck und Wurst lagen ein paar Blätter Emmentalerkäse der Drautaler Käsewerke in Spittal. Eine Essiggurke krümmte sich vor meinen Augen. Eine halbe Stunde vorher aber hatte ich im Wochenendhaus gejausnet, ich hatte keinen Appetit mehr und überlegte mir, ob ich der Bäuerin die Jause absagen oder ob ich sie trotzdem essen sollte. Ich wollte die Frau nicht verletzen. Es kann doch sein, daß ich, der ich mich für ein Zimmer in ihrem Bauernhaus interessiere, ihr wehtue, wenn ich die Jause ablehne. Mein Freund, der Pfarrersohn, aber langte zu, wenigstens einer von uns beiden aß, und ich bat die Bäuerin, mir zu glauben, daß ich vor einer halben Stunde gegessen habe. Abgesehen davon nahmen mich die ersten Eindrücke in ihrem Bauernhaus, in dem ich mich mehrere Monate aufhalten sollte, so sehr gefangen, daß ich mich mit nichts anderem mehr beschäftigen konnte, daß ich nicht in aller Ruhe vor mich hinessen und dabei womöglich noch auf mein Heimattal und auf mein Heimatdorf hinunterblicken konnte, als wäre auf meinem Schreibtisch in den vergangenen Jahren nichts geschehen.

Der Bauer, ihr Mann kam zur Tür herein, setzte sich nieder und aß die Jause, die für mich bestimmt war. Er ist ein kleiner, schmächtiger Mann, mit noch vollen, nach hinten gekämmten schwarzen Haaren und einem schwarzen Oberlippenbart. Er sprach kein Wort. Ich spürte sofort, daß er verschwiegen ist, wie ich. Als ich meine ersten Tage auf seinem Bauernhof verbrachte, sah ich einmal, wie ihm, der auf dem Diwan lag, sein jüngster, fünfzehnjähriger Sohn von der Sitzbank aus ein Polster auf den Kopf warf. Hör auf, sagte der Vater. Mensch hörst, dachte ich, der bei seiner Speckjause saß, was wäre wohl passiert, wenn ich einmal meinem Vater einen Polster auf den Kopf geworfen hätte! Vielleicht als ich noch ein Kleinkind war, ein Mittelding zwischen einem lebendigen Spielzeug und einem werdenden Menschen, hat mich der Vater gestreichelt, vielleicht, ich weiß es nicht. Jahrzehntelang spürte ich nur, daß mir etwas fehlte. Bevor ich bei seiner Familie wohnte, soll ich einmal den Weg am Waldrand entlanggegangen sein, während der Bauer mit einer Sau, mit der er beim Nachbarschaftseber war, mir entgegengekommen sei, und ich erschrak vor mir selber, als er sagte, daß ich ihn bei dieser Gelegenheit nicht gegrüßt habe, daß ich wortlos an ihm vorbeigegangen sei. Es ging schon auf die Mitternacht zu, als er mir diese Geschichte ein paar Monate später erzählte. Wir saßen in der Küche und tranken gemeinsam ein Bier. Der Fernsehapparat lief noch. Njetotschka Wassiljewna war bereits schlafen gegangen. In der Küche brannte nur mehr das Licht über dem Herd, das die Herdplatte beleuchtete, der übrige Raum war dunkel, nur vom Blaulicht des Fernsehapparates ein wenig aufgehellt. Auf der Mattscheibe flitzten die schwarzweißen Bilder dahin und überschlugen sich. Der Bauer sagte, Du wirst dir wahrscheinlich gedacht haben, daß du dieses alte Mandl nicht grüßen mußt, aber das macht ja nichts, ich bin dir deswegen nicht böse, versteh mich richtig, ich wollte es dir nur einmal sagen. *Versteh mich richtig*, sagte er oft zu mir. Ein wenig verstört und beleidigt von mir selber ging ich schlafen. Da die Schlafzimmertür von Njetotschka Wassiljewna offen stand, ging ich auf Zehenspitzen auf die Tür meines Zimmers zu, in das Zimmer hinein, in dem 38 Jahre vorher die junge Njetotschka Wassiljewna Iljaschenko trat, um ihre russischen Kleider für immer abzulegen. Njetotschka Wassiljewna Iljaschenko hat Rußland nie mehr betreten und ihre Mutter nie mehr gesehen. Ihr Vater, Wassilij Grigorowitsch Iljaschenko, der im Ersten Weltkrieg ein Bein verloren hatte, war vor den Kolchosführern geflüchtet und hielt sich zuerst in der Nähe von Moskau auf. Wassilij Grigorowitsch trat weder in die Kommunistische Partei noch in den Kolchos ein, wurde aber, wie mir Njetotschka Wassiljewna erzählte, immer wieder von den Kolchosführern von Dóbenka, diesen *Oberschädeln*, wie Njetotschka sie nannte, bedroht und mußte schließlich flüchten, um nicht an Ort und Stelle erhängt, erschossen oder nach Sibirien geschickt zu werden. Hapka Davidowna aber hat von ihrem Mann nie mehr etwas gehört, und Njetotschka Wassiljewna hat ihren Vater Wassilij Grigorowitsch nie mehr gesehen. Hapka Davidowna vermutete, daß er entweder *vor Kummer gestorben* oder daß er weiter verfolgt und getötet worden ist. Andererseits aber war auch davon die Rede, daß Wassilij Grigorowitsch irgendwo im tiefen Rußland bei einer Witwe gesehen worden sein soll und zwei Kinder hatte. Hapka Davidowna konnte an diese Version nicht glauben, sie nahm immer an, daß er entweder umgebracht worden ist oder vor Kummer gestorben und daß ihn die Läuse aufgefressen haben. Er hat ja, so Njetotschka Wassiljewna, damals furchtbar viele Läuse gehabt. Sollte er aber wirklich mit einer Witwe zusammenleben und zwei Kinder haben, sagte Hapka Davidowna zu ihrer Tochter, so bin ich ihm deswegen nicht böse, aber eigentlich glaube ich nicht daran. Ich kann mir, so Hapka Davidowna, nicht vorstellen, daß er sich nicht einmal bei mir gemeldet hätte, wenn er noch leben würde. Hapka Davidowna Iljaschenko hat nach der Flucht ihres Mannes im 31er Jahr nicht mehr geheiratet, obwohl sie von mehreren Männern Anträge bekommen hat. Sie lehnte die Anträge immer mit der Begründung ab, daß ihr Mann Wassilij Grigorowitsch Iljaschenko noch leben könnte, daß er wieder zu ihr zurückkommen könnte und daß sie dann nicht mit einem anderen verheiratet sein möchte. Sie gab die Hoffnung, daß Wasslilij Grigorowitsch Iljaschenko doch noch nach Dóbenka zurückkommen könnte, nicht auf.

Hapka Davidowna Iljaschenko lebte nach der Verschleppung ihrer beiden Töchter Lydia Wassiljewna und Njetotschka Wassiljewna noch 31 Jahre. Dóbenka, der Geburtsort von Hapka Davidowna Iljaschenko und ihren Töchtern, und all die anderen ringsum liegenden größeren Dörfer mußten dem fast dreihundert Kilometer langen, südöstlich von Kiew liegenden Stausee von Krementschug Platz machen. Zehn Kilometer von Tscherkassy und ein paar Kilometer vom nördlichen Ufer des Dnjepr entfernt lag Dóbenka. Hapka Davidowna Iljaschenko mußte wie all die anderen in ihrem Heimatort lebenden, altgewordenen Russen Dóbenka verlassen, in ein anderes Dorf ziehen, das 30 Kilometer von ihrem Geburtsort entfernt ist. Njetotschka Wassiljewna erzählte, daß sie von den Schwiegereltern ihres Cousins gepflegt wurde. Dort starb sie im 74er Jahr, ohne ihre beiden Töchter, die Lydia Wassiljewna und die Njetotschka Wassiljewna, noch einmal gesehen zu haben. Es war der sehnlichste Wunsch meiner Mutter, erzählte Njetotschka Wassiljewna, mich noch einmal zu sehen. Sie schrieb mir, daß ich einmal in die Ukraine kommen solle, sie konnte sich nicht vorstellen, daß ich eine Frau geworden war und daß ich Kinder hatte. Sie sah mich immer noch als

23

das kleine Dirndle, von dem sie damals für immer getrennt wurde.

Im März des 43er Jahres, gegen zwei Uhr morgens, schreckte ein Polizist mit seinem Gewehr die schlafende Njetotschka Wassiljewna auf. Er stieß ihr den Gewehrlauf an die Rippen. Njetotschka Wassiljewna erwachte und sah, daß ihre Schwester Lydia Wassiljewna und ihre Mutter Hapka Davidowna bereits angezogen waren. Mit der Arbeitskleidung am Leib wurden Njetotschka Wassiljewna und ihre Schwester Lydia Wassiljewna von den Polizisten nach Tschornowai gebracht. Hapka Davidowna sagte noch zur Njetotschka, daß sie in Kiew bei der Untersuchung angeben soll, daß sie ein 29er Jahrgang und nicht ein 28er Jahrgang ist, da in Dóbenka verlautbart worden war, daß Männer und Frauen bis zum Geburtsjahrgang 28 zum Arbeitsdienst ins Ausland eingeteilt werden, die anderen nicht. Njetotschka Wassiljewna gab in Kiew an, daß sie ein 29er Jahrgang ist, aber es half nichts, *die Ärzte haben mich angeschaut und genommen.* Am nächsten Morgen, nachdem Lydia Wassiljewna und Njetotschka Wassiljewna von den Polizisten nach Tschornowai gebracht worden waren, kam Hapka Davidowna Iljaschenko zu Fuß in die dreißig Kilometer von Dóbenka entfernte ukrainische Kleinstadt Tschornowai, brachte ein Schulzeugnis mit, da sie annahm, daß Njetotschka Wassiljewna, die zehn Jahre jünger ist als ihre Schwester, in Österreich weiter in die Schule gehen würde, und gab ihren beiden Töchtern auch noch eine Flasche Schnaps. Sie riet ihnen, einen Waggonwärter mit dem Schnaps zu bestechen, *Vielleicht läßt er euch laufen.* Als sich der Viehwaggon am Bahnhof von Tschorno-

wai mit ihren Töchtern in Bewegung setzte, schrie
Hapka Davidowna Iljaschenko, Kinder! Kinder!
meine Kinder! Bevor ihre beiden Töchter in den Viehwaggon stiegen, sah Hapka Davidowna sie zum allerletzten Mal. Njetotschka Wassiljewna band sich im
Waggon eine Decke um ihre Hüften.
Die Bäuerin führte mich in die Labn hinaus, die Stiege
hinauf und zeigte mir das Zimmer, in dem sie mich
einquartieren würde. Sie zeigte mir auch noch zwei
andere Zimmer, aber das eine östliche Zimmer nahm
mich sofort gefangen. Es ist ein niedriger Raum, die
Südwand ist ein wenig schief, vom schweren, neuen
Dachstuhl ein wenig nach unten gedrückt. Hinter der
Tür steht ein kleiner Holzofen, zwei Betten in der
Zimmermitte, und zwischen den beiden östlichen Zim-
merfenstern steht ein Spiegelschrank. Ich wußte sofort, daß ich die beiden Spiegelflügel schließen werde,
damit ich nicht jedesmal, wenn ich ins Zimmer trete,
im Türrahmen stehend mich im Spiegel werde betrachten müssen, aber vielleicht stand damals, am 7. April
1943, gegen elf Uhr nachts die vierzehnjährige Russin
mit einer Decke um ihre Hüften, die sie im Viehwaggon in Tschornowai gefunden hatte, immer noch vor
ihrem Spiegelbild. Njetotschka Wassiljewna Iljaschenko legte sich neben der jungen Magd, von der sie
zuerst annahm, daß sie eine Widma, eine Hexe, sei und
sie braten werde, schlafen. In einem Bett, in dem
ich, 38 Jahre später, unzählige Male einschlief und
aufwachte, aber auch Nächte verbrachte, in denen ich
kein Auge schließen konnte, die Bettdecke zurück-
warf, aufstand und an meine Romanarbeit ging. Oftmals, während ich Njetotschka Wassiljewna Ilja-

schenko im gegenüberliegenden Zimmer schlafend wußte, beugte ich mich noch über meine Skripten oder über ein Buch von Hans Henny Jahnn.

Vierzehn Tage war Njetotschka Wassiljewna auf dem Bergbauernhof, als sie neben dem Pflug und den beiden vor den Pflug gespannten Ochsen hergehen mußte. Der Robert, ein SS-ler, ging ebenfalls hinter dem Pflug her und kontrollierte die Erdschollen. Die Ochsen wollten nicht weitergehen, der Pflug war eingebremst. Der Mann ging mit erhobener Peitsche, mit der er die Ochsen vorwärtstrieb, auf die kleine Russin zu. Er sah, so erzählte sie mir, die Angst und den Schrecken in meinen Augen, während ich ein Stück vorlief. Er wagte es aber nicht, mich mit der Peitsche zu schlagen, er bedrohte mich nur. Später hat er im Krieg diesen Arm verloren, in dem er die Peitsche hielt.

An einem dieser östlichen Fenster in der Kammer stand Njetotschka Wassiljewna und blickte nach Osten, Rußland wollte sie sehen, streckte ihre Hände aus und rief nach ihrer russischen Mutter, nach ihrer *Mati*. Njetotschka Wassiljewna *plärrte* und schaute in den Fichtenwald hinein. Die *Mame*, ihre spätere Schwiegermutter, trat ins Zimmer, sah die weinende Njetotschka, drückte sie an sich und sagte, Dirndle, plärr nicht, ich will deine Mutter sein. Ich ein Jahr hier, dann ich gehn kaputt, sagte Njetotschka Wassiljewna Iljaschenko. Als sie ein Jahr auf dem Kärntner Bergbauernhof gelebt hatte, sagte die Mame am Jahrestag, Siehst du, Dirndle, jetzt bist du schon ein Jahr hier und noch immer nicht kaputt. Njetotschka Wassiljewna variierte diesen Satz aufs neue, als sie mir diese Geschichte erzählte, und sagte, Und jetzt bin ich schon über dreißig Jahre hier auf dem Hof und noch immer nicht kaputt.

Wenige Wochen nach der Besichtigung bezog ich das Zimmer bei der Bergbauernfamilie. Ich hatte meine elektrische Schreibmaschine, meinen Bürosessel, Manuskripte und ein paar Bücher mitgenommen, räumte meine Sachen ein, hängte mein Gewand in den Kleiderkasten, während die Bäuerin noch den frischausgewaschenen Vorhang richtete. Das Zimmer roch nach Möbelpolitur. Noch waren die Flügel des Spiegelschrankes offen. Ich ahnte damals noch nichts von der Geschichte dieses Zimmers, stellte mich ans südseitige Fenster, blickte auf mein Heimattal hinunter, suchte Worte, um dem Papier meine ersten Eindrücke anzuvertrauen. Am selben Tag noch begann ich mit der Manuskriptarbeit. Am Abend, ich hatte schon Hunger, getraute ich mich nicht in die Bauernstube hinunter. Ich wußte nicht, wohin ich mich setzen dürfe, vielleicht hat jeder seinen Sitzplatz. Scheu, als wäre ich aus einem Nest aufgeschreckt worden, saß ich am Schreibtisch und blickte gebannt auf mein Heimattal hinunter. Schließlich, es war schon gegen halb zehn Uhr abends geworden – die Dunkelheit stand zwischen den Fichten –, ging ich in die Küche. Der Hunger trieb mich hinunter. Ich klopfte an die Küchentür. Ich trat ein. Der Fernsehapparat lief. Die Bäuerin stand vor der Anrichte und säuberte das Geschirr. Ich habe geglaubt, du kommst überhaupt nicht mehr herunter, sagte sie. Du sollst dich doch hier wie zu Hause fühlen. Ich aß an diesem Abend die erste Speckjause auf ihrem Hof und das Brot, das sie selber gebacken hatte. Tag für Tag stand ich am späten Abend, nachdem mich meine Manuskriptarbeit vollends erschöpft hatte, neben ihr vor der Anrichte und schaute ihr bei den Arbeiten zu. Sie begann, mir Geschichten aus ihrem Leben anzuvertrauen. Es störte sie nicht, wenn ich dann und wann neben ihr an den Rand einer Zeitung Notizen machte. Du weißt doch, daß ich aus der Ukraine stamme? Ja, der Pfarrersohn hat es mir erzählt. Die Geschichte von der Hungersnot, als ihre Schwester, die Lydia Wassiljewna Iljaschenko, vor dem Heiligen Abend bei tiefstem Schneetreiben und bitterster Kälte in den ringsumliegenden Dörfern mit einem Buckelsack von Haus zu Haus zog und um Brot bettelte und, als ihre Mutter, die Hapka Davidowna Iljaschenko, keine Hoffnung mehr hatte, daß ihre ältere Tochter heimkommen werde, sondern annahm, nachdem mehrere Tage schon vergangen waren, daß sie im Schneetreiben umgekommen sei und irgendwo erfroren, zugeweht von Schnee mit dem leeren Buckelsack liege, schließlich am Christtag mit einem Buckelsack voll Pirischki heimkam und ihre Mutter vor Freude die Hände hob und aufschrie, ja, das war eine der ersten Geschichten, die mir abends nach meiner Romanarbeit die Bäuerin erzählt hatte. Während sie diese Geschichte erzählte, weinte sie, und manchmal kam es vor, daß wir am späten Abend, wenn wir an der Anrichte standen, gemeinsam weinten. Aber unser gemeinsames Lachen übertrumpfte den Lärm des Fernsehapparates, wenn sie erzählte, daß sie damals, in Rußland, als die Brücke über den Dnjepr gebaut wurde und ihre Mutter in der Betriebsküche auswärts arbeitete und sie, ihre kleine Tochter, alleine daheimblieb, in ihrer täglichen Langeweile gemeinsam mit einem Schwein, das sie zu versorgen hatte, in einem Tümpel des Dnjepr baden ging. Das Schwein, der *Fak*, grub sich tief in den Sand ein, da die Sandoberfläche heiß war. So hockte er dort, bis ich fertig war mit dem Baden, dann zottelten wir wieder gemeinsam heim.

Zum Dnjepr ist die Mutter mit der Hacke gegangen, nachts, wenn es schon finster war und niemand sie mehr beoachten konnte, und hat ein Loch im Eis aufgeschlagen, die Fische schwammen heran, um Luft zu schnappen, und die Mutter holte sie heraus. So konnten wir den ärgsten Hunger stillen. Damals waren die Bauern von Holowá Kolhospu und Holowá Silrádi längst enteignet worden, keiner mehr durfte auf seinen eigenen Feldern anbauen. Und da mein Vater Wassilij Grigorowitsch nicht in den Kolchos eintrat, auch uns alles an Feld und Gut, sogar das Haus weggenommen wurde, achteten Kolchosleute auf den Türken-, Getreide- und Gemüsefeldern und am Ufer des Dnjepr, daß wir zu nichts Eßbarem kamen. Wir hätten verhungern sollen. Wurde die Mutter einmal auf einem Feld erwischt, wurde sie wieder verjagt. Regelrecht bewachen ließ Holowá Kolhospu die Felder, erzählte mir Njetotschka Wassiljewna. Sie erzählte mir aber auch ihre Lebensgeschichten aus der Gegenwart, aus den vergangenen vierzig Jahren seit der Verschleppung, die sie zum größten Teil in Kärnten verbracht hatte, und stellte immer wieder Vergleiche mit der Ukraine her. Nicht ein- oder zweimal erzählte sie mir die vielen Geschichten aus ihrer russischen Kindheit und aus ihrer Gegenwart, manche erzählte sie mir vier- oder fünfmal. Niemals aber wagte ich ihr zu sagen, daß sie mir die eine oder andere Geschichte schon einmal oder öfter erzählt habe.

Sie erzählte mir und deutete mit dem Finger auf das färbige Brustbild eines jungen Mannes, das auf dem Fernsehapparat steht, daß sie im 73er Jahr ihren ältesten Sohn verloren habe. Er war Maurerlehrling, ist von einem acht Meter hohen Gerüst gefallen und hat sich dabei beide Beine gebrochen. Ein paar Jahre später ist er im Salzburger Krankenhaus in der Intensivstation an einer Gehirnblutung, wohl infolge des Sturzes, gestorben. Sein Lehrherr wußte, daß der Lehrling während seiner Ausbildungszeit nur auf einem Gerüst arbeiten darf, das nicht höher als anderthalb Meter ist. Als der Bub mit seinen beiden gebrochenen Beinen im Krankenhaus lag, kam sein Lehrherr und sagte zu ihm, Du bekommst hundert Schilling, wenn du niemandem sagst, daß du von einem acht Meter hohen Gerüst gefallen bist, wenn du sagst, daß du von einem eineinhalb Meter hohen Gerüst gefallen bist. Der Bub nahm die hundert Schilling und sagte zur Krankenschwester, die die Umstände des Unfalls protokollierte, daß er von einem niedrigen Gerüst gefallen sei. Tatsächlich aber ist er von einem acht Meter hohen Gerüst gefallen und dazu noch in eine Kellerstiege hineingestürzt. Diese Geschichte erzählte der Bub seiner Mutter im Krankenhaus. Ja, warum hast du denn der Krankenschwester nicht gesagt, daß du von einem so hohen Gerüst gefallen bist? fragte Njetotschka Wassiljewna ihren Sohn. Njetotschka Wassiljewna erzählte mir, daß ihr dieser Lehrherr noch heute ausweicht, daß er Schuldgefühle hat, weil sie durch ihn einen Sohn verloren hat. Nach der Benachrichtigung des Krankenhauses fuhr sie nach Salzburg und wollte in die Intensivstation des Krankenhauses gehen, um noch einmal an seinem Bett zu sitzen, um *ihm das Sterben zu erleichtern.* Aber im Krankenhaus verbot man ihr den Eintritt in die Intensivstation. Die Ärzte und Schwestern gaben vor, daß die Kranken in der Männerabteilung nackt in den Betten lägen und daß keine Frauen vorgelassen werden dürften. Soll ich mich vor meinem nackten sterbenden Sohn schämen, sagte Njetotschka Wassiljewna Iljaschenko zu den Ärzten. Es ist mein Sohn, wenn ihm die Medizin nicht mehr helfen kann, kann ich nur mehr eines für ihn tun, ihm das Sterben erleichtern, ich bin seine Mutter, und es kann sein, daß mein sterbender Sohn die Hand seiner Mutter noch einmal halten möchte. Aber die Ärzte blieben hartnäckig. Ich habe den toten Buben nie mehr gesehen, erzählte sie, der Sarg war schon zugeschraubt, als er hier ankam. Ich weiß nicht einmal, wen wir da begraben haben. Es war Jänner, als er begraben wurde, Schnee fiel und die Straßen waren eisig. Das Feistritzer Beerdigungsinstitut holte den Buben aus Salzburg mit dem Leichenwagen ab. Wenn ich meinen jüngsten Buben nicht gehabt hätte, der damals sechs Jahre alt war, ich weiß nicht, was passiert wäre, ich weiß nicht, ob ich das Sterben meines Buben überlebt hätte. Über Schnee und Eis sind wir hinter seinem Sarg hergegangen, meine Kinder mußten mich links und rechts stützen. Als sie ihrer Mutter, der Hapka Davidowna Iljaschenko, vom Tod ihres ältesten Sohnes berichtete und ihr ein Bild nach Rußland schickte, schrieb Hapka Davidowna zurück, Der Herrgott braucht auch schöne Kinder bei sich. Der Bub ist ihr vorausgegangen, er hat vorausgehen müssen, bald darauf ist ja meine Mutter in Rußland gestorben, sagte Njetotschka Wassiljewna Iljaschenko.

Als ich vielleicht schon zwei Monate auf dem Berg lebte, ohne den Bergbauernhof verlassen zu haben, und an einem Morgen in die Stadt, nach Villach fuhr, um Büromaterial zu kaufen, konnte ich die ganze Nacht nicht einschlafen. Mein Inneres wehrte sich aufs heftigste, diese mir vertraut gewordenen Menschen und ihre Umgebung auch nur für Stunden zu verlassen. Jedesmal in der darauffolgenden Zeit stand mir, wenn ich in die Stadt fuhr, eine schlaflose Nacht bevor. Ging ich am Abend durch die Wälder zu Fuß ins Tal hinunter und fuhr ich nach Klagenfurt, um dort zu übernachten, fand ich ebenfalls keinen Schlaf. Erschöpft und reumütig kehrte ich jedesmal zurück. Die Angst, bald nirgendwo anders mehr leben zu können, steigerte sich von Monat zu Monat.

In Villach angekommen, schaute ich erstaunt den vorbeiflitzenden Autos nach, als hätte ich so etwas noch nie gesehen. Wohin wohl diese vielen Dinger fahren? Seit wann fliegen denn ununterbrochen weiße Tauben durch einen Feuerring? In Plastikmaterial eingelegte Hühnereier kaufen die Leute in der Stadt, während wir, wenn der Eierkorb leer ist, in den Hühnerstall gehen, die Hühner vom Nest verjagen und mit einem noch warmen Ei in den Händen in die Küche zurückkommen. Die Leute in der Stadt gehen in Häuser hinein, die Aufschriften wie *Quelle* oder *Forum* tragen. Die Milch steht in diesen Häusern massenweise abgefüllt in den Paketen der Oberkärntner Molkerei in den Kühltruhen, während Njetotschka Wassiljewna Iljaschenko morgens und abends zwischen den Kühen auf einem Melkerschemel hockt, ein Tuch um den Kopf gebunden hat und ihre Stirn an den Bauch der Kuh drückt. Die Leute in der Stadt, dachte ich, als ich gerade vom Berg heruntergekommen war und irritiert um mich blickte, gehen in diese Häuser, strecken Geld hin, nehmen ein paar Milchpakete und gehen mit der Milch durch die Straßen, wer weiß wohin, wahrscheinlich hocken sie dann unter der Draubrücke und trinken sie. Wer sieht denn schon, der in diesen Häusern Speck kauft, die letzten Zuckungen eines Schweins vor sich, wenn er in die Kühltruhe greift, und das sich langsam im Schnee ausbreitende Blut, knapp unter der Wunde. Hahnenschreie hören sie aus dem Fernsehapparat, während eine Fronleichnamsprozession übertragen wird. Die Hände der beiden links und rechts neben dem Priester gehenden rotweißgekleideten Ministranten sind gefaltet und schon abgearbeitet, denn es sind bäuerliche Kinderhände.

In den Bergen, da sitzt man am Sterbebett eines alten ausgemergelten Bauern, in der Stadt, da nimmt man in der Karosserie eines Autos Platz. Der Tod hat es eilig, er überholt das Leben. Ein Polizeiwagen jagt mit Blaulicht auf der Wasseroberfläche der Drau einem dahinflitzenden Pferd nach. Unzählige Menschen gehen die Straßen auf und ab. Jedem will ich nachgehen und laufe irritiert vom einen zum anderen, bis mir mein Fragenrepertoire ausgeht und ich erschöpft vor dem Rathauscafé sitze und immer noch Menschen auf und ab gehen sehe, jetzt aber mit anderen Gesichtern. Keine Milch bitte! sage ich zur Kellnerin und warte, bis der schwarze Kaffee kalt wird. Keinem Menschen in der

Stadt ist es aufgefallen, daß ich beim Friseur war, auch denen nicht, die ich aus unserer gemeinsamen Schulzeit wiedererkannte. Ich gab ihnen die Hand, um mich endgültig von ihnen zu verabschieden. Warum läutet denn jetzt um elf die Glocke, frage ich eine Taxifahrerin. Sie deutet mit der Hand aufs Nikolaikirchentor und sagt, Eine Totenmesse! Jetzt verstehe ich, warum es die Leute hier in der Stadt so eilig haben, sie wollen rechtzeitig zum Begräbnis kommen. Als sie mit dem Toten aus der Kirche kommen, drängt sich eine Hochzeitsgesellschaft an den schwarzgekleideten Heraustretenden vorbei. Der weiße Schleier der Braut berührt im Vorbeigehen den schwarzen Totensarg. Und die Kinos in Villach? Das schönste haben sie abgerisssen, das Bahnhofskino. Sah man auf der Leinwand einmal einen fahrenden Zug und fuhr im selben Augenblick in den Villacher Bahnhof ein Zug ein, zitterte der ganze Kinosaal, und ich kann mir nicht vorstellen, daß ich nicht im Zug, der auf der Leinwand auf mich zufuhr, jetzt wieder sitze und nach Feistritz fahre, über den Geißrücken zu Fuß nach Fresach hinaufgehe, wo auch damals, am 7. April des 43er Jahres, am Abend all die anderen deportierten russischen und polnischen Mägde und Knechte, Njetotschka Wassiljewna Iljaschenko und ihre Schwester, Lydia Wassiljewna Iljaschenko, begleitet von den Bergbauern, hinaufgingen, nach Mooswald oder auf den Amberg, auf ihre neue Heimat zu.

Vom 7. April 1943 bis Ende 1945 blieb sie als Magd auf dem Niederstarzerhof in Mooswald. Danach arbeitete sie bis Weihnachten des 46er Jahres auf einem Pfarrhof in Kraig, in der Nähe von St. Veit in Kärnten, quartierte sich, nachdem sie diese Arbeitsstelle wieder verlassen hatte, ein paar Monate bei ihrer Schwester Lydia Wassiljewna im Villacher *Lager*, in einer Holzbaracke ein, wo verschleppte Russen und Polen ihr Quartier hatten. Vom Feber bis November des 47er Jahres arbeitete Njetotschka Wassiljewna Iljaschenko in Völkendorf bei Villach, bis sie in Maria Pfarr im salzburgischen Lungau einen Arbeitsplatz fand. Dort blieb sie bis zum 51er Jahr. Danach kehrte sie wieder auf den Starzerhof nach Mooswald zurück. Der Sohn des Bauern, der Niederstarzer Jogl, ehelichte seine ehemalige ukrainische Magd. Wenn der Jogl diese Russenmenscher heiratet, gehe ich nicht zur Hochzeit, sagte seine Großmutter. Njetotschka Wassiljewna Iljaschenko trat vom orthodoxen ins evangelische Glaubensbekenntnis über und nahm den Familiennamen ihres Mannes an. Von da an nennt man sie die *Starzer Vale*.

Njetotschka Wassiljewna Iljaschenko, wie ich sie dennoch nenne, fuhr mit der einen Hand in die Scheide der trächtigen Kuh und suchte nach dem Fuß des Kalbes. Bis über den Ellenbogen stak ihr Arm in der Scheide des Tieres. Sie zog ihren Arm wieder heraus und gab uns zu verstehen, daß sie den Fuß nicht finden könne. Die Fruchtblase sprang auf und spritzte mir und ihrem jüngsten Sohn, die wir vor der Kuh hockten, das Fruchtwasser auf die Hose, auf die Hände und ins Gesicht. Ich verzog mein Gesicht wie jedesmal, wenn jemand die nassen Handrücken aneinanderlegt und mir die Wassertropfen, die an seinen Händen hängengeblieben sind, ins Gesicht spritzt. Wieder griff sie mit ihrer Hand in die Scheide, und an ihrem Gesichtsausdruck konnte ich erkennen, daß sie jetzt einen Fuß erfaßt haben mußte. Sie zerrte ihn schließlich heraus, band den Kalbstrick daran fest, der an einem kurzen Holzknittel befestigt war. Njetotschka Wassiljewna griff noch einmal in die Scheide der Kuh, um den zweiten Hanfstrick am zweiten Bein des Kalbes befestigen zu können. Auf dem Boden lag eine Holzleiter, die an der Rinne anstieß, wo der Urin der Tiere zusammenfließt. Njetotschka Wassiljewnas jüngster Sohn und ich hockten auf dem Boden, spreizten ein Bein auf einen Sprießel dieser Leiter und zogen, langsam und im Rhythmus, zuerst der eine, dann der andere, an den beiden Stricken, während Njetotschka Wassiljewna mit ihren Händen die Scheide der Kuh weitete, damit der Schädel des Kalbes herausrutschen konnte. Wir sahen bereits die blaue, aus dem Maul hängende Zunge des Kalbes, die blaurosa Schnauze, und als dann der Kopf zum Vorschein kam, zogen wir mit aller Kraft an den Stricken, die an den Vorderbeinen der Geburt befestigt waren. Als noch der Ring der Scheide das Kalb am Hals festhielt, schlug es schon die Augen auf und betrachtete die Gesichter der Geburtshelfer. Wie eine Schlange wand sich der Körper des Neugeborenen nach und lag schließlich blut- und schleimbedeckt im Stroh. Ich war dabei, als dieses neugeborene Kalb um fünf Uhr morgens auf dem Stallboden seine Augen, die es gerade erst aufgeschlagen hatte, verdrehte, den Kopf hängen ließ und Njetotschka Wassiljewna, Mein Gott, das Kalb! rief. Ich habe dem schleimfeuchten Tier den Körper gerieben, sein Herz massiert, seine Beine bewegt. Ich glaubte über meinem Kopf den Luftzug der schwarzen, auf das Fenster zu fliegenden Schwalben zu spüren. Neugierig verfolgten die offenen, zum kotbespritzten Stallfenster hereinschauenden Blüten der beiden Marillenbäume den Geburtsvorgang. Ich sah, wie Njetotschka Wassiljewna dem Neugeborenen ins Maul griff, die blaue Zunge vorstülpte, den Schleim aus dem Maul des Tieres holte, damit es nicht erstickte. Ich lief aus dem Stall, über den Hof, holte den Schnaps, den *Vorschuß*, aus der Speis und goß ihn dem Neugeborenen auf den Nabel, um ihn, wie sich Njetotschka Wassiljewna ausdrückte, zu desinfizieren. Sie legte das Tier auf den Rücken. Ich blickte auf die abgebrochene, noch blutige Nabelschnur und stülpte das Glas mit dem Schnaps um. Noch ein bißchen Schnaps, sagte Njetotschka Wassiljewna, gieß nur drauf, gieß nur, so ist es gut. Es dauerte wohl eine Viertelstunde, bis wir den Eindruck haben konnten, daß das Tier überleben wird. Wir bewegten seine Beine, Njetotschka Wassiljewna rüttelte an seinem Kopf und flehte Gott an, daß er das Tier am Leben erhalten möge. Mit übergroßen Augen lag die Kuh am Boden und verdrehte den Kopf nach dem Neugeborenen.

Eine alte Bäuerin aus dem Dorf war zufällig vorbeigekommen und schaute beim Geburtsvorgang zu. Kälber, sagte sie, die alleine auf der Alm auf die Welt kommen, sind scheu und manchmal wild wie die Rehe. Njetotschka Wassiljewna zerrte das Neugeborene zur Kuh hin. Die Kuh muß nach der Geburt aufstehen, sagte sie, sie darf nicht liegenbleiben. Sie öffnete das Freßgitter, gab dem Tier die Masch in den Barren. Die Kuh erhob sich, leckte am aufgeriebenen Getreide und drehte sich schließlich dem Neugeborenen zu, das sie abzulecken begann. Zuerst schlug die andere, daneben stehende Kuh eifersüchtig nach dem Kalb, dann aber

leckten beide Kühe am Neugeborenen. Wir legten das
Kalb auf einen Jutesack und trugen es aufs Glitsch zu.
Njetotschka Wassiljewnas jüngster Sohn hielt auf der
einen, ich auf der anderen Seite die Zipfel des Jute-
sackes, und wir legten das Neugeborene ins Stroh.
Njetotschka Wassiljewna kam heran und kraulte die
Locken seines Kopfes, der noch feucht war vom Inne-
ren seiner Mutter. Ich hatte vergessen, meine Hände
zu waschen, und setzte mich mit dem eingetrockneten
Geburtsschleim an meinen Fingern an den Schreibtisch.
Drei Nächte lang pendelte Njetotschka Wassiljewna
zwischen Kurzschlaf und Wachsein, zwischen Diwan
in der Küche und Stall hin und her, ehe eine Muttersau
14 Ferkel warf. Am nächsten Morgen sah ich die haa-
rigen, rosaroten Tiere an den Zitzen ihrer Mutter hängen, als ich mich daran machte, den Stallmist hinauszuschaffen. Die Hälfte der neugeborenen Ferkel starben.
Gemeinsam haben wir die Ferkel begraben. Heute
spielen wir einmal Totengräber, sagte ich zu ihr, während ich die Erde über die Leichen warf. Njetotschka
Wassiljewna lachte. Aus einem verwachsenen Erdhü-
gel neben der Garage holte ich die Erde. Ich stieß mit
der Schaufelspitze ins Erdreich und hob Schaufel um
Schaufel Erde in den Karren. Unter dem blühenden
Birnbaum begruben wir die Ferkel. Am nächsten Tag
grub sie der Hund wieder aus, lief mit den Leichen
über den Hof und verscharrte sie woanders. Ich fragte
Njetotschka Wassiljewna, ob denn der Hund nicht am
Leichengift krepieren könne. Nein, sagte Njetotschka
Wassiljewna Iljaschenko, dafür sind die Leichen noch
zu frisch.

Als ich nach einem Spaziergang erzählte, daß ich in einer Waldlichtung vor einer Schlange stand, die, dick und über einen Meter lang, auf einem Baum hinaufkroch und sich um einen Ast wickelte, erzählte Njetotschka Wassiljewna, daß früher einmal ihre Buben im Kuhgarten, im Moor, eine dicke, lange Schlange gesehen hätten, die sich um das Bein der Kuh gewickelt, sich hochgereckt und aus einer Zitze Milch getrunken habe. Die Schlange, es war wahrscheinlich eine Ringelnatter – eine giftige Schlange hätte die Kuh getötet –, hatte ihre Zähne in eine Zitze geschlagen und die Milch herausgezogen. Der Tierarzt, sagte Njetotschka Wassiljewna, mußte eine Röhre in die Zitze der Kuh stecken, damit die Milch nicht an der Seite, wo die Schlange ein Loch hineingeschlagen hatte, herausrann.

An einem Abend hatte Njetotschka Wassiljewna, als es schon finster war, vor meinem Fenster am Balkon ein großes Leintuch zum Trocknen über den Wäschestrick gehängt. Am nächsten Morgen, als es schon hell war, ging sie wieder auf den Balkon, nahm einige trocken gewordene Kleidungsstücke vom Strick und schob das Leintuch zur freigewordenen Seite, damit ich, wenn ich am Schreibtisch saß, den Kopf heben und auf mein Heimattal hinunterblicken konnte. Ein Glas Bier war mir zum nächtlichen Einschlafmittel geworden, und als die Bierkiste wieder einmal ausgeleert war und ich mit leeren Händen aus dem Keller kam, zwinkerte mir Njetotschka Wassiljewna Iljaschenko zu und sagte, daß sie für mich ein paar Bierflaschen versteckt habe. Geh in den Keller, im Erdäpfelsack, rechts von der Tür, da hab ich sie versteckt. In ihrer Empfindsamkeit und

Vorsicht trat Njetotschka Wassiljewna im Stall einmal auf mich zu, blickte mir verlegen ins Gesicht und sagte, Darf ich etwas sagen? Was wohl dein Vater sagen würde, wenn er wüßte, daß du im Stall arbeitest? Als der Bauer, der Starzer Jogl, und ich nach der Arbeit die Küche betraten, rief sie uns entgegen, Die beiden Stallmeister! Es ist gut für deine Schreiberei, sagte Njetotschka Wassiljewna Iljaschenko, wenn du im Stall arbeitest, denn da nimmst du am Leben teil, und worüber solltest du sonst schreiben als über das Leben. Es hat ja keinen Sinn, wenn du die ganze Zeit in deiner Kammer hockst von morgens bis abends, da muß dir ja einmal der Stoff ausgehen, außerdem verkrüppelst ja am Schreibtisch, wenn du immer nur auf dem Sessel sitzt, die Beine nebeneinander, die Hände links und rechts auf dem Schreibtisch, dazwischen das Papierblatt, und dein Augenpaar heftet sich wie ein Blutegel aufs Geschriebene. Ins Leben sollst du raus, in den Stall, durch den Mirnokschnee sollst du stapfen, und geh über den taufrischen Klee. Tatsächlich hielt ich mich das erste halbe Jahr die meiste Zeit in meinem Zimmer auf, beugte mich Tag um Tag und Nacht um Nacht, Stunde um Stunde über mein Romanmanuskript, bis ich endlich dazu bereit war, die Schreibarbeit jeden Tag für ein paar Stunden zu unterbrechen, um ausgedehnte Spaziergänge in der Alpenwelt zu machen, um in den Stall zu gehen, den Viechern das Heu zu geben, den Mist hinauszuradeln, die Hühner, wenn es dunkel geworden war, in den Stall zu treiben. Njetotschka Wassiljewna Iljaschenko und ich gingen gemeinsam über die heißen Almwiesen und riefen nach den Kälbern, Weibele! Weibele! Ein Schock Viecher lief heran, sie leckten das Viehsalz aus unseren Händen. Den Hackenstiel auf dem Schlüsselbein gingen der Bauer, der Starzer Jogl, seine Söhne und ich in den Wald und schlugen Bäume. Der Starzer Jogl und ich schlugen mit einer Praxn, einem schwertartigen Messer, das Harz von den Baumstämmen, während Njetotschka Wassiljewna in der Küche vor ihrer Singer-Nähmaschine saß, den Fingerhut auf dem Daumen. Das Harz wird bei der Schweineschlachtung verwendet und dient als Ersatz für den Kolfon, der die Haare vom toten, im Trog liegenden Schwein leichter lösen soll.

Zwei schwere Ketten werden in den Trog gelegt, das Schwein wird in den Trog gehoben, heißes Wasser drübergegossen, und links und rechts vom Trog ziehen zwei Buben an den Ketten und schleifen so dem Schwein die Haare von der Haut. Ich hielt eine Schüssel unter die Wunde am Hals, aus der das Blut hervorschoß, und rührte mit einem Stecken, damit das Blut nicht stockte, damit es flüssig blieb, wenn es kalt war. Schnee fiel, während das Schwein geschlachtet wurde. Gespannt sah ich zu, wie sich die weißen Schneeflocken mit dem Blut in der Plastikschüssel vereinigten. Der Bauer schnitt dem Schwein die Zitzen ab, trug sie ins Schweineglitsch hinein und gab sie einer Muttersau zum Fressen. Das ist ein alter Aberglaube, sagte der Starzer Jogl, als ich ihn danach fragte, so viele Zitzen ich der Muttersau vorwerfe, so viele Ferkel wird sie auf die Welt bringen.

Die Preiselbeeren, die Granten, wie sie der Kärntner Volksmund nennt, klaubten wir, Njetotschka Wassiljewna und ich, auf der Alm und trugen sie heim. Zur

Zeit der Heuernte gingen wir mit dem Rechen auf dem Schlüsselbein über die Stoppelfelder. Am Mähdrescher stand ich und füllte die Getreidesäcke ab, schnürte sie an ihren Hälsen zusammen, warf sie auf den Boden, während der Mähdrescher weiterfuhr und gierig mit seiner sich wie eine Spule immerzu drehenden Schnauze das Getreide auffraß, die bloßen Getreidekörner aus einer Öffnung in die Säcke rinnen ließ und das Stroh auf der Rückseite ausschied. Njetotschka Wassiljewna lief auf den Mähdrescherfahrer zu, reichte ihm ein Bier und gab mir eine Flasche Holdersekt. Und während wir nebeneinander den Heurechen führten, erzählte sie mir, wenn sie spürte, daß ich zuhören konnte, von Rußland, von der Ukraine, vom Dnjepr, der im Winter die schweren Eisblöcke mit sich trug, und nicht nur einmal sah ich die zehnjährige Njetotschka Wassiljewna Iljaschenko auf einem dieser Eisblöcke stehen, die sich drehten inmitten des vorwärtsrauschenden Wassers des Flusses, und ich sah, wie sie auf einem dieser sich drehenden Eisblöcke inmitten des Dnjepr den Kasatschok tanzte. Sie erzählte von den Fichten im ukrainischen Eichenwald, die ihr Vater, der Wassilij Grigorowitsch Iljaschenko, und ihre Mutter, die Hapka Davidowna Iljaschenko, angepflanzt hatten. Von den Läusen erzählte sie mir, die sich an ihrer Kopfhaut festhielten, während ihr Kopf auf dem Schoß ihrer Mutter lag. Njetotschka Wassiljewna wachte auf und fragte ihre läusesuchende Mutter, ob sie denn nicht endlich schlafen werde, es sei ja schon spät, aber Hapka Davidowna sagte, Laß mich Kind, laß mich, ich kann ja nicht schlafen, laß mich. Njetotschka Wassiljewna Iljaschenko erzählte mir die Geschichte der Kindheit und Jugend der Hapka Davidowna Iljaschenko, soweit sie von ihrer Mutter überliefert wurde, aber ich sollte ihre Geschichte nicht vorwegnehmen, sie wird sie euch selber erzählen.

Als ich Njetotschka Wassiljewna kürzlich im Villacher Krankenhaus besuchte – sie unterzog sich einer Venenoperation – und auf ihr vom zweimonatigen Krankenhausaufenthalt weiß gewordenes Gesicht blickte, da dachte ich daran, daß sie mir damals in ihrem Gemüsegarten in russischer Sprache, im ukrainischen Dialekt ein Lied vorsang, das sie als Kind gesungen hatte, wenn sie allein im Elternhaus und ihre Mutter Hapka Davidowna auf der Suche nach Essen war, im Wald, auf dem Feld, am Ufer des Dnjepr oder anderswo. O Njetotschka, Njetotschka, warum bist du so weiß im Gesicht, fragt in diesem Lied die Mutter ihr Dirndle, und die Njetotschka antwortet: O Mamuschka, Mamuschka, ich hab doch mein Gesicht mit der Seife gewaschen. O Njetotschka, Njetotschka, warum steht dein Fiatach so weg? O Mamuschka, Mamuschka, das kommt Ihnen nur so vor. Die Njetotschka will in diesem Lied ihrer Mamuschka verbergen, daß sie schwanger geworden ist. Oftmals bat ich sie, wenn sie sich die Worte ihrer Mutter in Erinnerung rief, diese Sätze im ukrainischen Dialekt zu sagen. Einmal hörte ich zu, wie ihr jüngster Sohn auf der elektronischen Orgel spielte, die in seinem Zimmer steht, und wie seine Mutter, die vor der Orgel auf dem Sessel saß, das Wolgalied sang.

Wenn ich mir das alles nur aufschreiben könnte, habe ich immer wieder gedacht, aber ich hab ja nur in Rußland fünf Jahre die Schule besucht, vier Jahre eine

Unterstufe, die man hier Volksschule nennt, ein Jahr
die Hauptschule, dann sind wir verschleppt worden. In
Kärnten bin ich nicht mehr in die Schule gegangen. Ich
kann schlecht deutsch schreiben, aber dann, sagte Njetotschka Wassiljewna, bist ja du gekommen, und mit
deiner Hilfe sage ich jetzt, was ich dieser Welt mitzutei-
len habe. Ich will, so sagte sie öfter, zeigen, daß man,
auch wenn man in einer noch so aussichtslosen Situa-
tion ist, die letzte Kraft und Hoffnung aktivieren soll,
damit es doch noch weitergeht, sonst hätte ich das alles
nicht überlebt.
Als ich mit Njetotschka Wassiljewna über die poli-
tische Tendenz der Erzählung sprach, sagte sie, daß es
ihr fern liege, der russischen Kommunistischen Partei
eines auszuwischen, daß sie erzählen möchte, was Holowá Kolhospu und Holowá Silrádi mit den Menschen
in Dóbenka getrieben, was sie in diesem Dorf angerichtet haben. Als die Lydia Wassiljewna einmal, und
davon wird ausführlich berichtet, kurz vor Weihnachten im ärgsten Schneesturm in die ringsumliegenden
Dörfer betteln ging und auch im Haus eines Mannes
einkehrte, der bei der Kommunistischen Partei war
und die Aufträge der Kolchosführer ausführte, soll
dieser Mann neben seiner Frau und dem bettelnden
Dirndle gesagt haben, Was haben wir nur angerichtet!
Die Bauersleute haben nichts mehr zu essen, sie müssen
betteln gehn, sie verhungern und sterben dahin.
Njetotschka Wassiljewna Iljaschenko hat mich aus meiner Spinnwebenecke geholt. Ich bin wieder fähig, den
anderen, die gegen mich schießen, zu spüren zu geben,
daß ein Panzer über die kugelunsichere Haut meiner
Seele gewachsen ist. Ich trete vors Tor, stehe breitbei-

nig da, die Hände an der Taille. In der Nacht gehe ich
in Neapel durchs Armenviertel, obwohl ich weiß, daß
mich, nicht immer in guter Absicht, mehrere Ragaz-
ziaugenpaare verfolgen. Diese kleinen kriminellen
Lümmel! Aber wer kann schon behaupten, daß er
besser ist als sie. Ich gehe in die Kirche und strecke die
Zunge heraus, damit mir der Priester den Leib Christi
drauflege, in Rom, bei einem orthodoxen Gottes-
dienst. Betroffen stand ich vor dem Fernsehapparat, als
ich hörte, daß in Turin sechzig junge Menschen in
einem Kino verbrannten. Ich sah den italienischen
Staatspräsidenten Sandro Pertini bei den Toten, den
einzigen Staatspräsidenten Europas, den ich achte. Ich
bin wieder fähig geworden, neben dem Vater, der die
Sense auf dem rechten Schlüsselbein trägt, während ich
den Heurechen auf dem linken oder rechten Schlüsselbein trage, über die Dorfstraße zu gehen, hinunter aufs
Feld, um Kühfutter zu mähen. Ich gehe in den Stall
und gebe den Viechern das ihrige. Ich schleppe den
Mist raus und streue das Stroh oder die Sägespäne
unter die Bäuche der Viecher. Während ich mich früher kaum vor die Türe traute und bei jedem Donner-
schlag zusammenzuckte, hinauflief über die Stiege in
Njetotschka Wassiljewna Iljaschenkos Haus, in meine
Kammer hinein, setze ich mich heute in den Zug und
fahre wieder nach Neapel und gehe stundenlang in
Rom das Tiberufer entlang und schreibe mir die Tiber-
mauerparolen der Ragazzi ab. Unzählige Eidechsen
laufen über die Parolen – Redenta ti amo – die warme
Tibermauer hinauf, während ich am Ufer des Flusses
entlanggehe. Noch immer habe ich Angst, und manchmal die allergrößte, aber ich bin wieder fähig gewor-

den, sie zu tragen, als könnte ich ohne sie gar nicht mehr leben. Ich grüße den im Dorf, den ich im Vorbeigehen schon zehnmal gegrüßt habe und der meinen Gruß noch immer nicht erwidert hat, ich grüße ihn auch das elftemal, das zwölftemal und sage zu ihm auch hier, in dieser Geschichte, Grüß Gott! Ich bin wieder fähig geworden, den Dostojewskij zu lesen nach der Stallarbeit bis spät in die Nacht hinein, wenn mir dabei manchmal mein Herz bis zur Halsschlagader herauf schlägt, wenn ich dabei auch manchmal meinen Mund zuhalte, weil es herausfallen könnte, aufs Buch, wie ein Stück vergifteten Apfels. Als Kind habe ich oft die rote Apfelseite gegessen in der Hoffnung, daß sich endlich mein blasses Gesicht ein bißchen verfärbe.

Seit ich Njetotschka Wassiljewna verlassen habe, lese ich fast nur mehr russische Literatur. Beim Dostojewskij, beim Tschechow, beim Gorki, beim Turgenjew, den Dnjepr entlang, da suche ich noch Reste von der kleinen Njetotschka Wassiljewna Iljaschenko, von ihrer Mutter, der Hapka Davidowna Iljaschenko, ihrem Vater Wassilij Grigorowitsch Iljaschenko. Schlage ich eine Landkarte auf, so nur mehr die Rußlandkarte. Kärnten habe ich längst hinter mir gelassen. Kärnten gibt es in mir nicht mehr. Wenn heuer die Touristen in dieses von der Fremdenverkehrswerbung empfohlene Land kommen, so werden sie Sonnenblumenfelder vorfinden, sonst nichts. Es gibt keine Städte, keine Dörfer, Hotels, Politiker, Bürokraten und Polizisten, es gibt kein Militär mehr in Kärnten, nur mehr Sonnenblumenfelder. An den Ufern der Drau stehen Milliarden und Abermilliarden Sonnenblumen. Rund um die Seen stehen keine Hotels mehr, Sonnenblumenfelder stecken die Grenzen der Seegewässer ab.

Die Weizen-, Roggen- und Haferfelder hat es gegeben, als ich noch ein Kind war, aber heute stehen an ihrer Stelle die Sonnenblumenfelder. Die Zeit der Fichten ist vorbei. Die Sonnenblumen sind drüber marschiert über die Berge, bis zur Waldgrenze hinauf, da stehen sie und warten auf den Schnee. Die Betonbänder der Autobahnen sind aufgebrochen worden von Sonnenblumen. Sonnenblumen stehen in den übriggebliebenen Schilderhäusern der Militärkasernen. Der letzte Kärntner Chirurg ist gestern in einem Sonnenblumenfeld verblutet. Ein paar eingekleidete Ministranten sehe ich durch die Sonnenblumenfelder irren. Sie suchen die sterbliche Hülle ihres Priesters. Alle Köpfe der Sonnenblumen drehen sich der Sonne zu. Und im Osten, das wissen schon die kleinsten Schulkinder, geht die Sonne auf, während die Sonne im Westen immer schon untergegangen ist, und solange diese Erde die Menschen nicht erbrechen und ausstoßen wird, wird es so bleiben, aber vielleicht wird die Sonne auch dann noch im Osten auf- und im Westen untergehen, wenn die Erde entvölkert sein wird. Nur mehr ganz wenige Menschen gibt es in Kärnten, die in diesen unüberschaubaren Sonnenblumenfeldern herumirren, fast alle sind sie nach Rußland ausgewandert. Vereinzelt sehe ich noch Pfauen, Priester, Ministranten, Stuten, Nonnen, Bischöfe und Totengräber durch die Sonnenblumenfelder irren, sie keuchen, Schaum steht vor ihrem Mund, sie haben es eilig, sie wollen mir sagen, wohin sie eilen, aber sie wissen es selber nicht, sie wissen nur, daß sie durch die Sonnenblumenfelder irren müssen, um ans Ziel zu kommen. Milliarden nebeneinander aufgefädelte Schwalben ziehen über die Köpfe der Sonnenblumen und machen einen Heidenlärm. Dort und da sieht man noch riesige Werbeplakate, auf denen Sonnenblumen abgebildet sind. Der Tod, der immer noch die Sense auf der Achsel trägt, ist müde geworden, er lehnt sich an den Stengel einer Sonnenblume und ahmt die Schreie eines Totenvogels nach, aber es sind die Schwalben, die in Viererreihen über seinen Kopf hinwegziehen. Er runzelt seine Stirn. Er weiß, daß die Blutegel in den Sümpfen der Drau ausgeblutet sind. Noch heute laufe ich durch die Sonnenblumenfelder und reibe meine Hände vor Schadenfreude, weil die Deutschen vor Stalingrad auf die Knie gegangen sind. Und in einem dieser Sonnenblumenfelder traf ich Njetotschka Wassiljewna Iljaschenko.

War es vielleicht nicht so, daß sich hoch oben in den Bergen nach dem Krieg der Rußlandhaß so mancher Kriegsheimkehrer in Njetotschka Wassiljewna Iljaschenko personifiziert hat? Sagten manche nicht abschätzig, Die Russenmenscher!? Nein, sie sagten es sicher nicht und gaben es ihr auch nicht zu spüren, es war nie davon die Rede, und sie würden es nie wieder tun. Aber Njetotschka Wassiljewna Iljaschenko blieb in ihrer neuen Heimat, schenkte, wenn man das immer noch so sagen darf, fünf Söhnen das Leben, die alle blond sind wie sie. In ihren Gesichtern sehe ich noch Überbleibsel der russischen Gesichtszüge ihrer Mutter. Njetotschka Wassiljewna Iljaschenkos Gesicht habe ich oft stundenlang betrachtet. Noch bin ich unfähig, ihr Gesicht zu beschreiben. Noch arbeite ich mit Fotoapparaten und fülle meine Gedächtnislücken mit Bildern aus. Ich kenne ihre Hände, ich habe sie tausende Male gesehen. Ich weiß, was sie alles aufgehoben, ich weiß, was diese Hände getan, was sie beschützt, wen sie gestreichelt haben. Eines Tages, wenn man Njetotschka Wassiljewna Iljaschenko die Hände falten wird, werden sich alle Sonnenblumen in diesem Land vor ihrem Sarg verneigen, sie werden sich wegdrehen von der Sonne, die Blätter über den schwarzen Kernen ihrer schweren Köpfe schließen und Trauer tragen. Dann wird es in diesem Land, in das sie verschleppt worden und in dem sie geblieben ist für ihren Mann, für ihre Kinder, dann wird es in diesem Land keine gelben, nur mehr schwarze Sonnenblumen geben.

Als mir Njetotschka Wassiljewna Iljaschenko ihre russische Kindheit erzählte, da glaubte ich manchmal, daß sich ihr Gesicht um zwanzig oder mehr Jahre verjüngt habe, besonders dann, wenn sie am Abend vor dem Schlafengehen mit ihrem Nachtmantel aus dem Bad kam, die Nadeln aus ihrem Haar löste, die Locken links und rechts auf die Schulterblätter fallen ließ und ihre von der Bauernarbeit rauh gewordenen Hände mit Glyzerin eincremte. Der Fernsehapparat lief noch. Sie blickte auf die Mattscheibe, während sie das Glyzerin auf ihren Händen verteilte. Ich saß daneben und blickte auf ihre Hände, schaute aber sofort wieder auf die Mattscheibe, wenn ich merkte, daß sie meinen Blick beobachtete. Sie hat es, so hatte ich manchmal den Eindruck, nicht so gern, wenn ich lange ihre Hände betrachte, mich in die Furchen ihrer Hände vertiefe, denn auch an ihren Händen kann man die Spuren der Müh und Plag ihres Lebens sichern. Großgeworden sind diese Kinderhände von damals, als sie über die

provisorische Brücke des Dnjepr das noch warme Brot
trugen. Ihre Mutter gab ihr den Auftrag, ans andere
Ufer des Dnjepr zum Kreisler zu gehen und Brot zu
kaufen. Die Kopeken wickelte Hapka Davidowna in
ein Tuch und band es ihrem Dirndle um die Taille.
Als kürzlich im Wiener Prater-Stadion die Russen gegen die Österreicher spielten, wollte ich zu den Russen
halten. Ich hatte, und den ganzen Tag schon stachelten
mich die Zeitungsberichte dazu auf, den größten Ehr-
geiz, zu den Russen zu halten. Ich halte zu Blochin,
Bessonow, Rachmaninoff, Raskolnikoff, Scholochow,
sagte ich zu den Viechern im Stall, während ich vor
ihren Köpfen stand und ihnen in die Augen schaute,
ich halte zu den Russen. Als ich aber vor dem Fernsehapparat hockte, da mußte ich zu meiner Beschämung
feststellen, daß ich eigentlich zu den Österreichern
hielt, zu Pezzey und Schachner. Ich zwickte mir ins
Bein und sagte mir, Du hältst zu den Russen! Aber als
die Österreicher in der letzten Minute den Ausgleich
schossen, da trommelte ich mit den Fäusten auf meine
Oberschenkel und hätte am liebsten denselben Tor-
schrei ausgestoßen wie all die anderen Bauernsöhne in
den Dörfern ringsum, die zu den Österreichern gehalten hatten, aber es war schon zu spät, die anderen
schliefen schon im Haus, ich wollte keinen Lärm machen, ich sprang nur auf und ging in der Küche eine
Zeitlang im Kreis. Am nächsten Morgen sagte ich zur
Mutter, Ich habe zu den Russen gehalten! Sie hat
nämlich im Zweiten Weltkrieg zwei ihrer Brüder in
Rußland verloren, und sollten ihre Gebeine gefunden
worden sein und nicht in einem russischen Massengrab
liegen, so ist ihr Grab vielleicht noch heute auf einem

russischen Soldatenfriedhof. Sie sagte, daß ich nicht nach Rußland fahren sollte, schon gar nicht im Winter, sie sagte, daß ihr Bruder in Rußland im Krieg Sanitäter war und nur Zeit gehabt hat, seine Zehen einzeln in Faschen zu wickeln, sonst wären sie ihm abgefroren. Seine Nasenspitze hat einer, so erzählte der Vater, dem es ein Kriegs*kollege* überliefert hat, regelrecht vom Gesicht wegbrechen können, so gefroren war sie, und so kalt ist es dort. Aber draußen in Rußland, so erzählte mir Njetotschka Wassiljewna Iljaschenko, da sind die Menschen nicht schlechter *als die hier.*

Njetotschka Wassiljewna Iljaschenkos jüngster Sohn trägt ein rotweißes Adidas-Turnleibchen, er hat blonde Haare, Mittelscheitel, blaue Augen. An seinen Händen sieht man, daß er ein Bergbauernsohn ist, der alles angreift, der den Strick zieht, an dem noch in der Scheide der trächtigen Kuh die Beine des Kalbes festgebunden sind, der mit dem Stroh den Schleim und das Blut vom Neugeborenen wischt, der es ins neue Glitsch trägt. Mit dem Traktor fuhr er auf die Alm. Ich hockte auf dem Nebensitz. Die Viecher im geschlossenen Anhänger rutschten bei Steigungen und Kurven wie schwere Holzklötze hin und her. Einmal stritten wir uns um einen übriggebliebenen Pudding. Er wollte, daß ich den Pudding esse, ich wollte, daß er den Pudding ißt. Als er an einem Abend die Zapfen der Alfa-Melkmaschine an die Euterzitzen einer Kuh anschloß, sagte ich zu ihm, während ich gerade dabei war, den Mist hinauszuschaffen, daß wir dieselbe Hebamme hatten, daß ich zwar in meinem Elternhaus auf die Welt gekommen bin – die Frau Patterer aus Paternion, die

Hebamme, kam zu meiner Mutter – und daß er in Paternion, so erzählte es mir seine Mutter, im Haus dieser Hebamme auf die Welt gekommen ist. Abends verdunkelt er manchmal sein Zimmer. In die Fassung seiner Schreibtischlampe dreht er eine Glühbirne, die ein blaugrelles Licht ausstrahlt. Mit gespreizten Beinen, die eine Hand am Hals seiner Elektrogitarre, die andere am Rumpf, steht er da, bläulich schimmern die weißen Streifen auf seinem Adidas-Leibchen.

Eine der beiden in der Küche herumliegenden Puppen hat einen winzigen Plattenspieler mit den Lauten von Kinderschreien in ihrem Rücken eingebaut. Als Tanja und Kathrin – ihr ältester Sohn hat eine einjährige und eine dreijährige Tochter – das Weinen der Puppe mit der Kinderstimme hörten, begannen sie beide zu weinen, und die Kathrin rief, Die Puppe soll nicht weinen! Den erst tagealten Jagdhund faßten die Dirndlen an der Nackenhaut, so daß sich sein Gesicht vollkommen in Falten zog, und trugen ihn wie eine Puppe durchs Haus, ließen ihn zu Boden fallen und hoben ihn wieder auf. Njetotschka Wassiljewna sagte zum älteren Dirndle, Du mußt die Puppe ein bißchen locken und schön mit ihr tun, denn du willst ja auch, daß man dich lockt. Die Kathrin hob die Puppe auf und küßte sie. Während einer Schweinsschlachtung hockten die beiden Dirndlen am Fensterbrett und drückten ihre Puppen an die Brust, als sie das Schwein in seinen Todeszuckungen im Schnee liegen sahen.

Wie ein Bildhauer kommst du mir vor, sagte Njetotschka Wassiljewna Iljaschenko, als sie mein monatelanges Klopfen auf der elektrischen Schreibmaschine hörte. Und als ich ihr einmal von den Schwierigkeiten meiner Arbeit erzählte, als ich erzählte, daß ich manchmal nichts mehr auf dieser Welt hasse als die Sprache, sagte sie, Ich freue mich, daß auch du Schwierigkeiten hast. Im Wirbel des Sprachstroms erstieg ich die Hühnerleiter meiner Seele und warf aus Zorn über meine Arbeit mit Erlaubnis von Njetotschka Wassiljewna Iljaschenko zwei rohe Eier an die Heustadelwand. Kreuzförmig spritzten Schalen, Dotter und Eiweiß auseinander. Als meine Manuskriptarbeit eine Zeitlang stockte, ging ich mit der Hacke bergbachaufwärts, zerschlug das Eis und trennte die Eiszapfen von den tief über dem Bach hängenden Ästen der Sträucher. Namen wie Thomas Bernhard, Peter Handke, Peter Turrini, Franz Böni, Elias Canetti waren Njetotschka Wassiljewna Iljaschenko, seit ich auf dem Berg lebte, geläufig geworden. Gemeinsam saßen wir vor dem Fernsehapparat, als der schwedische König den Literaturnobelpreis an Elias Canetti überreichte. Als Njetotschka Wassiljewna Iljaschenko bereits Magd auf dem Kärntner Bergbauernhof war, las sie die Effi Briest von Theodor Fontane. Ich fand das Buch in einer Lade des Schminktisches. Zweimal, sagte sie, habe ich die Effi Briest gelesen. Hast du wohl noch ein Stipendium, oder hast du kein Geld mehr? Wenn du kein Geld mehr hast, würde ich dich auch so nehmen, wenn du etwas zu schreiben hast, du kannst es mir dann ja bei Gelegenheit, wenn du welches bekommen solltest, zurückgeben. Ich habe schon mehr verköstigt, die mir nichts bezahlt, nur Schwierigkeiten gemacht haben. Als Njetotschka Wassiljewna einmal im Wald bei Holzfällerarbeiten war und die Feuersirene hörte, während ich in der Stadt war, dachte sie daran, daß ihr Haus brennen könnte. Zuallererst, sagte sie, habe ich an dein Manuskript gedacht, das Haus und die Gegenstände sind sowieso versichert. Ich wäre noch schnell ins Haus hineingelaufen und hätte dein Manuskript aus deinem Zimmer geholt. An einem Nachmittag, als ich das Fenster geöffnet hatte, schaute sie vom Balkon herein und sagte, Ich muß einmal schauen, was der Nachbar macht! Ich hockte auf dem Bett und las gerade den Berg der Stummen von Jean Giono weiter: ». . . Wenn sie mit den Zungenstummeln in ihrem Mund sprachen, so wirkte das wie der Schrei von Tieren; aber den Tieren durch ihr Geheul zu gleichen war ihnen peinlich; eben darauf hatten die da unten gerechnet, als sie das Zungenmesser handhabten. Da kam ihnen der Einfall, einander durch Harmoniken zu rufen, die sie tief in den Mund hineindrückten, um mit dem Stückchen Zunge, das ihnen geblieben war, darauf spielen zu können.« Als sich der Bauer, der Starzer Jogl, den Fuß gebrochen hatte, Liegegips tragen und die meiste Zeit auf dem Diwan in der Küche verbringen mußte, gab ich ihm von Carlo Levi den Roman *Christus kam nur bis Eboli*, den er innerhalb von zwei Wochen zur Gänze ausgelesen hatte.

Als ein Bauer einen gerade erst vor ein paar Tagen auf die Welt gekommenen braunen Jagdhund brachte, sagte Njetotschka Wassiljewna Iljaschenko, daß sie ihn *Waltl* taufen möchte, Denn als ich von Rußland hierher gekommen bin, hatten wir auch einen Hund, der Waltl hieß, und mit einem Waltl möchte ich hier mein Leben beenden. Zehn oder fünfzehn Jahre alt wird er schon werden, und länger werde ich wohl auch nicht mehr leben. Als sie einmal auf dem Balkon stand, den Schnee hinunterfegte, ins schneebedeckte Tal hinunter und auf die Berge blickte, sagte sie, Manchmal wissen wir nicht, wie schön wir es hier haben! Ein kreuzartiges Holzgestell fand ich hinter dem Stall vor dem Silo und fragte Njetotschka Wassiljewna, was es für eine Bedeutung habe, warum es hinter dem Stall liege. Das ist vom Stadel heruntergefallen, sagte sie, das hätte mich treffen können. Njetotschka Wassiljewna verweigert, wo sie nur kann, die pharmazeutischen Präparate. Die Natur, sagte sie, richtet uns in jeder Jahreszeit die Medizin für unsere Krankheiten her. Wenn ich nicht auf natürliche Weise gesund werden kann, dann . . . Njetotschka Wassiljewna sprach öfter vom Sterben. Wenn sie über ihre Vorhaben im nächsten Jahr sprach, sagte sie, Wenn ich das noch erlebe!

Wenn meine Augen zu sind, sagte sie, wenn ich mit gefalteten Händen in meinem Sarg in der Kirchenmitte liege, habe ich den Wunsch, daß die Leute dieses evangelische Wachlied singen: »Pilger, sag, wohin dein Wallen Mit dem Stabe in der Hand? Nach des Königs Wohlgefallen Reis' ich nach dem bessern Land. Über Berge, Tal und Felder, Durch die Wüsten, durch die Wälder, Durch die Wüsten, durch die Wälder Zieh ich meiner Heimat zu. / Pilger, sag, was ist dein Hoffen In dem schönen Vaterland? Weiße Kleider, goldne Krone Aus des Heilands Liebeshand, Wo die Lebensströme fließen, Wo die Saronsrosen sprießen, Wo die Saronsrosen sprießen Nach der Wüste heißem Sand. / Weißt du nichts von Furcht und Grauen, Wenn du pilgerst so allein? Nein, denn treue Engelsscharen Müssen meine Wächter sein. Jesus selbst steht mir zur Seiten, Er wird meine Schritte leiten, Er wird meine Schritte leiten Auf dem Weg ins Vaterland. / Wandrer auf der Pilgerreise, Nimm mich mit ins bessre Land! Sei willkommen unserm Kreise, Komm, ich biet dir meine Hand! Laß uns wallen froh im Glauben, Laß uns nichts das Kleinod rauben, Bald sehn wir der Heimat Strand.«

Die zehn toten Brüder, die in Kiew eine Kirche gebaut haben, sind in ihren Glassärgen in der Krypta in Kiew immer noch erhalten, sagte Njetotschka Wassiljewna. In Kiew soll es eine riesige Krypta geben, wo man stundenlang gehen kann. Da möchte ich einmal hingehen, das würde mich von Rußland noch interesssieren. Manchmal fädelte sie des Nachts, wenn ich von meiner Manuskriptarbeit erschöpft in die Küche kam, immer kleiner werdende weiße Perlen auf eine Halskette, die sie später einmal tragen möchte. Ich habe ja keine lange Kindheit gehabt! sagte Njetotschka Wassiljewna, als ich davorstand und sah, wie sie mit Daumen und Zeigefinger ihrer rechten Hand eine weiße Perle aufhob und einfädelte.

Der orthodoxe Pfarrer Georg Sidorenko aus Villach, dem ich für die Aufzeichnung der Sätze in ukrainischem Dialekt danke, erzählte mir, daß auch er ein halbes Jahr später, im Herbst des 43er Jahres, aus Kiew nach Kärnten verschleppt wurde. Georg Sidorenko wurde in Kiew von derselben Ärztin untersucht, die damals die Hapka Davidowna untersuchte. Die Polizisten drohten, die Hapka Davidowna Iljaschenko zum Arbeitsdienst zu schicken, wenn sie ihnen nicht das Versteck ihrer Tochter Lydia Wassiljewna verriete, die sich aus Angst vor den Polizisten in Tscherkassy aufhielt. Hapka Davidowna Iljaschenko mußte sich nackt vor der *russischen Doktorin* ausziehen. Die Doktorin

warf ihre Hände über dem Kopf zusammen und rief,
Um Gottes willen, was sind denn das für Leute, daß sie
solche alten ausgemergelten Menschen zur Zwangsarbeit ins Ausland schicken wollen.

Am 7. April 1983, dem 40. Jahrestag ihrer Ankunft in
Kärnten, las ich einer Wiener Architekturstudentin in
Rom im Borghesepark Ausschnitte aus Njetotschka
Wassiljewna Iljaschenkos Erzählung vor. Einen Tag
vorher waren wir in die Katakombe des Heiligen Se-
bastian in der Via Appia gegangen. Der deutsch spre-
chende Mönch, der uns durch die Grabstätten der
Katakombe führte, wo man da und dort noch die
Gebeine und die Totenschädel der Verstorbenen sehen
kann, erzählte, daß im 33er Jahr während der künstlich
erzeugten Hungersnot in der Ukraine sechs oder sieben Millionen Menschen verhungert sein sollen. Auch
das waren Märtyrer, sagte der Mönch. In einer Aus-
gabe der Schweizer *Weltwoche* fand ich einen Brief aus
einer Stadt in der Ukraine aus dem 33er Jahr, der an das
Wiener Hilfskomitee unter Kardinalerzbischof Dr.
Theodor Innitzer gerichtet wurde: »Die Hungersnot
hat solche Dimensionen angenommen, daß die Menschen auf den Straßen sterben. Die Körper der Verhun-
gernden sind ganz dunkelblau geschwollen und mit
Mütter setzen ihre Kinder auf der Straße aus, weil sie ihr
Hungerwimmern nicht mehr ertragen können; andere
töten sie und folgen ihnen in den Tod nach. Mord und
Totschlag sind nicht selten, einzig und allein, um sich an
Menschenfleisch zu sättigen. Im geheimen blüht ein
Handel mit Menschenfleisch. Die Mütter lassen ihre
Kinder nicht mehr auf die Straße, aus Furcht, daß sie
geraubt, geschlachtet und aufgegessen werden.«

Sie erzählte, daß ihre Schwester, die Lydia Wassiljewna, die damals im Villacher Lager einen ebenfalls deportierten Russen geheiratet hat und mit ihm nach Frankreich zog, im Spätherbst des 82er Jahres gestorben ist und in Le Havre, ihrem Wohnort, begraben wurde. Zu meiner Schwägerin soll sie im Villacher Krankenhaus gesagt haben, Hoffentlich betet er für mich in Rom, damit mein Fuß wieder besser wird. Ein paar Wochen später schickte ich Njetotschka Wassiljewna ein Foto, auf dem ich vor Johannes Paul II. stehe.

Als ich von Rom zurückkehrte, besuchte ich sie wieder im Villacher Krankenhaus. Tanja und Kathrin, ihre beiden Enkelkinder, und die Eltern der beiden Dirndlen saßen am Krankenbett, verließen aber bald, nachdem Fotos aus Ungarn durch unsere Hände gingen, die ihr Sohn mitgebracht hatte, den Krankensaal. Ringsherum im Krankensaal lagen die anderen Kranken, die einen schliefen, die anderen schauten uns neugierig an. Auf der weißen Bettwäsche sah ich den schwarzen Aufdruck *Landeskrankenhaus Villach*. Ich nahm vor ihrem Bett in einem bereitgestellten tiefen, orangefarbenen Plastiksessel Platz. Auf den Nachttischen ringsherum standen zum Teil frische, zum Teil halbverwelkte Schnittblumen. Die alte, im Nebenbett liegende Frau, die ihren braunen, mit Flecken übersäten, abgemagerten Fuß aus dem Leinen streckte, bat mich, das Fenster zu schließen, Es zieht so! Njetotschka Wassiljewna Iljaschenko saß aufrecht im Bett und hielt ihre vom langen Krankenhausaufenthalt weiß gewordenen Hände vors Gesicht. Zwischen ihren Fingern rannen die Tränen hervor und liefen die hervorstehenden Adern ihrer Handrücken entlang, als ich ihr aus der *Verschleppung* vorlas.

Als ich, um diese Geschichte fertigstellen zu können, noch ein paar Informationen benötigte und zu Fuß über den Geißrücken nach Fresach und Mooswald zu Njetotschka Wassiljewna Iljaschenko ging, denselben Weg ging, den damals die russischen und polnischen Dirndlen und Buben zwischen den Bergbauern machen mußten, nachdem sie aus dem Viehwaggon entladen und vor dem Villacher Arbeitsamt aufgereiht worden waren, da dachte ich auch an den Zug in Schwarzach St. Veit, der haltmachte, als ich auf dem Weg nach München war. Ich hörte auf dem Bahnhof das Gebrüll von Tieren. Ich stand auf, blickte aus dem Fenster und suchte das Geräusch. Auf dem gegenüberliegenden Bahnsteig stand ein Viehwaggon. Im Türspalt sah ich den Kopf eines brüllenden Kalbes. Im Verlaufe unseres stundenlangen Gesprächs, während ich sie im Stall und im Heustadel begleitete und während wir schließlich unter der Linde saßen und Njetotschka Wassiljewna Iljaschenko erzählte und erzählte, da fragte ich sie, ob denn das Zimmer, in dem ich mich über ein Jahr aufgehalten habe und in dem sie, als sie von Rußland kam, einquartiert wurde, einen Namen hat. Sie sagte, Das ist die Menscherkammer, in dieser Kammer haben immer die Dirnen geschlafen.

Die Verschleppung

*Njetotschka Wassiljewna Iljaschenko erzählt
Josef Winkler ihre russische Kindheit*

> Sehen Sie sich um – Rußland erlebt jetzt ein Mär-
> chen. Märchen werden vom Volk geschaffen; die
> Revolution hat wie ein Märchen begonnen. Der
> Hunger, der Tod, sind sie nicht wie im Märchen?
>
> Boris Pilnjak, *Das nackte Jahr*

Hapka Davidowna Iljaschenko

Im März des 43er Jahres wurden meine Schwester Lydia Wassiljewna Iljaschenko und ich, Njetotschka Wassiljewna Iljaschenko, in unserem Elternhaus in Dóbenka, einem kleinen Dorf in der Ukraine, in der Nähe von Tscherkassy, von Polizisten gefangengenommen. Gegen zwei Uhr morgens stieß mir ein Polizist seinen Gewehrlauf an die Rippen. Mit anderen Leuten aus Dóbenka wurden wir in einen Viecherwaggon gesteckt und nach Kärnten zur Zwangsarbeit geschickt. Wir fuhren über Tschornowai, Kiew, Przemysl und Wien nach Kärnten. Am 7. April 1943 kamen wir nach einer fast vierwöchigen Fahrt in Villach am Bahnhof an.

Ich weiß eigentlich deswegen, daß Dóbenka ungefähr 84 Häuser groß war, weil damals, im Jänner des 43er Jahres, im Dorf verlautbart wurde, daß von jedem Haus eine Person zum Arbeitsdienst nach Deutschland geschickt werden soll. 84 Personen aus unserem Dorf hätten in den Zug gesteckt werden sollen, aber es ist den Polizisten nur gelungen, elf Personen aus unserem Dorf zusammenzufangen, die anderen sind geflüchtet. Dóbenka, das vier Kilometer vom nördlichen Ufer des Dnjepr entfernt war, gibt es nicht mehr. Dóbenka und all die anderen größeren Dörfer ringsum, in denen mehrere hundert Häuser standen, mußten einem Stausee Platz machen. Südöstlich von Kiew streckt der dreihundert Kilometer lange Stausee von Krementschug seine Arme aus. Im Stausee von Krementschug ist mein Heimatdorf begraben.

Ich zweifle eigentlich nicht daran, daß es ein Racheakt gegen unsere Familie, gegen unsere Mutter war, da wir zu zweit, meine Schwester und ich, verschleppt wurden, obwohl verlautbart worden war, daß von jedem Haus nur eine Person zum Arbeitsdienst ins Ausland muß. Meine Mutter, die damals schon alt und krank war, gab mir und meiner Schwester am Bahnhof von Tschornowai noch mein Schulzeugnis und eine Flasche Schnaps mit, bevor der Zug mit uns abfuhr. Im Viehwaggon band ich mir eine Decke um meine Hüften.

Mein Großvater mütterlicherseits, der David hieß, war Zimmermann. Er hatte acht Kinder. Meine Mutter war die älteste. Sie hatte kaum eine Möglichkeit, in die Schule zu gehen, sie hat auf ihre kleineren Geschwister aufpassen müssen. Da die Familie von ihrer kleinen Keusche, der Kuh und den paar Schweinen alleine nicht leben konnte, hat die Großmutter bei Bauern als Tagelöhnerin gearbeitet. Während dieser Zeit mußte meine Mutter auf ihre Geschwister aufpassen.

Als meine Mutter neun Jahre alt war, hat sie das erstemal Brot gebacken. Ihre Mutter hat den Teig angemacht, hat meiner Mutter noch ein paar Anweisungen gegeben und ist dann zu den Bauern arbeiten gegangen. Meine Mutter war klein von Gestalt und zart gebaut, wahrscheinlich wohl deshalb, weil sie nie genug zum Essen hatte, weil sie oft hungern mußte. Statt ein paar großer Brotlaibe hat sie viele kleine Laibchen gemacht. Ihr Bruder, mein Onkel also, der Jakow hieß und damals sechs oder sieben Jahre alt war, schaute ihr beim Brotbacken zu. Er hat schwer gesprochen, er hat gestottert. Die Mutter nahm die gebackenen Brotlaibchen aus dem Ofen. Weil sie aber statt ein paar großer

Brotlaibe so viele kleine Laibchen machte, hat sie
Angst vor der Mutter, vor meiner Großmutter bekommen, denn die Großmutter hat immer große, nie kleine
Brotlaibe gebacken. Damit diese vielen kleinen Laibchen verschwanden, hat sie eine größere Anzahl Brote
den Schweinen und der Kuh gefüttert. Sie sagte zum
Onkel Jakow, Erzähl aber nicht der Mati, daß ich das
Brot den Schweinen und der Kuh verfüttert habe.
Nein, nein, sagte der Onkel Jakow, ich werde dich
nicht verraten, ich werde kein Wort sagen. Aber kaum
ist ihre Mutter, von der Bauernarbeit zurück, zur Tür
hereingekommen, rief er, Mamo! Mamo! – Hapka hat
meine Mutter geheißen – die Hapka hat das Brot den
Schweinen und der Kuh gefüttert. Die Hapka hat von
ihrer Mutter Schläge bekommen, weil sie das getan hat.
Ihre Mutter hat natürlich sparen müssen, sie hatten
nicht viel zu essen, und ihre Tochter füttert das Brot
den Viechern!
Hapkas zweiter Bruder, der Pjotr, hatte, wie man es in
der Mundart nennt, »englische Glieder«, er hatte wei-
che Knochen, er konnte die ersten drei Jahre nicht
gehen, nur am Boden dahinkriechen. Die Schriftspra-
che nennt diese Krankheit Rachitis. Auf diesen kleinen, behinderten Bruder mußte die Hapka aufpassen.
Meine Großmutter ist wieder zu den Bauern arbeiten
gegangen. Andere Dirndlen aus dem Dorf kamen und
wollten die Hapka zum Baden mitnehmen, aber die
Hapka mußte auf den Pjotr aufpassen. Ein Dirndle
sagte, Nimm den Pjotr einfach mit zum Baden, es wird
schon irgendwie gehen. Sie nahmen den Buben mit.
Am Ufer des Dnjepr hat die Hapka den kleinen Buben
bis zum Hals in den Sand eingegraben, damit sie ihn un-

67

beaufsichtigt lassen kann, während sie mit den Freundinnen im Dnjepr badet. Der Pjotr wäre ja sonst auf den Fluß zugekrochen. Es war furchtbar heiß, während der kleine Bub bis zum Hals im Sand eingegraben war und die Dirndlen im Fluß badeten. Nicht weit weg vom Ufer des Dnjepr, von seinem Haus aus, hat ein Onkel der Hapka das Geschehen beobachtet. Er sah, wie die Hapka den dreijährigen Bruder in den Sand eingegraben hat. Vor lauter Spaß am Baden hat die Hapka den Buben vergessen. Der Onkel ist ans Ufer gekommen, hat den Buben ausgegraben und heimgetragen. Nach einer oder zwei Stunden, ich weiß nicht mehr, wie lange die Dirndlen und die Hapka gebadet haben, fiel ihr der eingegrabene Pjotr ein. Sie ist natürlich schnell ans Ufer gelaufen, aber der Pjotr war fort, sie sah nur mehr das Sandloch. Alle Dirndlen sind aus dem Fluß geflogen und haben den Buben gesucht, fanden ihn aber nirgendwo. Hapka plärrte. Vielleicht hat sich der Pjotr selber ausgegraben, ist in den Dnjepr hineingekrochen und ertrunken. Sie traute sich zuerst nicht mehr heim. Der Onkel aber hat die Großmutter, die von der Bauernarbeit zurückkam, abgefangen und ihr die Geschichte von dem eingegrabenen Pjotr erzählt, zu ihr gesagt, daß sie sich keine Sorgen machen muß, er hat den Buben bei sich daheim. Plärrend kam die verzweifelte Hapka heim und fragte ihre Mutter, wo der Pjotr ist. Natürlich hat sie dann wieder Schläge bekommen und versprochen, so etwas nie mehr zu tun.

Zwei Jahre ist die Hapka in die Schule gegangen. Schulpflicht war damals keine. Man konnte die Kinder freiwillig in die Schule schicken. Lange wußte ich nicht, daß meine Mutter überhaupt schreiben kann. Als ich in die Schule ging, habe ich für sie geschrieben, wenn etwas zum Schreiben war. Erst später, als sie mir von Rußland nach Kärnten Briefe schrieb, bin ich überhaupt erst draufgekommen, daß sie schreiben kann. Es waren oft nur halbe Wörter, die sie schrieb, aber es war ein Genuß für mich, das zu lesen, denn ich wußte, daß es von meiner Mutter stammt, von der meine Schwester und ich so gewaltsam getrennt wurden. Als ich ihre Wörter las, war es mir, als ob ich sie reden hörte.

Als die Hapka fünfzehn Jahre alt war, ist sie auf einen Saisonposten gegangen. Sie wollte unbedingt etwas verdienen. Daheim konnte sie nichts verdienen. Ihre Geschwister waren damals schon ein bißchen größer, sie mußte nicht mehr, wie früher, auf die kleinen Kinder aufpassen, während ihre Mutter zur Bauernarbeit ging, um das Brot für die Familie zu verdienen. Hapka hatte sieben Geschwister, den Jakow, den Pjotr, und der jüngste hat Ignat geheißen. Hapka war die zweitälteste, der älteste war ein Bub, der Simko hieß. Simko aber ist mit einundzwanzig Jahren gestorben. Woran er gestorben ist, weiß ich nicht mehr. Als Hapka erfuhr, daß die anderen Dirndlen aus Dóbenka auf Saisonposten fahren, ist sie, ohne daß sie daheim sagte, wohin sie geht, einfach mitgefahren. Sie hatte kein Geld, sie konnte die Zugfahrt nicht bezahlen, sie hat sich im Zug einfach vor dem Schaffner versteckt, sie ist schwarz gefahren. In Nikolajew hielt der Zug, die anderen Dirndlen und die Hapka stiegen aus. Nikolajew ist eine Hafenstadt am Schwarzen Meer. In Nikolajew ist die Hapka auf die Gemeinde gegangen, hat aber keine

Arbeit bekommen. Die anderen Dirndlen hatten bereits einen Posten, aber die Hapka hat niemand aufgenommen. Sie saß alleine auf einer Bank in Nikolajew, es war schon dunkel geworden, als ein Mann, ein Bauer, des Weges kam. Der Bauer fragte, ob sie mit ihm kommen wolle, er hätte Arbeit für sie. Die Hapka bejahte, sie war froh, daß überhaupt jemand gekommen ist, der sie aufnehmen möchte. Zu diesem Bauern also ging sie in den Dienst. Von vier Uhr früh bis in die späte Nacht hinein hat sie auf diesem Bauernhof arbeiten müssen. Sie ist mit dem Roß durch die Äcker gefahren, sie hat pflügen und eggen müssen, es wurde ihr und den anderen Dirndlen, die bei diesem Bauern gearbeitet haben, nichts geschenkt. Parierten sie nicht, wurden sie vom Bauern geschlagen.

Von der schweren Arbeit erschöpft, ist sie einmal nach einem Regen auf der bloßen Erde niedergelegen und ist dabei eingeschlafen. Sie war todmüde. Als sie munter wurde, war sie gelähmt. Sie konnte sich nicht mehr rühren. Der Bauer kam, trat unter den Baum und gab ihr mit seinem Fuß einen Stempfer. Er schrie sie an und fragte, ob sie denn nicht aufstehen, zur Arbeit gehen wolle. Hapka sagte, daß sie nicht aufstehen, daß sie sich nicht rühren kann, daß sie gelähmt ist. Der Bauer gab ihr noch einen Tritt mit seinem Fuß und ließ sie einfach auf der feuchten Erde unter dem Baum liegen. Er hat sich nicht mehr um sie gekümmert. Erst die Schwiegertochter des Bauern sorgte dafür, daß sie von der feuchten Erde wegkam, daß sie auf den Bauernhof gebracht und in ihr Bett gehoben wurde. Jeden Tag ist die Schwiegertochter des Bauern zur gelähmten Hapka gekommen und hat sie gefüttert, der Bauer hätte sie regelrecht verhungern lassen. Aber auch seine Schwiegertochter, nicht nur die anderen Mägde, hat dieser Bauer mißhandelt, hat mit ihnen geschrien und hat sie geschlagen. Deshalb hat sich die Schwiegertochter des Bauern ans Bett der gelähmten Hapka gesetzt, hat über den Bauern geklagt und dabei geplärrt. Dieser reiche Bauer war ein erbarmungsloser Mensch. Weit und breit von seinem Gut war kein anderer Bauernhof. Dirndlen wie die Hapka, die er auf der Straße fand, fragte er, ob sie auf seinem Hof arbeiten wollen, dort wird es ihnen gutgehen. Ende des Jahres hat er die Mägde, anstatt sie für ihre schwere Arbeit zu bezahlen, umgebracht, damit er sich den Lohn ersparen konnte. Das erzählte die Schwiegertochter des Bauern der Hapka, als sie wieder einmal an ihrem Bett saß und ihr das Essen gab. Alle, die in seine Hände gefallen sind und die sich für ihn geschunden haben, hat er umgebracht. Auch meine Mutter ist in seine Hände gefallen. Er hat sie einfach unter dem Baum auf der kalten und feuchten Erde liegenlassen. Hätte sich nicht die Schwiegertochter des Bauern ihrer erbarmt, wer weiß, ob sie das überlebt hätte. Nachdem keine Besserung eingetreten war, die Hapka ihre Glieder nach wie vor nicht bewegen konnte, war davon die Rede, daß sie der Bauer wegbringen wird, er will sie nicht weiter pflegen lassen und füttern. Die Schwiegertochter des Bauern sagte zur Hapka, als sie an ihrem Bett saß, Sei froh, daß du wegkommst, die anderen Mägde hat er alle umgebracht. Er sagte zu den Dirndlen, daß er ihnen Ende des Jahres Geld für ihre Arbeit geben wird, er hat sie aber alle umgebracht, damit er nicht den Lohn zahlen mußte. Hat er eine Magd umgebracht, so hat er sich wieder um eine andere gekümmert, die dasselbe erleiden mußte. Sei froh, Hapka, daß du wegkommst.

Der Bauer legte die Hapka auf seinen Wagen und führte sie mit seinem Roß auf eine große, breite Straße hinaus, dort, wo der Südliche Bug ins Schwarze Meer rinnt. Auf dieser Straße hat der Bauer die Hapka abgeladen, hat ihre Papiere und drei Rubel dazugelegt und ist wieder mit seinem Wagen und mit seinem Roß verschwunden. Weit und breit war kein Mensch zu sehen. Eine halbe Stunde oder eine Stunde lag die gelähmte Hapka Davidowna Wlasenko neben ihren Papieren und den drei Rubeln auf der Straße, da hörte sie ein Fuhrwerk mit einem Roß herantraben. Ein Bauer mit einem Doppelspanner kam daher. Er stieg vom Roß, stieß seinen Fuß an Hapkas Körper und sagte, Was ist denn mit diesem Menschen! Ist sie tot oder lebt sie noch? Wohl, wohl, leben tu ich, nur rühren kann ich mich nicht mehr, sagte sie. Die Hapka erzählte dem Mann die Geschichte vom Bauern, bei dem sie auf Dienst war und der sie einfach hier am Weg mit den Papieren und den drei Rubeln abgestellt hat. Der Bauer hat das Dirndle auf seinen Wagen gelegt, hat sie bis zum Südlichen Bug geführt, und bei einer Überfuhr, einer Fähre, wo viele Leute verkehren, hat er sie wieder abgelagert. Zu den Leuten, die ringsumher standen, sagte der Bauer, daß er das gelähmte Dirndle auf der Straße gefunden, daß er es hierher gebracht hat, weil er hofft, daß sich jemand um sie kümmert. Hapka erzählte den Leuten, daß sie bei diesem erbarmungslosen Bauern von früh bis spät gearbeitet und daß sie sich einmal nach dem Regen auf die feuchte Erde gelegt hat, eingeschlafen ist und sich danach, als sie aufwachte und aufstehen wollte, nicht mehr rühren konnte. Die anderen Mägde soll er, anstatt ihnen den Lohn zu geben, umgebracht haben, und mich hat er auf seinen Wagen gelegt und auf einer Straße, weit weg von seinem Bauernhof, wo weit und breit kein Mensch zu sehen war, wieder abgelagert. Die Leute, die ihre Geschichte anhörten, hatten Mitleid mit der Hapka. Die eine Frau hat ein Brot hingegeben, die andere ein Kipferl, die dritte eine Semmel.

Vom Schiff kam ein feiner Herr des Weges und fragte, Was ist denn da los? Die Leute sagten, daß das Dirndle gelähmt ist, daß es sich nicht rühren kann und erzählten ihm ihre Lebensgeschichte. Er stellte noch ein paar Fragen und sagte dann, Ich nehme dieses Dirndle mit, ich werde es pflegen. Er rief seine Bediensteten, die das Dirndle aufhoben und zu einem Bekannten dieses Herrn trugen, während er in der Zwischenzeit zu einem Doktor nach Nikolajew fuhr. Dieser Arzt war ein berühmter Professor, und der feine Herr, der die vor der Fähre liegende Hapka aufgenommen hat, war ein Graf. Die Frau des Grafen war schwerkrank. Sie hatte ein Gewächs auf dem Mastdarm. Heute nennt man diese Krankheit Mastdarmkrebs. Dieser Professor kam deshalb immer wieder zur Frau des Grafen. Zu dieser Zeit, als die Hapka bei Bekannten des Grafen untergebracht wurde und er nach Nikolajew fuhr, bat er den Professor, daß er nun seine Frau operieren möge. Auf der Rückfahrt nahm der Graf die gelähmte Hapka mit in sein Haus. Später erfuhr die Hapka, daß der Graf, der ein sehr gläubiger Mensch war, ein Gelöbnis ablegte. Wenn seine Frau wieder gesund wird, pflegt er dafür dieses Dirndle. Graf und Gräfin waren noch sehr jung und hatten zwei Kinder. Die Diener brachten die Hapka zum Grafen aufs Schloß. Das klingt alles wie in einem Märchen, aber es ist die Lebensgeschichte meiner Mutter, der Agafia Davidowna Iljaschenko. Hapka war ihr Rufname, Hapka ist eine Abwandlung von Agafia. Tage vorher lag sie noch gelähmt im Freien mutterseelenallein auf einer Straße, jetzt wurde sie auf das Schloß eines Grafen gebracht. Am nächsten Tag ist der Professor gekommen. Er setzte sich an Hapkas Bett, berührte ihren Körper mit seiner Hand und sagte, Dirndle! du bist wohl auf der feuchten Erde niedergelegen und hast verschlafen! Die Hapka bejahte. Der Professor hat das sofort erkannt. Der Professor hat die Anordnung getroffen, das Dirndle täglich zweimal in ein Bad in die Wanne zu legen. Nach vierzehn Tagen hat die Hapka ihre Zehen und die Fingerspitzen wieder gespürt und bewegen können. Bevor der Professor die Frau des Grafen operierte, bat er um ein Zimmer, in das er sich alleine für einen Augenblick zurückziehen möchte. Die alte Gräfin schaute beim Fenster hinein, sie war neugierig, sie wollte wissen, was der Professor in diesem Zimmer tut. Der Professor hat sich in diesem Zimmer niedergekniet und gebetet, bevor er zu operieren begann. Danach hat er den Auftrag gegeben, die Instrumente auszukochen. Er operierte die junge Gräfin. Nach einem Monat waren die junge Gräfin und die Hapka so gesund, daß sie gemeinsam vor einem Spiegel standen und schauten, wer schöner ist.

Bei dieser Grafenfamilie ist es meiner Mutter in ihrem ganzen Leben am besten ergangen, dabei aber hat sie ganz vergessen, daß sie Eltern und Geschwister, daß sie ein Daheim hat. Keinen Brief hat sie ihren Eltern

nach Dóbenka geschrieben, niemand wußte, wo die
Hapka ist, was sie tut und ob sie überhaupt noch lebt.
Bei den Grafen wurde sie sehr verwöhnt, sie hat dort
nur auf die beiden Kinder aufpassen müssen, hat sich
mit der jungen Gräfin unterhalten, damit die Gräfin
eine Ablenkung hat, damit sie schneller gesund wird.
Der Graf bemerkte, daß sich die Hapka um ihre Eltern
überhaupt nicht kümmert, daß sie sich nie meldet,
keine Briefe schreibt. Er nahm sich daraufhin vor, die
Eltern Hapkas zu benachrichtigen. Daheim haben die
Eltern und Geschwister eigentlich schon angenommen, daß die Hapka nicht mehr lebt, denn die anderen
Dirndlen waren von der Saisonarbeit längst zurückgekommen, es war inzwischen September oder gar schon
Oktober geworden, und die Hapka war für ihre Eltern
nirgendwo aufzufinden, kein Lebenszeichen haben sie
bekommen. Ihre Mutter hat bereits für die Hapka eine
Totenmesse lesen lassen.
Die anderen Dirndlen, die von der Saisonarbeit zu-
rückkamen, wußten auch nicht, wo sich die Hapka
aufhält. Sie hat auch niemand anderem, auch den
Dirndlen nicht, geschrieben, nirgendwo bei Bekannten oder Verwandten hat sie ein Lebenszeichen hinterlassen. Ja, das ist dem Grafen aufgefallen. Der Graf hat
einfach die Papiere Hapkas genommen und hat der
Großmutter heimgeschrieben. In diesem Brief an ihre
Eltern legte der Graf 25 Rubel. Was glaubst du, wieviel
Geld das damals war? Das waren, nach dem heutigen
Wert gerechnet, vielleicht zweieinhalbtausend Schilling, nein, das muß damals viel mehr gewesen sein.
Von da an wußten die Eltern erst, daß die Hapka
überhaupt noch lebt und wo sie sich aufhält. Von dieser

Aktion erzählte der Graf der Hapka allerdings nichts. Auf einmal hat die Hapka von daheim einen Brief bekommen. Sie war vollkommen überrascht, und dabei ist ihr das erstemal in den Kopf geschossen, daß sie die Nachricht, daß sie lebt und daß es ihr gut geht, längst an ihre Eltern hätte weitergeben sollen. Es ist ihr bei den Grafen so gut gegangen und sie war so glücklich, daß sie ans Heimgehen gar nicht mehr gedacht hat. Daheim hat sie nur arbeiten müssen, hat auf die Kinder geschaut und hat Schläge bekommen, wenn sie nicht irgend etwas so gemacht hat, wie man es ihr aufgetragen hat. Nicht umsonst hatte sie damals die kleinen Brotlaibchen den Viechern gefüttert. Sie wußte nicht genau, wie ihre Mutter drauf reagieren wird. Sie hatte Angst vor Schlägen und hat die kleinen Brotlaibchen einfach den Viechern gefüttert, aber dann hat sie erst recht Schläge bekommen. Sie wäre wahrscheinlich nicht bestraft worden, weil sie so kleine Brotlaibchen und nicht große Brote gemacht hat. Wahrscheinlich hatte sie wegen jeder Kleinigkeit Schläge bekommen. Als sie bei den Grafen diente, war sie sechzehn Jahre alt. Über den Winter ist sie bei den Grafen geblieben, ein gutes Jahr war sie jedenfalls dort, bis ihr die Mutter schrieb, daß ihr Vater, mein Großvater also, gestorben ist. Der Großvater hat sehr viel getrunken, er hatte auch eine Krankheit, ich weiß aber nicht mehr, welche. Hapka mußte heim. Der Graf sagte zur Hapka, daß sie zu jeder Zeit wiederkommen könne. Hapka aber ist zu dieser Grafenfamilie nicht mehr zurückgekehrt. Nach dem Begräbnis ihres Vaters ist sie ein halbes Jahr daheimgeblieben.

Danach ist sie in Tscherkassy bei einer reichen Judenfamilie, die ein Geschäft hatte, in den Dienst gegangen. Bei dieser Judenfamilie war sie Magd. Sie führte den Haushalt, während der Jude und die Jüdin im Geschäft waren. Die Jüdin hatte aus ihrer ersten Ehe zwei Kinder, ein Dirndle und einen Buben, mitgebracht, der Jude ebenfalls zwei Kinder, ein Dirndle und einen Buben. Ich weiß aber nicht mehr, ob der Jude und die Jüdin, bevor sie geheiratet haben, ledig oder ob sie bereits Witwer und Witwe waren, jedenfalls brachten beide in diese Ehe zwei Kinder mit. Die Hapka hat also den Haushalt führen müssen, hat auf die Kinder aufgepaßt, hat gekocht, das Haus zusammengeräumt, hat die Betten hergerichtet, hat die Wäsche gewaschen, hat alles getan, was an Arbeit in einem kinderreichen Haushalt zusammenfällt. Eine schwere Arbeit war das Wäschewaschen, denn damals wurde noch alles mit der Hand gewaschen. Sie hat alles gemacht. Die Juden waren von früh bis spät im Geschäft. Die Mutter erzählte mir, daß sie damals oft so müde war, daß sie nicht einmal mehr die Kraft hatte, ins Bett hineinzukriechen, sie hat sich hingesetzt und ist eingeschlafen. Ein paar Stunden hat sie auf einem Schemel geschlafen, dann ist sie wieder aufgestanden und hat weitergearbeitet. Die meisten Dienstboten haben im Monat sieben Rubel verdient. Die Hapka hat für ihren Fleiß zehn Rubel von den Juden gekriegt. Die Juden haben ihre Tüchtigkeit und ihre Arbeit respektiert. Sie war aber so überbeansprucht, daß sie fast nie ins Bett gekommen ist vor lauter daß sie den Juden alles recht machen wollte. In der Früh, nach dem Aufstehen, hat die Jüdin das Frühstück angeordnet. Für jedes der Kinder hätte die Hapka das Frühstück extra richten sollen. Für ihre

Kinder hat die Jüdin ein besseres Frühstück angeordnet als für die Kinder ihres Mannes. Der Jude und die
Jüdin haben oft gestritten, und die Hapka hat den
Streit oft schlichten müssen. Die Kinder untereinander
haben sich gut vertragen, aber die Jüdin und der Jude
haben sich dauernd wegen der Kinder gestritten. Die
Jüdin wollte die Kinder des Juden benachteiligen und
hat der Hapka auch dementsprechend Anordnungen
gegeben. Die Hapka bejahte, wenn ihr die Jüdin den
Auftrag gab, für ihre Kinder etwas Besseres zu richten,
sie besser zu behandeln, aber getan hat sie es nicht, alle
haben das gleiche Frühstück bekommen. Sie hat allen
Kindern das gleiche zum Essen gegeben, und die Kinder der Jüdin und des Juden haben die Hapka nicht
verraten.

Wie ich dir schon erzählte, hatte die Jüdin ein Dirndle
und einen Buben mitgebracht, der Jude ebenfalls. Der
eine, größere Bub der Jüdin hatte schon eine Freundin
und das eine größere Dirndle des Juden einen Freund.
Der Jude und die Jüdin waren schon schlafen gegangen. Das Dirndle und der Bub haben ihre Freunde
eingeladen und eine Party gemacht. Die Hapka hat zu
diesem Anlaß etwas gebacken, davon aber wußten die
alten Juden nichts. Die Hapka hatte diese Party arran-
giert, deshalb hatten die jungen Juden mit der Hapka
eine große Freude. Einmal aber ist die Hapka, wohl
eher durch ein Mißgeschick, verraten worden. Sie
hatte wieder für eine Party Kipferln gemacht, und das
kleine Dirndle, das aus der Ehe des Juden und der
Jüdin hervorgegangen ist, hat es gesehen. Ich will auch
so ein Kipferl haben, das die Agafia gebacken hat,
sagte das Dirndle zu seinen Eltern. Ich habe keine

Kipferln gebacken, sagte die Hapka. Freilich, sagte das Dirndle, ich habe es wohl gesehen. Da war die Hapka einmal so richtig verlegen und hat den Juden die Wahrheit sagen müssen, nachdem sie nachgeforscht haben. Sie ist deswegen aber nicht bestraft worden, die Juden konnten die Hapka gut leiden, sie war ehrlich und fleißig, sie hat gut gekocht und hat eigentlich alles so richten können, wie es den Juden gefallen hat. Die Hapka hat bei den Juden gut verdient, aber sie hat ihr Geld gespart, sie hat keinen Rubel weggegeben. Wenn auch mein Hemd schon so zerrissen war, daß manchmal sogar meine Brustzitzen herausgeschaut haben, habe ich mir keine neue Bluse gekauft, von meinem Geld habe ich nichts weggegeben, erzählte mir die Mutter. Manchmal sagte ein Judenkind, Mamo! schau einmal, die Hapka hat nichts mehr zum Anziehen. Die Hapka ist schlau, sagten die Juden, sie kauft sich von ihrem Geld nichts, sie ist sparsam. Die Juden haben dann der Hapka Stoffzeug gegeben, damit sich die Hapka ein paar neue Kleider nähen konnte. Bis zu ihrem zwanzigsten Lebensjahr war sie bei den Juden. Als sie einunzwanzig wurde, hat die Hapka Davidowna Wlasenko den Wassilij Grigorowitsch Iljaschenko geheiratet.

Mein Großvater väterlicherseits hat sich erschossen. Nach der Geburt seines vierten Kindes ist seine Frau gestorben. Mit diesen vier Kindern war es damals draußen in Rußland nicht leicht, eine Frau zu bekommen. Zu einem Witwer mit Kindern ist nicht so leicht eine Frau oder ein junges Dirndle gegangen. Die Frau, meine Großmutter, die er nach dem Tod seiner ersten Frau geheiratet hat, war ein lediges Kind. Das war

damals draußen in Rußland eine furchtbare Schand.
Das Dirndle war arm, ist häufig geschlagen worden
und war nur ein Gespött für die anderen Leute. Einerseits hat sich mein Großvater ihrer erbarmt und hat sie
zur Frau genommen, andererseits aber hat er, wie ich
schon erzählt habe, schwer eine Frau gekriegt, da er
vier Kinder hatte. So gesehen hat er sich mit ihr begnü-
gen müssen. Sie ist als Kind am Kopf so geschlagen
worden, daß sie fast zur Gänze das Gehör verloren hat,
daß sie, wie man es bei uns sagt, terisch geworden, daß
sie taub geworden ist. Mein Großvater Grigorij Mi-
chailowitsch Iljaschenko, der ein großer Bauer war,
hörte, daß dieses terische Dirndle zu haben wäre. Sie
war zwar terisch, aber fleißig und tüchtig. Er hat um
das Dirndle geworben und es auch bekommen. Dieses
terische Dirndle aber hatte wenig gelernt, wurde von
denen, die es aufzogen, eigentlich links liegen gelassen,
und dann ist aus ihm so eine richtige Dirn geworden,
die nur grobe Arbeit gemacht hat, die fleißig war, der
aber das Kochen nicht gezeigt wurde, sie hat an den
Haushaltsarbeiten nie richtig teilnehmen können und
hat auch deshalb für den Großvater nichts Anständiges
gekocht. Zum Großvater, der ein großer Bauer war,
sind oft vornehme Leute gekommen. Er hat sich deshalb, da seine Frau nichts Besonderes kochen konnte,
oft geschämt. Miteinander hatten sie bereits drei Kinder, meinen Vater und noch zwei Dirndlen. Die anderen vier Kinder, die der Großvater aus seiner ersten
Ehe mitbrachte, waren schon groß, sie haben schon
weggeheiratet. Grigorij Michailowitch hat dieses Leben nicht mehr ertragen, er hatte Schulden, in dieser
Zeit war auch ein politischer Umsturz, er hatte Feld

verloren, er hat dieses Leben einfach nicht mehr ertragen und hat sich weggeräumt. Die Großmutter ist dann mit den Kindern alleine dagestanden.

Mit meinem Vater, dem Wassilij, war die Hapka schon heimlich befreundet, als sie von den Grafen zurückkam. Wassilij war damals siebzehn Jahre alt, die Hapka ebenfalls. Heimlich haben sich die Hapka und der Wassilij, während sie bei den Juden gearbeitet hat, an einem Steg, der über einen Bach führte, getroffen. Nachdem sich sein Vater erschossen hatte, übernahm Wassilij den Hof. Er war damals schon ein ziemlich selbständiger Bursche und machte mit seiner Mutter und den Geschwistern die Hofarbeit. Niemand wußte, daß die Hapka und der Wassilij zusammengehören. Wenn die Hapka von den Juden einen Tag frei bekam, haben sie sich wieder am Steg, der über den Bach führte, getroffen. Dort war ihre heimliche Zusammenkunft. Als Hapka zwanzig Jahre alt wurde, kam ein großer Bauer und warb um sie. Er fragte, ob sie bei ihm Bäuerin werden möchte. Die Großmutter hatte dann freilich eine große Freude, sie sei stolz, wenn ihre Tochter einen Gutsbesitzer heiraten könne. Die Hapka aber hatte zuerst nicht den Mut zu sagen, daß sie mit dem Wassilij befreundet ist, deshalb hat sie dem Gutsbesitzer vorläufig einmal zugesagt. Jede Woche haben die Hapka und der Wassilij am Steg ausgemacht, wann sie sich wieder treffen werden. Die Hapka kam zum Wassilij und sagte, daß sie jetzt wird heiraten müssen. Ein Gutsbesitzer hat um mich geworben und ich habe schon zugesagt. Wassilij sagte, Was wäre, wenn ich um dich werben würde, du würdest doch mich lieber nehmen als den anderen? Freilich würde ich dich lieber

heiraten, wenn du um mich werben würdest, sagte die
Hapka. Damals mußte man ja draußen in Rußland bei
beiden Elternteilen um die Hochzeit werben. Wassilij
ging schnell heim und bat seine Mutter um den Hei-
ratssegen. Seine Mutter, die eine stolze Bäuerin war,
fragte, wen er denn heiraten wolle. Das hat ihr nicht so
gefallen, weil die Hapka Davidowna nur ein armes
Dirndle war. Wassilij sagte aber, daß er sie trotzdem
heiraten möchte. Seine Mutter brachte keinen Ein-
wand mehr vor. Wenn du die Hapka Davidowna haben
willst, dann nimm sie, sagte seine Mutter. Dann ist der
Wassilij wiedergekommen und hat bei Hapkas Mutter
um ihre Tochter geworben. Ihre Mutter hätte natürlich
lieber gesehen, daß die Hapka den Gutsbesitzer heiratet. Sie fragte, ob sie lieber den Wassilij Grigorowitsch
heiraten würde. Freilich möchte ich lieber den Wassilij
Grigorowitsch heiraten, den Wassilij kenn ich ja schon
lange, sagte die Hapka. Für den Gutsbesitzer war die
Absage eine große Enttäuschung. Dann haben Agafia
Davidowna Wlasenko und Wassilij Grigorowitsch Iljaschenko geheiratet. Zwei Jahre lang waren sie zufrieden, dann ist im 14er Jahr der Krieg gekommen.
Wassilij mußte einrücken. Im zweiten Kriegsjahr
wurde er schwer verwundet. Man hatte ihm den Fuß
weggeschossen, einen Kopfschuß hatte er auch noch.
Ein ganzes Jahr lag er im Lazarett. In dieser Zeit mußte
die Hapka alleine mit ihrer Schwiegermutter die Wirtschaft führen. Die Hapka war sehr schüchtern, hat sich
nichts getraut, hatte Angst vor ihrer Schwiegermutter
und hat sich von ihr alles sagen lassen, sie hat nicht
zurückgeredet. Die Schwiegermutter Orischka Pilipiwna Iljaschenko war zur Hapka oft recht schiach.

Einen **Еврейська помийка**, »jüdischen Kaspelzuber«
nannte die Schwiegermutter die Hapka, weil sie bei den
Juden im Dienst war. Obwohl ja auch sie, meine Großmutter, Hapkas Schwiegermutter, bevor sie den Großvater geheiratet hat, aus ärmlichen Verhältnissen kam,
hat sie mit der Hapka so schiach getan. Die Großmutter war, wie ich dir schon erzählt habe, ein lediges
Kind, das eigentlich immer mißhandelt und ausgespottet und am Kopf so geschlagen worden ist, daß es
terisch wurde. Obwohl auch die Orischka Pilipiwna
aus ärmlichen Verhältnissen kam, hat sie mit der Hapka
so schiach getan, aber vielleicht gerade auch deswegen.
Zwei ihrer Dirndlen, die aus der Ehe mit dem Großvater hervorgingen, lebten auch noch im Elternhaus.
Sie waren wohl schon verheiratet, aber auch sie haben
die Orischka unterstützt, haben den Haß gegen die
Hapka geschürt. Die Hapka wurde sehr unglücklich.
Damals war der Wassilij noch nicht verwundet, aber
die Hapka war alleine und dachte daran, daß sie dieses
Leben eigentlich nicht mehr aushält. Sie hält es nicht
mehr aus, so von der Schwiegermutter mißhandelt zu
werden. Die Hapka dachte an Selbstmord.
Sie nahm ein Taschenmesser zu sich. Es war Mitte Juli.
Das Getreide reifte. Bei einem Roggenacker stand eine
große Eiche. Sie dachte, In diesem hohen Roggenfeld
sieht mich niemand, dort drinnen bring ich mich um.
Sie stellte sich unter die Eiche, kniete nieder und begann zu beten: **О Боже, прости мені, але я чиєї
жизні не винесу!** Herrgott vergib mir, aber ich halte
dieses Leben nicht mehr aus. In dem Augenblick, als
sie sich ins Herz stechen wollte, kam ein heftiger Wirbelwind, der den Staub um sie herum im Kreis drehte.

Hapka erschrak dabei so sehr, daß sie in ihrem Schrecken das Messer fallen ließ. Als dieser Wirbelwind vorbei war, suchte sie das Messer, fand es aber nicht mehr. Was war das, war es eine Warnung vom Herrgott, weil ich gebetet habe? Sie kannte sich nicht mehr aus, sie hat sich eingebildet, daß es eine Warnung vom Herrgott war, daß er sie ermahnt hat, am Leben zu bleiben. Das Messer hat sie nicht mehr länger gesucht. Sie ist durch das Roggenfeld wieder ins Dorf zurückgegangen, hat den Pfarrer aufgesucht, hat gebeichtet und ihm von der tyrannischen Schwiegermutter Orischka erzählt.

Der Pfarrer sagte zu ihr, daß sie nicht so dumm sein und sich von der Orischka alles gefallen lassen soll, sie soll zurückreden, sie soll sich gegen die Orischka wehren, wenn es notwendig ist. Die Hapka war ein bescheidenes Dirndle und hat zeitlebens nur parieren müssen, sie hat sich am Anfang nicht getraut, der Schwiegermutter zu widersprechen, sie hat alles getan, was die Schwiegermutter wollte. Laß dir nicht alles gefallen, sagte der Pfarrer, du sollst dich nicht so zusammenstutzen lassen. Der Pfarrer hat ihr die Beichte abgenommen. Die Hapka versprach, daß sie an Selbstmord nicht mehr denken wird. Der Pfarrer hat ihr wieder den Rat gegeben, daß sie sich selbstbewußter vor die Orischka hinstellen soll. Ihre Schwiegermutter, meine Großmutter also, schimpfte allein schon deswegen, weil die Hapka einmal etwas Besseres gekocht hat. Die Orischka konnte nicht kochen, sie hat im Haushalt nichts gelernt, darunter hatte schon der Großvater, der sich umbrachte, gelitten. Tagtäglich hat sie den Borschtsch, eine Bauernkost, gekocht, sonst eigentlich nichts. Die Hapka aber hat bei den Juden und bei der Grafenfamilie viel gelernt, sie konnte einfach etwas Besseres kochen. Einmal, nachdem sie wieder etwas Besseres kochte, hatte sie Angst, daß ihr das ganze Essen im Ofen zusammenfallen wird, denn damals mußte die Orischka Arbeiter für die Getreideernte aufnehmen, der Großvater lebte nicht mehr, der Wassilij war im Krieg, und das Getreide mußte händisch mit der Sichel geschnitten werden. Das war eine sehr mühsame und langwierige Arbeit. Die Feldarbeiter sind gerne zur Hapka gekommen, sie sagten, Bei der Hapka können wir einmal anständig essen, die Hapka kocht so gut. Krapfen hat die Hapka auch gerne gebacken, jedenfalls etwas Gutes gerichtet, das die Weiber im Haus, die Schwiegermutter und ihre beiden Töchter, die noch daheim waren, eigentlich gar nicht kannten. Das hat der Orischka jedenfalls furchtbar wehgetan, weil die Hapka besser kochen kann als sie, daß sie außerdem zu aufwendig kocht und deshalb die Wirtschaft kaputt macht.

Es war Herbst, Wassilij hatte man schon das Bein weggeschossen, die Orischka hat wieder die Hapka beschimpft, während sie die roten Rüben putzte. Bei dieser Gelegenheit hob die Hapka eine Rübe auf und haute sie der Orischka Pilipiwna auf den Schädel. Die Orischka hat furchtbar geplärrt, ist aufgebraust, aber die Hapka hat sich so richtig wohlgefühlt, weil sie endlich den Mut aufbrachte, sich zu wehren, weil sie der Schwiegermutter die rote Rübe auf den Schädel gehauen hat. Erschlagen will sie mich, ja, erschlagen will sie mich, jammerte die Orischka, aber von diesem Augenblick an hatte die Orischka vor der Hapka viel mehr Respekt, sie haben sich von da an auch besser ertragen und konnten besser zusammenarbeiten.

Nachdem die Hapka erfahren mußte, daß Wassilij im Krieg ein Bein verloren hat, ist sie mehrere Male nach Nikolajew ins Lazarett gefahren, um den Wassilij zu besuchen. Nach einem Jahr Lazarettaufenthalt ist er heim nach Dóbenka gekommen. Während ihn die Soldaten brachten, waren die Hapka und die Orischka auf dem Feld. Die Soldaten legten den Wassilij im Haus einfach auf den Boden, haben sich nicht einmal die Mühe gemacht, ihn ins Bett zu legen, auf den Boden haben sie ihn hingelegt und sind dann, ohne die Hapka, die Orischka oder jemand anderen im Dorf zu benachrichtigen, daß sie den Wassilij aus dem Lazarett gebracht haben, wieder verschwunden. Im Haus seines Vaters lag er also einbeinig am Boden. Aufstehen konnte er nicht, denn wenn er aufstand, begann die Wunde augenblicklich zu bluten, die Wunde war noch nicht verheilt. Als die Hapka von der Feldarbeit heimkam, fand sie den Wassilij am Boden des Wohnzimmers liegend vor. Damals wohnten sie noch in einem alten hölzernen Haus, das mit einem Strohdach gedeckt war. Ähnliche hölzerne Häuser stehen auch hier in Mooswald noch herum. Draußen in Rußland waren die Häuser aus Eichenholz gezimmert. Ich kann mich an dieses Haus, in dem die Hapka den Wassilij am Boden liegend vorfand, noch erinnern. Die Hapka suchte im Dorf ein paar Leute zusammen, die den Wassilij ins Bett hoben. Ein ganzes Jahr lang hat die Hapka den Wassilij pflegen müssen, ein ganzes Jahr lang konnte er nicht aufstehen. Stand er auf, hat seine Wunde wieder zu bluten begonnen. Zwei Jahre dauerte es, bis der Fuß

endlich zugeheilt war. Zwei Jahre hat er im Bett verbringen müssen, ein Jahr im Lazarett, ein Jahr daheim
in Dóbenka. Zwei Jahre hat es gedauert, ehe er eine
hölzerne Stelze anlegen konnte. In die Stelze, die oben
eine Öffnung hatte, steckte er den Stumpf seines Oberschenkels hinein, warf den Riemen, der an der Stelze
angebracht war, über die Achsel, schnallte ihn zu und
so humpelte er dahin.

Wassilij und Hapka begannen, nachdem sie sehr gut
gewirtschaftet hatten, ein Haus zu bauen. In der Zaren-
herrschaft hatte Wassilij als Invalide die Möglichkeit
bekommen, einen Kurs zu besuchen. Er lernte das
Schustern und konnte diesen Beruf auch aktiv aus-
üben. Die Leute in Dóbenka waren froh, daß es jemanden gab, der ihnen die Winterschuhe und die Stiefel
flickte. Von den Juden hatte die Hapka eine Singer-
Nähmaschine bekommen. Es war eigentlich die einzige Nähmaschine in Dóbenka, die einen Fußantrieb
hatte, alle anderen Nähmaschinen mußte man mit der
Hand antreiben. Die Hapka konnte diese Singer-
Nähmaschine, die ein österreichisches Fabrikat war,
durch die Beziehungen, die die reichen Juden überall-
hin hatten, erwerben. Diese Singer-Nähmaschine war
so stark, daß der Wassilij damit sogar Leder nähen
konnte. Er schneiderte auch Russenmäntel aus Schafsfell, die oben eng und unten weit geschnitten waren. Er
hat jedenfalls bei seinen Schusterarbeiten sehr gut verdient. Außerdem hatten die Hapka und der Wassilij
fünf oder sechs Kühe. Eine Kuh, und das war wohl der
sorgfältigen Pflege der Hapka zu verdanken, brachte
täglich fünfunddreißig bis vierzig Liter Milch. Als ich
nach Mooswald kam, erzählte ich es meinem Schwie-

gervater. Er glaubte mir nicht, daß eine Kuh fünfunddreißig bis vierzig Liter Milch haben kann. Pünktlich um vier Uhr früh stand die Hapka auf und begann die Kühe zu melken. Heute melken wir die Kühe täglich zweimal, am Morgen und am Abend, aber die Hapka hatte nach Anraten des Tierarztes ihre Kühe anfangs viermal am Tag gemolken. Oftmals sagte meine Mutter, Eine Kuh ist wie eine Uhr, sie sollte nicht einmal fünf Minuten überzogen werden, so genau sollte man sie jeden Tag zur selben Zeit melken. Den Kuhmist hat sie im Gegensatz zu den anderen Bäuerinnen im Dorf am Krautacker ausgestreut und konnte auch deshalb größere Rüben ernten als die anderen. Die anderen Leute im Dorf sahen natürlich, daß die Hapka viel größere Rüben erntete als die anderen, daß Hapkas Kühe auch mehr Milch geben als die anderen. Und weil ihre Rüben so groß wie Krautköpfe waren, sagten die Leute, daß die Hapka hexen kann. Es ist doch nicht möglich, daß sie viel größere Rüben erntet als wir, daß ihre Kühe mehr Milch geben als unsere. Die Leute in Dóbenka begannen den Wassilij Grigorowitsch und die Hapka Davidowna zu beneiden, weil sie so gut gewirtschaftet haben. Bald wurde aus dem Neid Haß. Sie sagten, daß die Hapka hexen kann, sahen aber nicht, daß der Wassilij und die Hapka fleißig waren, daß sie nahezu Tag und Nacht gearbeitet haben. Neben der Singer-Nähmaschine haben die Hapka und der Wassilij von den Juden auch eine Milchmaschine bekommen. Es war eine Alfa-Milchmaschine, die gleiche Milchmaschine, die wir hier in Mooswald haben. Die Hapka und der Wassilij waren die einzigen in Dóbenka, die eine solche Milchmaschine hatten. Die Juden, die ja die Hapka kannten, für die sie den Haushalt geführt, gekocht, auf die Kinder aufgepaßt hatte, wußten, daß die Hapka verläßlich, reinlich und gewissenhaft ist, von ihr kauften sie die Milchprodukte ab, Butter und Topfen. Das Haus haben die Hapka und der Wassilij nur mit dem Geld aus den Milchprodukten, die sie verkauften, aufgebaut. Zweimal in der Woche ist der Wassilij mit den Milchprodukten in die Stadt, nach Tscherkassy, gefahren und hat sie verkauft. Die Leute kannten ihn schon, er hatte bereits Aufträge bekommen. Später eröffneten sie in einer leeren Kammer, die vielleicht so groß war wie ein Getreidekasten, ein kleines Geschäft, in dem sie Nähzeug, Mehl, Zucker und Milch verkauften. Die Leute in Dóbenka waren froh, daß sie nicht wegen jeder Kleinigkeit nach Tscherkassy fahren oder gehen mußten. Wer kein Roß hatte, mußte zu Fuß gehen, zehn Kilometer weit, und nicht jeder hatte ein Roß. Die Tüchtigkeit von Hapka und Wassilij aber flößte den anderen Mißtrauen ein, sie wurden neidig, sie glaubten, daß die Hapka hexen kann, da geht jedenfalls, so glaubten es die Leute, irgend etwas nicht mit rechten Dingen zu.

Damals, als die Hapka noch bei den Juden gearbeitet hat, half sie die Viecher auf die Weide treiben. Sie hatte, wußte aber nicht woher, auf der Hand einen Ausschlag bekommen. Die Hand ist immer schiacher geworden. Ein Weibele, wahrscheinlich eine Viehhüterin, sah Hapkas Hand und fragte sie, Was hast du denn da? Die Hapka zeigte dem Weibele ihre Hand. Mein Gott, sagte das Weibele, das ist ja eine faule Bläsche, die mußt du behandeln, komm zu mir heim, wir werden versuchen die Hand zu heilen. Sie hatte Spucke mit Ofenruß vermischt und der Hapka vor dem Aufgehen der Sonne auf die Bläsche an der Hand gestrichen. Dreimal hat sie das tun müssen, dann war die Bläsche weg. Früher hatte sie alle möglichen Salben auf die Hand gestrichen, aber es hat nicht geholfen. Dieses Weibele lehrte die Mutter auch, wie man einen verdrehten Fuß wieder einrichtet, eine Hand oder einen Finger. Das alles hat die Mutter von dieser Viehhüterin gelernt, als sie noch bei den Juden gearbeitet hat. Später, als ich schon auf der Welt war, erfuhren die Leute in Dóbenka, daß die Mutter von einer Naturheilerin Verschiedenes gelernt hat. Sie haben ihre Hilfe in Anspruch genommen.

Ich muß dir erzählen! Einmal, ich war damals schon auf der Welt, ist die Mutter nach Tscherkassy gegangen und sah unterwegs eine Frau, die ihre Hand an den Körper preßte. Die Mutter fragte die Frau, ob ihr etwas fehlte, sie fragte die Frau, warum sie ihre Hand an den Körper presse. Ich bin hergefallen, ich bin auf meine Finger draufgefallen, meine Finger sind ausgestoßen, sagte die Frau. Sie erzählte, daß sie schon vor einem Jahr bei einem Doktor war, der ihr auch nicht helfen konnte, ganz im Gegenteil, er hat es noch schlechter gemacht, als es schon war. Wie bei einer Marionette pendelten ihre Finger hinunter. Mir ist nicht zu helfen, jammerte die Frau. Auch die Ärzte sagten, Da ist nichts mehr zu machen! Die Mutter glaubte, daß sie dieser Frau helfen kann, und fragte sie, ob sie mit heimkommen wolle. Damals war ich schon elf Jahre alt. Ich füge aber jetzt diese Geschichte dazwischen hinein, weil ich dir die Heilkünste meiner Mutter ein bißchen illustrieren möchte. Die Mutter richtete ein

Handbad her, in das sie Moos und Kräuter gab. Die Frau mußte ihre Hand darin baden, die Mutter hatte die Finger wieder eingerichtet, und nach drei Wochen konnte diese Frau mit ihren Händen wieder arbeiten. Die Frau aber hat sich bei der Mutter dafür nicht bedankt. Das war für sie anscheinend eine Selbstverständlichkeit. Die Mutter hatte selber nicht viel, hat hart arbeiten müssen, damit wir nicht hungern und damit sie auch diese Frau über drei Wochen mit Essen versorgen konnte. Sie hat drei Wochen bei uns gewohnt. Nicht einen einzigen Rubel hat sie der Mutter gegeben, obwohl wir sie drei Wochen lang gefüttert haben.

Ein anderes Mal kam eine Frau und sagte, daß sich ihr Mann nicht rühren kann, daß er im Bett liegt und vor Schmerz schreit. Einen Monat lang lag er schon im Bett und erfuhr dann, daß ihm vielleicht die Hapka Davidowna helfen könne. Er hatte ein ausgerenktes Schulterblatt. Die Frau kam also und fragte die Mutter, ob sie vielleicht helfen könne. Die Mutter kam ans Krankenbett. Der Mann lag auf dem Bauch im Bett, die Mutter kniete auf seinen Rücken und richtete ihm das Kreuz wieder ein. Dabei hat er wie am Spieß geschrien, offenbar hat das Einrichten des Kreuzes sehr wehgetan, aber dann wurde er wieder gesund. Diese Leute aber waren dafür wirklich dankbar. Oft hatte ich meinen Fuß ausgedreht, die Mutter hat ihn jedesmal wieder eingerichtet. Wenn etwas passierte, bin ich wieder heimgehumpelt, die Mutter hat den Fuß eingerichtet. Sie hat mir wohl erklärt, wie man einen Fuß einrichtet, aber das habe ich doch nie gelernt, ich hatte kein Gefühl dafür.

Diese Viehhüterin hatte die Mutter auch das Kartenaufschlagen gelehrt. Ungern hat die Mutter die Karten aufgeschlagen, aber in der Kriegszeit sind viele Frauen zu ihr gekommen und haben sie gebeten, die Karten zu fragen, ob ihre Männer noch leben oder ob sie schon tot sind. Oft hat sie dabei lügen müssen, denn oft hat sie den Tod gesehen. Bald danach haben diese Frauen, die meine Mutter aufsuchten und fragten, ob der Mann noch lebt, denen die Mutter aber nicht die Wahrheit sagte, Post bekommen und erfahren, daß der Mann gefallen ist. Die Mutter sagte später zu diesen Frauen, Ich habe den Tod deines Mannes wohl in den Karten gesehen, aber ich wollte es dir nicht sagen. Einmal, als sie wieder die Karten aufschlug, sah sie, daß meine größere Schwester, die Lydia, schwanger wird. Seither hat sie die Karten nie mehr aufgeschlagen.

Einmal, als sie gerade im Wald Brombeeren, die Murrn, wie wir sie hier nennen, klaubte, mußte sie wieder jemandem helfen. In Rußland gibt es so viele Murrn, wie hier in Kärnten Himbeeren. Eimerweise brachte die Mutter Murrn aus dem Wald und machte eine gute Marmelade daraus. Ja, einmal ist sie Murrn klauben gegangen, als ihr Schwager, ein Waldaufseher, im Gebüsch hockte und schrie. Er wußte, daß die Hapka Davidowna in der Nähe ist und Murrn klaubt. Er hatte seinen Fuß verdreht. Als die Mutter hinkam und seinen Fuß wieder einrichtete, was wahrscheinlich schmerzhaft war, hat er ihr eines mit einem Stecken runtergehauen, aber er konnte danach wieder gehen.

Bevor Wassilij und Hapka mit dem Hausbau begannen, besuchte Hapka die Jüdin in Tscherkassy, bei der sie einmal gewirtschaftet hatte, und erzählte, daß sie ein Haus bauen werden. Baut aber kein Haus mit großen Fenstern, sagte die Jüdin, es wird der Krieg kommen, man wird euch das Haus wegnehmen, baut eines mit kleinen Fenstern, dort könnt ihr euch besser verbarrikadieren, es wird der Krieg kommen. Wassilij und Hapka aber bauten das schönste Haus von Dóbenka. Der Neid der Dorfleute vergrößerte sich. Die Iljaschenkos haben die größten Rüben, haben mehr Milch, haben das schönste Haus von Dóbenka gebaut, obwohl der Wassilij nur ein Krüppel ist, irgend etwas kann da nicht stimmen.

Wassilij hatte einen Freund, mit dem er sich sehr gut verstand, aber dieser Freund verehrte auch heimlich die Hapka. Nachdem der Wassilij als Kriegsinvalide aus dem Lazarett zurückgekommen war, sagte dieser Freund zur Hapka, Was wirst du denn mit diesem Krüppel schon anfangen, geh mit mir fort. Weißt du was, sagte die Hapka zu ihm, ich habe den Wassilij gern gehabt, als er noch gesund war, wie komme ich dazu, daß ich ihn jetzt im Stich lasse, nur weil er ein Krüppel ist, er kann doch nichts dafür. Dummerweise hatte die Mutter diese Geschichte irgend jemandem erzählt, der Wassilij hat sie jedenfalls aufgefangen. Den Freund warf er zur Tür hinaus, er durfte das Haus nie mehr betreten. Wassilij war eigentlich nie böse zur Hapka, aber wenn er wieder melancholisch wurde – er hatte ja auch einen Kopfschuß –, da brach er, wie einmal, das Mähen ab, steckte die Sense in die Erde, setzte sich auf die Wiese und sagte zur Hapka, die dabei war, das Gemähte zusammenzurechen, daß sie einmal zu ihm herkommen solle. Er nahm sie auf den Schoß und sagte, Du magst mich jetzt nicht mehr, weil ich ein Krüppel bin, du könntest jeden anderen Mann haben, und du plagst dich mit mir ab! Sie hat mit ihm oft wie mit einem kleinen Kind reden und zu ihm sagen müssen, daß sie ihn wohl mag, daß er nichts dafür kann, weil er einen Fuß verloren hat. Oft hat mir davon die Mutter erzählt und dabei geplärrt, Wie mit einem Kind habe ich mit ihm geredet, bis er sich wieder beruhigt hat! Er war mißtrauisch geworden, er hatte Angst, daß ihn die Hapka nicht mehr mag, weil er ein Krüppel geworden ist. Das hat ihm so furchtbar weh getan, weil dieser Freund zur Hapka sagte, Geh mit mir, was wirst du denn mit diesem Krüppel! So kann man auch einen Menschen vernichten, sagte meine Mutter. Die Mutter hat sich nicht viel dabei gedacht, als sie jemand anderem erzählte, daß ein Freund des Wassilij zu ihr sagte, daß sie ihn verlassen soll. Meine Mutter war keine Schwätzerin. Oft sagte sie zu mir: **Спочатку думай, а тоді балакай!** Zuerst mußt du denken, dann reden!

Hapka und Wassilij bekamen ein Dirndle. Sie tauften es Marusia. Drei Jahre später bekamen sie einen Buben, den sie Jakow nannten. Sie wollten immer schon zwei Kinder haben. Aber die Marusia starb, als sie sechs Jahre alt war, an Diphterie. Damals war keine Hilfe, es gab in unserem Dorf kein Serum. Wassilij hatte das Dirndle sehr gern, er hat einfach nicht glauben können, daß es sterben muß. Er war damals vollkommen verzweifelt. Tag und Nacht hat er das Dirndle herumgetragen, und in seinen Händen, als er es trug, ist es gestorben. Eine Zeitlang später starb der dreijährige Jakow an derselben Krankheit. Beide sind sie erstickt.

Der Tod der beiden Kinder war für Vater und Mutter furchtbar und hat sie eine große Überwindung gekostet. Sie wollten zwei Kinder, und diese beiden Kinder waren ihnen mit drei und sechs Jahren gestorben. Oft sagte die Mutter zu mir: Тільки як згубиш дитину, тоді взнаєш, що значить бути матер'ю. Man muß erst ein Kind verlieren, dann weiß man, was es heißt, Mutter zu sein. Meine Mutter aber hat nicht nur ein Kind verloren, meine Mutter hat vier Kinder verloren. Die Marusia und der Jakow starben an Diphterie, meine Schwester und mich, die wir von unserer russischen Heimat zur Zwangsarbeit nach Kärnten verschleppt wurden, hat sie schließlich doch auch verloren.

Der Vater jagte, wie ich dir erzählt habe, diesen seinen besten Freund aus dem Haus. Erst fünf oder sechs Jahre später tauchte er in Dóbenka wieder auf. Eine Freundin meiner Mutter sah ihn und sagte zu ihr, daß sie ihn doch einmal aufsuchen, ihn wenigstens begrüßen sollten. Damals lebte ich noch nicht, die Lydia war aber schon auf der Welt. Die Mutter und ihre Freundin suchten ihn auf und unterhielten sich ein bißchen mit ihm. Im ersten Augenblick dachte sie eigentlich nicht daran, daß der Wassilij eifersüchtig werden könnte. Dieser Gedanke kam ihr erst, als sie wieder heimging. Was soll ich sagen, wenn mich der Wassilij fragt, wo ich war? Noch ehe sie eine Antwort auf ihre Frage geben konnte, kam ihr der Wassilij schon entgegen. Er hielt einen Stecken in der Hand, der mit Eisen beschlagen war, denn ohne Stecken konnte er mit der Stelze nicht gehen. Die Mutter lachte ihm zwar entgegen, sie freute sich, ihn zu sehen, aber sie bemerkte, daß er zornig war, denn wenn er zornig wurde, hat sein Hirn rote

Flecken bekommen. Wenn er zornig wurde, ist sie ihm, wo sie nur konnte, aus dem Weg gegangen. Das hat auch mir in meinem Leben sehr viel geholfen. Oft sagte die Mutter zu mir: От колись буде в тебе чоловік, котрий тебе вб' є за твій довгий язик. Du wirst einmal einen Mann haben, der wird dich wegen deines geschwätzigen Mundes halb erschlagen. Ich habe meinen Mund nie halten können. Als die Mutter sah, daß der Vater auf sie zukommt, rief sie ihm entgegen, Wohin gehst du, Wassilij? Der Vater sagte kein Wort, trat auf sie zu und schlug ihr seinen eisenbeschlagenen Stecken über die Knie. Der Schlag war so kräftig, daß ihre Knie anschwollen. Der Vater gab der Mutter nicht die Gelegenheit, sich zu rechtfertigen, zu sagen, daß sie mit einer Freundin diesen Jugendfreund nur begrüßt und mit ihm ein paar Worte gewechselt hat. Die Mutter sagte, Ich geh jetzt nicht mehr heim, ich laß dich allein. Das war eigentlich das einzige Mal, daß der Vater die Mutter geschlagen hat, sonst hat er sie, soviel ich weiß, nie grob angefaßt. Die Mutter machte vorerst ihre Drohung wahr und ging zu meiner Großmutter mütterlicherseits, zur Tatjana. Drei Tage verbrachte sie dort im Bett, drei Tage lang konnte sie vor lauter Schmerzen an den Knien nicht aufstehen. Zur Großmutter sagte sie ebenfalls, daß sie nicht mehr zum Wassilij heimgehen möchte. Die Tatjana ging zum Wassilij und zur Lydia, sie sorgte dieser Tage für das kleine Kind. Die Mutter des Vaters lebte damals nicht mehr. Am dritten Tag kam der Wassilij zur Hapka. Er weinte wie ein kleines Kind, entschuldigte sich, sagte, daß er sie nie wieder schlagen werde, und bat sie, daß sie wieder zu ihm und zum Kind heimkommen solle.

Ich weiß ja, daß ich ein Krüppel bin, sagte der Wassilij, ich weiß, daß du mich nicht mehr magst. Die Hapka gab dem Wassilij wieder zu verstehen, daß sie ihn mag, daß er nichts dafür kann, daß er einen Fuß verloren hat, daß er ein Krüppel ist. Die Hapka ging wieder zum Wassilij und zur Lydia heim.

Als mich die Hapka in ihrem Bauch trug, wurde sie krank. Sie wußte nicht, daß sie schwanger ist. Sie erbrach immer wieder, bekam Fieber und wurde bett-lägrig. Der Vater fuhr mit der Mutter nach Tscher-kassy zu den Ärzten, aber keiner der Ärzte wußte der Mutter zu helfen, keiner wußte, was ihr fehlt, was sie für eine Krankheit hat. Was sie gerne gegessen hätte, haben sie ihr verboten. Die Ärzte glaubten, daß sie leberkrank ist. Was ihr aber nicht schmeckte, das hätte sie essen sollen, aber das hat sie jedesmal wieder erbro-chen. So ist es vier Monate fortgegangen, sie war schon sehr geschwächt, der Wassilij war verzweifelt. Gegen-über von Hapkas Geburtshaus wohnte ein altes Wei-bele, das allerhand wußte, wie die Frau Widowitsch in Villach. Zu diesem Weibele ist sie gegangen. Mein Gott, Hapka, iß, was dir schmeckt, geh zu keinem Doktor, du bist doch schwanger, sagte das Weibele. Die Mutter war überrascht. Wie ist denn das nur mög-lich, sagte sie. Ich war eigentlich nicht mehr einge-plant. Die Hapka ist nicht mehr zu den Ärzten gefah-ren, sie hat wieder gegessen, was ihr schmeckte, und hat sich wieder erholt. Dann bin ich geworden.

Der Vater hat mich vergöttert, er hatte eine derartige Freude mit mir! Die Lydia hat er nicht so gemocht, weil sie ziemlich bockig war, sie war nicht folgsam, sie war stur und eigensinnig. Sie war eigentlich der Mutter des Vaters ähnlicher, der damals die Hapka eine Rübe auf den Schädel gehauen hat. Andererseits aber war sie ein seelenguter Mensch. Ich habe dir schon einmal erzählt, wie die Lydia die Nudeln zur Großmutter hätte tragen sollen, und möchte jetzt die Eigensinnigkeit meiner Schwester ein bißchen illustrieren. In Rußland werden am Morgen entweder Omletten oder Nudeln gefrühstückt. Was es hier bei uns zum Mittagessen gibt, wird in Rußland in der Früh gekocht. Jause gibt es dazwischen keine mehr, bis zu Mittag gibt es nichts mehr zu essen. Bei den Bauern wird ja kräftig gefrühstückt. Meine Mutter hat Nudeln gekocht und wußte, daß der Onkel – von dem ich dir schon oft erzählt habe, der ein Künstler war, der Ikonen gemacht hat – zufällig daheim war. Die Mutter sagte zur Lydia, Trag die Nudeln zur Großmutter, zum Onkel Ignat, er ißt sie gern. Die Schwester dürfte damals fünf Jahre alt gewesen sein. Sie hatte vielleicht einen zehnminütigen Fußweg zum Haus der Großmutter zurückzulegen, wo der Onkel Ignat wohnte. Sie ging mit den Nudeln. Sie war aber zu faul, so weit zu Fuß zu gehen, sie ist ein Stück gegangen, bis zur Nachbarin, dort war vor dem Tor eine Bank, dort hat sie sich niedergesetzt, hat ein paar Nudeln weggegessen, hat die Schüssel mit den restlichen Nudeln weggestellt und ist wieder heimgegangen. Was sie nicht wollte, hat sie einfach nicht getan. Die Mutter fragte sie, Was macht denn die Großmutter? Ach, kochen tut sie, sagte die Lydia. Sie nannte eine Suppe, die die Großmutter selten gekocht hat und eigentlich gar nicht mochte. Das verwunderte die Mutter. Nach fünf Minuten aber kommt die Nachbarin mit den Nudeln und mit der Schüssel. Was war da eigentlich los, sagte die Nachbarin zur Mutter, die Lydia hat die Nudelschüssel auf unserer Bank weggestellt. Ich habe sie damit eigentlich zur Großmutter geschickt, ich wollte sie dem Ignat geben, sagte die Mutter. Da lachten dann aber die Mutter und die Nachbarin. Warum hast du denn die Nudeln nicht zur Großmutter getragen, fragte die Mutter die Lydia. Ach, sagte die Lydia, das war mir zu weit.

Ich war, so erzählte es mir die Mutter, drei oder vier Tage alt, als im Dorf laut gemacht wurde, daß die Kirche geschlossen wird. Kurzentschlossen ging mein Vater zu meiner Gote, und noch am Vorabend, bevor die Kirche geschlossen wurde, empfing ich das heilige Sakrament der Taufe. Am nächsten Tag wurde die Kirche tatsächlich geschlossen, und ein paar Tage später ließen die Kolchosführer von Dóbenka, Holová Kolhospu, der Vorsitzende der Kollektiv-Wirtschaft, und Holová Silrádi, der Dorfbürgermeister, alle Heiligtümer in der Kirche vernichten. Die Ikonen haben sie von der Wand gerissen und auf den Boden geworfen. Was glaubst du, was diese Heiligenbilder für einen Wert hatten! Die Kruzifixe und die Gemälde haben sie verbrannt, alles haben sie zerstört. In die Kirchen haben sie die Viecher eingestallt und das Getreide hineingeschüttet. Einen Viecherstall und einen Getreidekasten haben die Kolchosführer aus unserer Kirche in Dóbenka gemacht! Sie haben nicht nur die Kruzifixe verbrannt und auf den Boden geworfen, sie haben auch den Altar abgeräumt. Nicht einmal vor dem Allerheiligsten hatten sie Respekt. Sie haben uns ausgelacht und gesagt, daß es keinen Glauben gibt, daß nicht Gott diese Welt erschaffen hat. Sie sagten, daß der Mensch vom Affen abstammt. Diese Diktatoren erlaubten sich alles, sie schickten die Menschen, die nicht parierten, nach Sibirien, hängten sie auf oder erschlugen sie, sie warfen in den Kirchen die Ikonen auf den Boden, heizten Heiligenbilder und Kruzifixe auf. Was waren das nur für Menschen! Sie waren wie die deutschen Nazis, wie die SS-ler.

Holowá Kolhospu und Holowá Silrádi wußten, daß wir eine Bibel im Haus haben. Der Vater hat diese Bibel aus seinem einjährigen Lazarettaufenthalt mitgebracht, im Lazarett hat er die Bibel gekauft. Was glaubst du, warum die Kolchosführer die Ikonen, Kruzifixe und Heiligenbilder zusammengeschlagen haben? Sie hatten Angst davor, deshalb mußten sie alles zerstören! Sie wollten den Herrgott vernichten! Sie wollten nicht wahrhaben, daß es einen Herrgott gibt! Hapka und Wassilij glaubten an den Herrgott. Sie ehrten die Bibel. Um sie vor den Kolchosführern schützen zu können, haben meine Eltern die Bibel in unserem Haus eingemauert. Auf der einen Seite war die Küche, auf der anderen ein großes Wohn- und Schlafzimmer, dazwischen eine Wand. In dieser Wand stand der Ofen. Er wurde mit Stroh geheizt, oder man konnte auch große Holzscheiter in den Ofen legen. Auf beiden Seiten, sowohl auf der Seite der Küche, als auch auf der Seite des Wohn- und Schlafzimmers wurde die Wand warm. So heizten wir das ganze Haus Tag über warm. Und in diese Mauer haben meine Eltern die Bibel eingemauert, vor lauter Angst um diese Heilige Schrift. Dieses Buch wollten meine Eltern nicht loswerden.

Im 28er Jahr wurde die Kommune, das Kolchos, gegründet. Allen Bauern wurden die Felder weggenommen. Sie gehörten von nun an dem Kolchos. Jede Bauernfamilie durfte einen halben Hektar für sich beanspruchen, sie konnte Erdäpfel, Rüben, Türken oder Getreide anbauen und ernten. Ein paar positive Dinge gab es auch, die Holowá Kolhospu und Holowá Silrádi gemacht haben. Sie lehrten die Leute das Arbeiten, es gab niemanden mehr, der faulenzen konnte, sonst wäre er verhungert, jeder mußte sich sein Brot erarbeiten, aber außer dem Essen haben die Arbeiter nichts bekommen. Wenn jemand krank wurde und ins Krankenhaus gehen mußte, hat er nichts bezahlen müssen.

Bald nach der Gründung dieser Kommune trat der Vater ins Kolchos ein. Da der Vater Invalide war und mit seiner Stelze herumhumpeln mußte und deshalb offenbar nach Ansicht der Kolchosführer keine vollwertige Arbeitskraft war, sagte einer der Oberschädel des Kolchos, Wir werden vielleicht für diesen Krüppel arbeiten! Abgesehen davon, daß der Vater nur einen Fuß hatte und mit der Stelze herumlaufen mußte, hatte er auch eine Kopfverletzung im Krieg abbekommen, unter der er immer noch litt. Der Vater aber konnte schustern, er hat die Stiefel und Schuhe wieder herrichten können, Pelzmäntel hat er machen können, die Sattlerarbeiten hätte er im Kolchos machen können, und er hoffte auch, für diese Arbeiten eingeteilt zu werden, aber als der Vater hörte, daß ein Oberschädel sagte, Wir werden vielleicht für diesen Krüppel arbeiten, trat er kurzentschlossen aus dem Kolchos aus. Der Vater sagte, daß für ihn keiner arbeiten muß, daß er sich und seine Familie schon selber am Leben erhalten könne, er läßt sich den Satz, Wir werden vielleicht für diesen Krüppel arbeiten! nicht gefallen. Als er aber aus dem Kolchos austrat, ist die Jagd auf ihn losgegangen. Der Vater hatte auch einen Sonntagsfuß. Ich war damals ein paar Jahre alt, aber ich kann mich an diesen Sonntagsfuß, wie wir ihn nannten, noch gut erinnern. In unserem neuen Haus, das die Hapka und der Wassilij gebaut haben und in dem ich meine ersten drei Lebensjahre verbracht habe, stand im Wohnzimmer ein großes – heute würde man sagen: französisches – Ehebett, dessen Gerüst aus Nickel war. Damals nannte ich es das Himmelsbett. An dieses Himmelsbett kann ich mich noch genau erinnern, ich bin oft hinaufgekrochen und drinnen herumgesprungen. Ich lag neben meinem Vater. Ich blickte auf den Stumpf seines Oberschenkels. Ich fragte ihn, wo er denn seinen zweiten Fuß hat. Noch heute sehe ich, wie ich neben ihm hockte, auf den Stumpf seines Oberschenkels blickte und ihn nach seinem Fuß fragte. Der Vater sagte, Drinnen im Kabinett hinter dem Tisch liegt er. Ich stand auf und lief ins Kabinett hinein. Hinter dem Tisch lag ein Gummifuß. Ich kam wieder ins Wohnzimmer zurück und sagte zum Vater, Dein Fuß ist aber nicht drinnen, nur so ein schwarzer ist dort. Dann weiß ich nicht, wo mein Fuß ist, sagte der Vater in einem ergreifenden Tonfall.

Zu Weihnachten oder zu Ostern haben sich die Geschwister in ihrem Geburtsort, in Dóbenka, getroffen. Diejenigen, die weiter weg waren, die irgendwo anders in einer Stadt oder in einem Dorf lebten, wurden bereits erwartet. Am Abend wurden das Fest und ihr Wiedersehen gefeiert, die Frauen kochten zu diesem Anlaß. Damals hatten wir einen schwarzen Hund, der

Waltl hieß. Eigenartig! Als ich hierher nach Kärnten auf den Bergbauernhof kam, hat auch ein Hund Waltl geheißen. Und auch das war ein schwarzer Hund! Dieser schwarze Hund jedenfalls trat, während die Leute im Zimmer Weihnachten feierten, ans Fenster, kratzte mit seiner Pfote an der Scheibe und bellte. Die Mutter sagte, Was hat denn der Waltl heute, was will er denn? Die Mutter ging vor die Tür, der Hund lief auf sie zu, erwischte sie beim Schürzenzipf, zerrte an der Schürze, ließ wieder los und lief voran, drehte sich wieder nach der Mutter um, bellte, lief auf sie zu und erwischte sie wieder beim Schürzenzipf. Was hast denn, Waltl, was willst denn? sagte die Mutter. Der Waltl zog an ihrem Schürzenzipf, der Mutter kam so vor, als wollte er sagen, daß sie mitkommen solle. Der Hund führte sie auf ihr Haus zu. Sie ging durch den Eichenwald und sah schon von weitem, daß die Kalm frei herumläuft, daß jemand sie losgelassen haben muß. Die Kolchosleute wollten dem Vater und der Mutter die Kalm stehlen. Sie hatten die Kalm bereits aus dem Stall gezogen, aber als sie sahen, daß ihnen der schwarze Hund mit der Mutter entgegenkommt, befürchteten sie, daß auch der Vater in der Nähe ist, vor meinem Vater hatten sie Angst. Die Mutter sagte kein Wort zu den Kolchosleuten, sie ging mit dem Hund einfach weiter. Mit einem Strick um den Hals lief die Kalm im Eichenwald herum. Dieser Eichenwald gehörte zu unserem Hof. Rund um den Eichenwald waren die Felder. Die Eichen waren draußen in Rußland so groß wie hier die Fichten. Das war ein Holz!
Als der Vater aus dem Kolchos trat, haben uns Holowá Kolhospu und Holowá Silrádi alles weggenommen,

was wir an Wertgegenständen im Haus hatten. Die Milchmaschine haben sie uns weggenommen und die Singer-Nähmaschine, den Schmuck haben sie uns weggenommen, die schöne Kredenz, das schöne Geschirr, alles haben sie uns weggenommen. Sie gaben den Befehl, daß wir ein gewisses Quantum an Getreide abliefern müssen. Steuern haben wir auch zahlen müssen. Die Mutter fuhr in die Stadt, verkaufte ein paar Wertgegenstände, damit sie zu den Gulden kam, die wir zahlen mußten. Vater und Mutter glaubten, nachdem sie weggaben, was verlangt wurde, daß sie vor den Kolchosführern Ruhe haben werden, aber das war nicht der Fall, denn als wir keine Wertsachen mehr hatten, sind sie auch mit den Viechern gegangen. Das Roß meines Vaters haben sie genommen, die Wertsachen auf einen Wagen gelegt, sind damit weggefahren und haben diese Wertgegenstände untereinander verschenkt.

Die Mutter hatte sehr viel Mohn angesetzt, den sie in Flaschen abfüllte, damit er nicht ranzig wurde. Auch diese Mohnflaschen haben sie uns weggenommen. Ja, das hat meine Mutter alles erdulden müssen. Sie hat mit anschauen müssen, wie ihr und dem Vater alles weggenommen wurde. Die Mutter hat dagegen protestiert, aber der Vater sagte, Mamuschka! sie sollen doch gehen mit unseren Sachen, wir werden auch so zurechtkommen. Mamuschka hat er oft zu ihr gesagt, Mamuschka heißt soviel wie Mütterchen. Mach dir nichts draus, Mamuschka, wir kommen auch so zurecht. Laß sie nur nehmen, laß sie mit allem gehen. Im 31er Jahr dürfte es gewesen sein, drei Jahre alt war ich damals.

Ich saß vor dem Fenster auf einer breiten Bank und ranzte. Ich sehe noch heute, wie die Kolchosleute mit unserer Kuh, der Schecke, weggegangen sind. Забрали корову, тепер у нас більше нема молока! Jetzt gehen sie mit der Kuh, jetzt haben wir keine Milch mehr, soll ich gesagt haben, erzählte mir später die Mutter. Jetzt gehen sie mit der Kuh, jetzt haben wir keine Milch mehr. Ein paarmal soll ich diesen Satz gesagt haben, als ich auf der Bank saß, ranzte und aus dem Fenster schaute. Das Bild, wie sie die Kühe aus dem Stall ziehen, sehe ich heute noch vor mir. Es war schrecklich! Die Mutter war verzweifelt, sie haben doch alles hart erarbeiten müssen, haben geglaubt, daß sie zurechtkommen, dann hat man ihnen alles weggenommen.

Bevor uns die Kolchosführer die Wertgegenstände wegnahmen, fragten sie den Vater, warum er aus dem Kolchos getreten ist. Sie vermuteten, daß er ein Verräter ist, sie sperrten ihn ein und verhörten ihn. Sie bedrohten den Vater mit der Pistole. Sie hielten ihm die Pistole vors Gesicht und auf die Brust. Wenn er nicht sagt, was er weiß, erschießen sie ihn. Ihre Angst vor dem Herrgott und ihre Angst vor der Religion waren trotz allem sehr stark, obwohl sie sich eingeredet haben, daß es keinen Herrgott gibt, und auch in der Kirche alles zerstörten. Das waren lauter Menschen, die tatsächlich nie in die Kirche gegangen sind, die ungläubig waren. Die Kolchosführer von Dóbenka glaubten, daß mein Vater ein Rebell ist, auch weil er religiös war. In den Augen von Holowá Kolhospu war mein Vater ein Kurkúl, aber mein Vater sagte beim Verhör, daß er kein Verräter, daß er aus dem Kolchos getreten ist, weil gesagt wurde, daß er ohne den Kolchos nicht mehr zurechtkommt, weil er ein Krüppel ist. Sie konnten den Vater nicht überführen. Zweimal wurde er eingesperrt, aber jedesmal mußten sie ihn wieder freilassen. Als sie meinen Vater das dritte Mal einsperrten, aber ein paar Tage später wieder gehen ließen, haben sie uns auch das Roß weggenommen.

Es war Mittag. Der Vater sagte zur Mutter, Ich glaube, du hast noch irgendwo einen halben Liter Schnaps. Diesen Schnaps trinken wir jetzt und essen etwas dazu. Das Haus war bereits ausgeleert worden. Die Kolchosleute haben den ganzen Hausrat auf den Wagen, an den ein Roß angespannt war, geladen und weggeführt. Als meine Eltern zu essen begannen und den Schnaps dazu tranken, kam mein Cousin dahergelaufen und sagte, Onkel! jetzt nehmen sie auch uns alles weg. Seine Mutter war eine Witwe, ihr Mann ist, vielleicht auch wegen der politischen Umstände, damisch geworden und ins Narrenhaus gekommen. Sie hatte alleine drei Kinder zu versorgen. Meine Großmutter väterlicherseits Orischka Pilipiwna hatte ihr und ihrer zweiten Tochter Gold gegeben, damit sie dieses Haus, in dem sie wohnte, aufbauen konnte. Die Großmutter hatte damals dieses Gold nur auf ihre beiden Töchter aufgeteilt, meinem Vater, ihrem Sohn also, hatte sie nichts gegeben. Jetzt nehmen sie auch uns alles weg, sagte der Bub. Das ist ja entsetzlich, rief der Vater, jetzt nehmen sie auch der armen Witwe alles weg, wovon wird sie denn leben? Der Vater warf den Löffel auf den Tisch, sprang auf und ging zum Haus seiner Schwester, das vielleicht nur hundert Meter vom unsrigen entfernt war. Vor diesem Haus stand der Wagen mit dem ange-

spannten Roß. Auf diesen Wagen wollten die Kolchos-
leute die Wertsachen laden und davonfahren. Der
Vater spannte das Roß vom Wagen ab. Er humpelte ins
Haus hinein und stieg auf einer Leiter in den Dachbo-
den. Eine Stiege, die in den Dachboden führt, gab es
damals nicht. Jetzt waren diese Hundlinger auf dem
Dachboden und räumten die Truhen aus, in denen die
Tante ein paar schöne Sachen hatte, Kleider und wertvolle Stoffe. Kommts runter! schrie der Vater in den
Dachboden hinein. Die Männer hatten keine andere
Möglichkeit, als runterzukommen. Auf dem Dachboden war eine Luke, damit Licht hineinfallen konnte.
Das Haus war mit Stroh gedeckt. Die einen stiegen bei
der Luke hinaus, die anderen kamen die Leiter runter,
auf die der Vater stieg, um in den Dachboden hinein-
zuschreien. Diejenigen, die bei der Leiter runter-
kamen, empfing der Vater und schlug sie, die anderen
aber, die aus der Luke krochen und vom Dach sprangen, erwischten den Vater von hinten und zerrten ihn
aus dem Haus.

Mein Vater hatte blaue Augen und einen buschigen
Oberlippenbart, er war groß und stark, größer und
stärker als der Helmhard, mein Sohn. Draußen standen
die mit Winden geflochtenen Zäune. An einem dieser
Zäune haben sie den Vater regelrecht kreuzigen müssen, um ihn überhaupt bändigen zu können. Fünf,
sechs Leute haben sich über ihn hergemacht, um mit
ihm fertig werden zu können, ja, regelrecht gekreuzigt
haben sie ihn. Die Mutter, die mitgekommen war,
schrie, als wäre sie am Spieß. Die Männer schlugen den
Vater am Zaun, fesselten seine Hände, banden seinen
gesunden Fuß an die Stelze, warfen ihn auf den Wagen

und fuhren weg, um ihn in den Gemeindekotter zu sperren. Die Wertgegenstände, die sie vom Haus der Tante wegnehmen wollten, mußten sie wieder abladen, denn sie hatten jetzt mit dem Vater zu tun. Schreiend liefen die Mutter und die Schwester dem Wagen, den ein Roß zog, nach. Sie haben so geschrien, daß es das ganze Dorf hörte. Die Leute von Dóbenka kamen aus den Häusern und liefen dem fahrenden Wagen, auf dem gefesselt der Vater lag, wie bei einem Begräbnis nach. Wenn nicht die ganzen Dorfleute zusammengelaufen und dem Wagen nachgegangen wären, erzählte die Mutter, hätten sie den Vater wahrscheinlich umgebracht.

Ich muß dir noch erzählen, was passierte, als sie den Vater, dessen gesunden Fuß sie an seine Stelze banden, auf den Wagen warfen. Ein Mann saß auf der Brust, der andere auf dem Gesicht des Vaters. Die Mutter, die mit den anderen Leuten hinterherging, sprang auf den Wagen und hat denjenigen, der auf dem Gesicht meines Vaters saß, regelrecht in den Hintern gebissen. Dabei ist er hoch hinaus geflogen. Du mußt dir dieses Bild einmal vorstellen!

Damals, das passierte im 31er Jahr, war ich drei Jahre alt. Mich haben sie alleine in der Küche zurückgelassen. In Tschechowka, einem größeren Dorf in der Nähe von Dóbenka, sperrten sie den Vater in den Gemeindekotter. Die Lydia und die Mutter liefen bis ans Gefängnis heran, aber sie durften nicht zum Vater. Damals war die Lydia dreizehn Jahre alt. Ihr Taschengeld hatte sie in die Stiefel hineingesteckt. Als sie dem Wagen, auf dem der gefesselte Vater lag, hinterherlief, bemerkten die Kolchosleute, daß an ihren Füßen etwas scheppert. Sie zogen ihr die Stiefel aus und nahmen ihr das Geld weg. Vor nichts sind diese Leute zurückgeschreckt. Heute kann ich das so erzählen, aber damals, als es mir die Mutter in Rußland erzählte, hat es mich geschaudert. Ja, diese Ereignisse, die ich damals schon als kleines Kind mitgekriegt habe und von denen ich dir noch einige erzählen muß, haben mich schwer erschüttert. Vielleicht bin ich auch deswegen seelisch ein bißchen angeknackst.

Drei Tage lang hatten die Polizisten den Vater im Gemeindekotter von Tschechowka eingesperrt. Sie verhörten den Vater und fragten ihn immer wieder, ob er nicht zur Kommunistischen Partei gehen und im Kolchos arbeiten möchte. Der Vater sagte aber immer wieder, daß er nicht in die Kommunistische Partei eintreten, daß er nicht im Kolchos arbeiten werde, daß er sich und seine Familie schon selber erhalten könne, daß niemand für ihn, obwohl er ein Krüppel ist, arbeiten müsse. Die Mutter und den Vater mochte im Dorf eigentlich niemand mehr, einerseits, und das habe ich dir schon erzählt, wohl deswegen, weil sie ihnen neidig waren, weil sie so gut gewirtschaftet haben, andererseits, weil der Vater nicht in die Kommunistische Partei eintrat. Die vielen Verwandten, die meinem Vater und der Mutter zuerst in den Arsch gekrochen sind, waren auf einmal auch gegen meine Eltern.

Im Jänner des 31er Jahres begann die Hungersnot. Es gab im vorangegangenen Herbst genug Getreide, es war kein schlechtes Erntejahr. Die Kolchosführer haben im Zuge der Enteignung den Bauern das Getreide weggenommen und tonnenweise im Dnjepr versenkt. Künstlich haben sie die Hungersnot gemacht, damit die Leute ins Kolchos arbeiten gehen, damit sie nicht verhungern, denn für eine tagelange Arbeit haben die Leute in der Betriebsküche Brot und Suppe bekommen, sonst nichts.

Im Jänner des 31er Jahres sagte der Vater zur Mutter, Ich kann nicht mehr daheimbleiben, ich muß fortgehen, wir verhungern ja. Ich nehme die Lydia mit, die Njetotschka bleibt daheim, mit einem Dirndle kommst du leichter zurecht. Es kann natürlich sein, daß sie mich wieder zurückholen wollen, aber vielleicht komme ich davon. Schustern kann ich ja, und irgendwo in Rußland werde ich mit der Lydia schon untertauchen und Arbeit finden. In Dóbenka kann ich nicht mehr bleiben. Ich kann niemandem mehr ins Gesicht schauen. Für meinen Vater war es unmöglich geworden, in Dóbenka zu bleiben, Holowá Kolhospu und Holowá Silrádi haßten ihn, und bei den anderen Leuten im Dorf hatte er keine Unterstützung mehr. Hungersnot war, es war tatsächlich nichts mehr zum Essen, weggenommen haben sie uns sowieso alles, der Vater ging fort und nahm die Lydia mit. Später erfuhren wir, daß er in der Nähe von Moskau arbeitet.

Die Mutter und ich blieben alleine zurück. Jetzt begann der Kampf gegen den Hunger. Säckweise hatten uns die Kolchosführer vom Dachboden das Getreide weggenommen, sie ließen nichts mehr zurück. Ich kann mich noch gut erinnern: Die Mutter stieg auf den Dachboden und suchte vor lauter Hunger nach den Getreidekörnern, die noch vereinzelt irgendwo auf dem Lehmboden herumlagen. Ja, regelrecht nach Getreidekörnern suchte die Mutter den Dachboden ab. Sie hatte die Körner, die noch zu finden waren, zusammengeklaubt und roh gekaut, weil sie schon so hungrig war.

Im Frühjahr des 32er Jahres bauten die Kolchosleute eine Straße, die gleichzeitig als Schutz, als Damm gegen die Überschwemmung diente, denn im Frühjahr ist der Dnjepr oft aus seinen Ufern getreten und hat Dóbenka und die Felder ringsum überschwemmt. Da unser Haus, das die Hapka und der Wassilij gebaut haben, und das Haus der Großmutter auf einem Hügel standen, waren wir von der Überschwemmung nicht betroffen, das Wasser reichte an uns nicht heran, aber alle anderen Häuser standen, wenn der Dnjepr überging, oft im Wasser. Von diesem Hügel aus konnte man, soweit das Auge reichte, auf die großen Getreidefelder hinausblicken, dort war die Ebene, dort am Horizont tauchte am Abend wie am Meer die Sonne in die Erde ein.

Bevor die Kolchosleute diese Straße bauten, sind die Wägen, vor die Pferde gespannt waren, auf den alten Straßen im Dreck steckengeblieben, wenn es geregnet hat. Die neue Straße wurde mit rechteckigen Steinen ausgepflastert und hoch aufgeschüttet, damit sie der Dnjepr nicht mehr überschwemmen, damit das Wasser nicht mehr bis zu den Häusern von Dóbenka vordringen konnte. Meistens ist der Dnjepr im März übergegangen. Im April erst konnte man wieder die Felder bebauen, wenn das Wasser des Dnjepr zurückgegangen und der viele Schlamm weggeräumt war. Diese Überschwemmung gab es nur, wenn viel Schnee fiel und wenn es im Frühjahr häufig regnete. Einmal, ich erinnere mich, trat der Dnjepr bis an den Rand des Dorfes und überschwemmte die Felder. Die Häuser verschonte er in diesem Jahr. Wir waren aber jedes Frühjahr auf eine Überschwemmung vorbereitet. Damals stieg die Mutter ins kalte Märzwasser und holte Schilf heraus, weil wir sonst nichts mehr zu essen hatten. Der unterste Teil des Schilfes ist sehr gut zum Essen und schmeckt wie Zuckerrohr, aber nur der unterste Teil ist eßbar, das andere nicht. Ja, im März ist die Mutter ins Schneewasser gestiegen und hat für uns beide, da der Vater und die Lydia bei Moskau lebten, das Schilf herausgeholt, damit wir nicht verhungerten. Brot hatten wir keines mehr, gar nichts mehr hatten wir.

Die Mutter wurde als Köchin in der Betriebsküche beim Straßenbau angestellt. Der Vater, der in der Nähe von Moskau lebte, schickte der Mutter ein Säckchen Erdäpfel, die sie auf dem Feldstück, das ihr die Kolchosführer gaben, anbauen konnte. Auch die anderen Bauern haben ein Feldstück in der Größe eines halben Hektars bekommen. Die Lydia erzählte, als sie ein paar Monate später wieder heimkam, von der unmenschlichen Behausung, in der sie und der Vater in der Nähe von Moskau leben mußten. Das Haus, in dem sie wohnten, gehörte einer Witwe. Es war eine mit Stroh gedeckte Lehmhütte und bestand nur aus einem einzigen Raum. In diesem Raum lebten die Witwe, der Vater, die Lydia, eine Ziege und ein Schwein. Mit den beiden Tieren mußten die Menschen ihre Behausung teilen. Der Vater hat fleißig geschustert, hat dafür Erdäpfel und Getreide bekommen und hat diese Pakete heimgeschickt. Die Erdäpfel, die der Vater heimschickte, hat die Mutter auf dem Feld angesetzt. Getreide, Erdäpfel und Hirse hat sie angesetzt. Hirse war in Rußland eigentlich das Hauptnahrungsmittel. Die Omletten werden in Rußland aus Hirse, nicht aus Mehl gemacht. Im Juli schickte der Vater die Lydia wieder heim. Es hatte in Dóbenka so den Anschein, als ob sich das Leben wieder normalisieren würde. Die Bauern hatten wieder ein Stück Feld bekommen, auf dem sie anbauen und ernten konnten. Der Vater schrieb, daß er im Herbst nachkommen werde. Als die Lydia im Juli heimkam, waren wir so halbwegs zufrieden. Die Mutter hat in der Bauküche gekocht, wir hatten zu essen bekommen, und es hatte tatsächlich den Anschein, als ob wir wieder unter normalen Umständen, ohne von den Kolchosführern tyrannisiert zu werden, leben könnten.

Es war Mitte Oktober. Um vier Uhr früh ist die Mutter aufgestanden und hat den Ofen eingeheizt. In diesem Ofen, der gleichzeitig unser Zimmer wärmte, hat sie alles mögliche gebacken und gekocht. Sie machte Ofennudeln, gab sie um fünf Uhr in den Ofen hinein und nahm sie eine Stunde später, um sechs Uhr, wieder heraus. Nachdem das Essen gerichtet war, ist sie weggegangen. Ich weiß aber nicht mehr genau, ob sie einkaufen oder ob sie etwas anderes besorgen wollte, jedenfalls wollte sie zu Fuß nach Tscherkassy gehen. Die Lydia hatte zu dieser Zeit Grippe, sie war verkühlt, ich habe noch geschlafen, als die Mutter das Essen herrichtete und sich auf den Weg machte. Ich glaube, daß die Mutter zur Nachbarin sagte, daß sie nach Tscherkassy gehen möchte. Noch in Dóbenka ging sie, so erzählte sie es uns später, an der Gemeinde vorbei. Auf einmal sprangen ein paar Männer aus dem Gemeindehaus und zerrten die Mutter hinein. Die Mutter schrie: **Та що ви хочете від мене?** Was wollt ihr von mir? Sie haben die Mutter in den Gemeindekotter eingesperrt und sind zu unserem Haus gegangen. Die Lydia war schon wach und angezogen, ich lag noch im Bett. Sie kamen zur Tür herein, schrien und gaben uns den Befehl, das Haus zu verlassen. Sie gaben mir nicht einmal die Gelegenheit, mich anzuziehen, mit dem bloßen Pyjama haben sie mich hinausgeworfen. Es war vielleicht sieben Uhr morgen, es war noch finster und kalt, denn es war Herbst. Die Lydia und ich lagen um einen alten Birnbaum. Die Lydia hatte Fieber, während ich bloß mit einem großen Leinenhemd in der Kälte unter dem Birnbaum lag. Wie ein junger Hund habe ich gejammert. Die Kolchosführer haben die aufklappbaren Fensterläden unseres Hauses zugemacht und zugenagelt, haben die Haustür zugesperrt und den Schlüssel mitgenommen, so daß niemand mehr das Haus betreten konnte. Danach ließen sie die Mutter aus dem Gemeindekotter, ohne ihr zu sagen, warum sie eingesperrt und warum sie plötzlich wieder freigelassen wurde. Regen fiel, kalt war es, die Lydia hatte Fieber, ich hatte mein bloßes Leinenhemd an, mich fröstelte, von den Blättern des Birnbaumes rutschten die Regentropfen, fielen auf meinen Scheitel und auf mein Leinenhemd und sickerten bis zu meiner Haut durch. Ich jammerte und schrie nach der Mutter. Die Mutter ging nicht weiter nach Tscherkassy, sie mußte sofort daran denken, daß daheim irgend etwas nicht in Ordnung ist. Die Lydia und ich klammerten uns unter dem Birnbaum aneinander fest und plärrten, und während ich so dalag, kam es mir so vor, als ob man einer Hündin die Jungen wegnehmen würde, die Hündin schnell einsperrt, damit sie nicht beißt, dann kann man die Jungen wegräumen.

Die Mutter kam heim, ging auf unser Haus zu, sah schon von weitem, daß die Fensterbalken geschlossen waren, und hörte die Lydia und mich unweit von unserem Haus unter dem Birnbaum plärrn. Die Mutter trug einen Russenmantel aus Schaffell, den ihr der Vater gemacht hatte. Der Mantel war oben eng und unten ganz weit. Sie kam auf uns zu, plärrte, hockte sich zu uns, wickelte die Lydia und mich in den breiten Russenmantel ein und sagte: Так, дітки, тепер нам треба буде вмирати, тепер вони в нас хату забрали, тепер хоч вмирай з голоду! So Kinder, jetzt müssen wir sterben, jetzt verhungern wir, jetzt haben sie uns das Haus weggenommen, jetzt müssen wir sterben. Vier Jahre war ich damals alt, es war im Herbst des 32er Jahres. Unter diesem Birnbaum hockten wir zu dritt, eingehüllt vom Russenmantel, und wärmten uns gegenseitig. Wenn uns die Großmutter aufgenommen hätte, hätte Holowá Kolhospu auch der Großmutter alles weggenommen, niemand hätte uns helfen oder beschützen dürfen. Dort unter dem Birnbaum, unser abgeschlossenes und zugenageltes Haus vor Augen, hätten wir verrecken sollen.

Die einen, die gegen dieses Gewaltregime rebelliert haben, hat die NKWD, das Volkskommissariat für innere Angelegenheiten, aufgehängt oder nach Sibirien geschickt, und uns wollten sie auf diese Art und Weise fertigmachen. Uns haben sie das Haus weggenommen, uns haben sie verboten, auf den eigenen Feldern zu ernten, wir hätten vor der Tür unseres Hauses, daß die Hapka und der Wassilij aufgebaut haben, erfrieren oder

verhungern sollen. Es war ein großer Haß und ein
großer Neid gegen uns da, vor allem deswegen, weil
wir so gut gewirtschaftet haben und weil wir in einem
so schönen Haus wohnen konnten. Den Leuten ist es
unheimlich geworden, weil meine Mutter in allem besser gewirtschaftet hat als die anderen, sie hatte mehr
Milch, ihr Acker war üppiger, sie erntete mehr Getreide, mehr Rüben, mehr Bohnen als die anderen. Die
Leute waren abergläubisch, sie sagten, daß diese Frau
eine Hexe ist, daß sie zaubern kann. Es ist unter normalen Umständen gar nicht möglich, daß diese Frau
immer mehr erntet als wir. Jetzt schaut, wie ihr zurecht
kommt, sagten Holowá Kolhospu und Holowá Silrádi
zur Mutter, nachdem sie ihr alles weggenommen hatten, und lachten sie aus. Jesus am Kreuz wurde ebenfalls ausgelacht. Jetzt hilf dir selber, sagten seine Pei-
niger zu ihm. Als Jesus am Kreuz hing, sagte er:
Жажду, пити хочу! Mich durstet! Du kannst ja zaubern, antworteten sie, zauber dir Wasser oder Wein
daher, damit du nicht verdurstest. Genauso war es bei
uns. Schau, wie du zurecht kommst, sagten sie, du bist
ja eine Künstlerin, du kannst doch hexen, zauber dir
her, was du brauchst.
Einen halben Tag lagen wir zu dritt, eingehüllt vom
Russenmantel, im Regen unter dem Birnbaum. Die
Mutter plärrte und sagte immer wieder, Kinder, jetzt
müssen wir sterben, jetzt müssen wir verhungern. Sie
wußte, daß uns niemand, auch von denen, die uns
wohlgesinnt waren, helfen konnte, denn die NKWD
rächten sich an denen, die uns beistanden. Die Zeit war
schlecht, man konnte nirgendwohin arbeiten gehen, in
der Stadt wie auf dem Land, jeder hatte gerade soviel,

daß er essen konnte, daß er nicht verhungern mußte, keiner konnte jemand anderen aushalten. Die Juden hätten der Mutter vielleicht helfen können, aber diejenigen, die reich waren, die Geld hatten, sind nach Amerika ausgewandert, und die anderen hatten genausowenig wie wir, auch die Juden wurden nicht verschont, auch die Juden wurden enteignet. Es lebte wohl die Schwester der Mutter in Dóbenka, aber auch sie hat sich nicht getraut, die Mutter in ihrem Haus aufzunehmen, vor lauter Angst, daß auch ihrer Familie alles weggenommen wird. Es waren ja die meisten Leute gegen diese Gewaltherrschaft. Wir waren bei Gott nicht die einzigen, die mißhandelt wurden. Es hat unzählige Beispiele gegeben.

Zu den Kolchosführern gehörten neben Holowá Kolhospu und Holowá Silrádi auch Upolnomótschennij, der die Kollektivierung auch gewalttätig durchführen durfte. Er durfte die Bauern enteignen, aus ihren Häusern jagen, nach Sibirien schicken, aufhängen oder an Ort und Stelle erschießen lassen, wenn sie nicht parierten. Upolnomótschennij war manchmal ein Bevollmächtigter, der wegen eines kriminellen Verbrechens im Gefängnis saß. Konnte er, mit welchen Mitteln auch immer, in einem Dorf die Kollektivierung durchführen, so wurde ihm dafür der Rest seiner Haft, die er wegen seines Verbrechens noch abzubüßen hatte, erlassen.

Gegen Abend, als wir noch unter dem Birnbaum lagen, meine Schwester, die Mutter und ich, eingehüllt in den Russenmantel aus Schafsfell, kam die Nachbarin und sagte zur Mutter, Ich kann nicht mit anschauen, wie du hier verreckst. Diese Nachbarin hatte ein Haus und einen kleinen Garten. Ihr Mann, der auch gegen dieses Gewaltregime war, ist wie mein Vater geflohen. Dort und da, fern von unserem Dorf, hatte es Möglichkeiten gegeben, neu anzufangen und zu arbeiten. Woanders hatten die Menschen die Möglichkeit, in den Fabriken zu arbeiten, konnten auf den Feldern alles mögliche anbauen, aber in unserer Gegend gab es außer beim Straßenbau keine Arbeit mehr, man verdiente dabei zwar nichts, aber man hat wenigstens das Essen für die Arbeit bekommen, man war nicht mehr dem Hunger ausgeliefert. Die Kolchosführer haben den Leuten wohl das Arbeiten gezeigt, jeder mußte arbeiten, niemand konnte faulenzen, sonst wäre er verhungert, aber die Leute wurden enteignet, den Bauern wurde das Feld weggenommen, sie mußten im Kolchos arbeiten und haben dafür nur soviel Brot bekommen, um ihren Hunger stillen zu können. Auch in der Zarenzeit lebten die Leute nicht vorzüglich, aber es gab damals die freie Wirtschaft, jeder konnte für sich arbeiten. Oft sagte meine Mutter: **Ми ніколи так добре не жили, як за царя!** Wir lebten nie so gut wie in der Zarenzeit! Die Waren haben wenig gekostet, und wenn einer fleißig war, wenn er gearbeitet hat, dann hat er auch alles mögliche kaufen können. In der Zarenzeit gab es schöne und wertvolle Stoffe, die es später in der Zeit der Kommunistenherrschaft nie mehr gegeben hat. Hat man die Kleider, die man während der Kommunistenzeit kaufen konnte, ein paarmal gewaschen, sind sie wie Dreck auseinandergegangen. Die Mehrzahl der Leute in Dóbenka waren gegen den Kommunismus. Sie wären froh gewesen, wenn die Zarenzeit noch einmal gekommen wäre.

Diese Frau, die Nachbarin, die zur Mutter sagte, daß sie nicht mit anschauen könne, wie wir hier unter dem Birnbaum verrecken, hat uns in ihr Haus aufgenommen. Am nächsten Tag allerdings sind die aufmerksamen Kolchosführer zu dieser Frau gekommen und haben auch ihr das Wenige, das sie hatte, weggenommen. Sie hatte sowieso nur mehr ein paar Bohnensäckchen, aber auch die haben sie ihr weggenommen. Jetzt bin auch ich erledigt, sagte die Nachbarin, ich werde zu meinem Mann fahren. Er hat mir schon oft geschrieben, daß ich zu ihm kommen, daß ich nachkommen soll. Du kannst mit deinen beiden Töchtern in meinem Haus wohnen, sagte sie, ich fahre zu meinem Mann. In diesem Haus konnten wir über Winter bleiben.

Es gab Tage, da wußten wir wirklich nicht mehr, was wir essen sollten. Wir hatten kein Stückchen Brot mehr, keine Bohne, keine Rübe, gar nichts, mit leeren Händen hockten wir nebeneinander im Haus, hungerten und schauten in die Schneelandschaft hinaus. Im Notfall ist die Mutter zum Dnjepr fischen gegangen, aber das war auch nicht so ohne weiteres möglich, es waren doch die Aufsichtsfischer unterwegs. Wurde die Mutter beim Fischen erwischt, ist sie wieder verjagt worden, die Fische wurden ihr weggenommen. Ärger als einen Hund haben die Kolchosführer von Dóbenka meine Mutter behandelt.

Es waren aber in Dóbenka, und das soll nicht verschwiegen werden, auch gute und wertvolle Leute, aber diese Leute haben es nicht gewagt, uns zu helfen. Die Tante ist wohl manchmal gekommen, um uns zu helfen, aber nur ganz heimlich, in der Nacht, wenn es finster war, sie hatte auch Angst vor den Kolchosfüh-

rern. Sie hatte Angst, daß ihr die Kolchosführer, weil sie
uns hilft, etwas antun, sie hatte selber Kinder und nur
soviel zu essen, daß sie und ihre Kinder nicht verhungern mußten. Es gab in diesem Winter Tage, da sagte
meine Mutter, Jetzt müssen wir verhungern, jetzt habe
ich nichts mehr. Und kalt war es im Winter, Holz war
keines da, nirgendwo durfte sie Holz zusammenklauben, die Kolchosführer haben es ihr verboten. In der
Nacht aber, als es stockdunkel war und während die anderen schliefen, ist die Mutter in den Wald gegangen,
hat Holz gestohlen, hat ein Bündel Holz mit heimge-
nommen, hat eingeheizt, sonst wären wir erfroren. Ein
paar Tage vor dem Heiligen Abend ist die Lydia in die
anderen Dörfer, wo uns die Leute nicht kannten, betteln gegangen. Damals zogen viele Bettler durch die
Dörfer, lauter hungrige Menschen, die zerlumpt waren,
die an die Türen der Häuser klopften und ihre Hände
ausstreckten. Aus Hirse hat die Mutter damals Brot gemacht. Irgend jemand hat ihr ein Bündel Hirse gegeben,
aber dieses Brot schmeckte wie Sägespäne. Ich war so
hungrig, aber dieses Hirsebrot habe ich kaum essen
können, alles ist mir im Hals steckengeblieben.
Ein Bettler ist zu uns gekommen. Die Mutter hatte nur
mehr ein Stück von diesem Hirsebrot. Sie hat das
Hirsebrot auseinandergebrochen und dem Bettler die
Hälfte gegeben. Ich sagte: Мамо, чого ви це зробили? Чого Ви дали цьому жебраку хліб, ми їсти
хочемо. Нащо Ви це зробили? Знаєш, дівчино, і
він їсти хоче, не тільки ми. Як ми з'їмо половину,
а другу половину – він, то й ми житимемо, і він.
Mamo, warum hast du das getan, warum gibst du dem
Bettler das Brot, wir sind ja auch hungrig, warum hast

du das getan? Weißt du, Dirndle, sagte die Mutter, er ist auch hungrig, nicht nur wir. Wenn die eine Hälfte wir essen und die andere Hälfte der Bettler ißt, dann leben wir und er auch. Die Mutter hat mir das so beeindruckend erklärt, das hat mich so berührt, daß ich mit dem bißchen Hirsebrot, das uns geblieben ist, zufrieden war. Dann war ich auch nicht mehr hungrig.

Wenn die Mutter ein paar Rubel in der Tasche hatte, kaufte sie sich Kreppapier. Aus diesem Kreppapier machte sie Blumenkränze, mit denen die Ikonen bekränzt wurden. Dieses Kränzebinden hatte sie damals bei den Grafen gelernt. Fünfundzwanzig oder dreißig Kilometer sind wir oft zu Fuß durch die Dörfer, über den Dnjepr bis Tscherkassy gegangen, um diese Blumenkränze aus Kreppapier verkaufen zu können. In Dóbenka haben uns die Leute diese Blumenkränze nicht abgenommen, die Leute kannten uns dort ja, sie haben uns ausgelacht, sie haben meine Mutter als Hexe beschimpft, sie hätten meiner Mutter nichts abgekauft, wir waren in diesem Dorf längst zu Außenseitern geworden.

Wenn sie ein paar Rubel erübrigen konnte, hatte sie Töpfe gekauft und diese Papierblumen in die Töpfe hineingesteckt. Die Lydia und ich sind dann wieder dreißig Kilometer weit zu Fuß durch die Dörfer gegangen und haben diese Töpfe mit den Papierblumen in den Dörfern angeboten. Da und dort haben wir ein paar Rubel bekommen, oder wir haben diese Blumentöpfe für Brot, Mehl oder Zucker umgetauscht. Alles mögliche haben wir dafür bekommen. Auf diese Art und Weise konnten wir wenigstens unseren Hunger stillen. Zu dieser Zeit hatten aber auch viele Leute in der Stadt keinen Rubel in der Tasche. Sie konnten uns nichts abkaufen, deshalb haben wir getauscht.

Wenige Tage vor dem Heiligen Abend, als die Lydia in den anderen Dörfern herumgegangen ist und gebettelt hat, war es furchtbar kalt, es stürmte und schneite so sehr, wie wir es selten erlebt haben. Die Lydia war auf und auf voller Schnee, klopfte an die Türen der Häuser und bettelte um ein Stück Brot. Die Mutter wollte eigentlich gar nicht, daß die Lydia in die anderen Dörfer betteln ging, denn auch die anderen Leute hatten nicht viel, aber die Lydia sagte zur Mutter, Ich geh betteln, wir brauchen etwas zum Essen, du brauchst keine Angst zu haben, ich komme wieder zurück. Wenn ich daheim bleibe und nicht betteln gehe, dann verhungern wir alle drei. Ich schäme mich nicht, weil ich als Bettlerin durchs Schneetreiben gehen muß. Bevor wir verhungern, gehe ich lieber betteln, ich schäme mich nicht, hab keine Angst, ich komme wieder. Damit hat sie die Mutter getröstet. Danach ist sie ein paar Tage vor dem Heiligen Abend fortgegangen. Dreißig Kilometer ging sie zu Fuß, von einem Dorf zum anderen, vom einen Haus ins andere. Am Heiligen Abend aber war die Lydia immer noch nicht daheim. Tagelang stürmte und schneite es so sehr, wie ich dir schon erzählt habe, wie wir es lange nicht mehr erlebt hatten. Der Wind ging furchtbar und trieb den Schnee durch die Gegend, verwehte die Schneehügel. Es war bitterkalt, es hatte wirklich russische Temperaturen, und es hörte einfach nicht zu schneien auf. Später erfuhren wir, daß während dieses Weihnachtsunwetters manche Leute, die durch die Gegend zogen, erfroren oder eingeschneit wurden. Die Mutter hatte im Herbst soviel Holz gesammelt, daß sie unseren Ofen einheizen konnte. So hockten wir beide, die Mutter und ich, hinter dem warmen Ofen und warteten auf die Lydia. Sie nahm mich hinter dem warmen Ofen auf ihren Schoß und plärrte: Ліда не прийде більше додому. Ліда вже замерзла, чи згинула в бурю. Ліда вже не прийде додому. Die Lydia kommt nicht mehr heim, sagte sie plärrend, die Lydia ist wohl schon erfroren oder ist im Schneesturm umgekommen, die Lydia kommt nicht mehr heim. Weil die Mutter geplärrt hat, habe ich auch zu plärren begonnen. Es war sehr schlimm für mich, meine Mutter so hilflos – und hungrig waren wir beide – hinter dem Ofen hocken und plärren zu sehen. Ich habe die Mutter erwischt um den Hals und habe gesagt, Mamo plärr nicht, du wirst schon sehen, die Lydia kommt zurück, plärr nicht. Ich hing sehr an meiner Mutter, ich liebte meine Mutter sehr, weil wir gemeinsam soviel gelitten haben. Die Lydia kommt wieder, tröstete ich die Mutter.

Am Christtag am Abend, es hatte zu stürmen und schneien noch immer nicht aufgehört, ging unsere Tür auf. Schnee wehte herein, und mit ihm trat auch die Lydia ein. Sie war mit einem Buckelsack voll Pirischki zurückgekommen. Die Mutter hat geschrien vor Freude. So etwas kann man sich einfach nicht vorstellen. Daß es so etwas gibt! Die Lydia war auf und auf voller Schnee und gefroren. Sie legte ihre steifgewordenen Kleider ab, da und dort hingen an ihrem Mantel schon die Eiszapfen, und stellte den Buckelsack voll Pirischki auf den Boden. Wir haben ihn sofort aufgemacht, ein paar Stück herausgenommen und unseren

Hunger gestillt. Die Mutter hat diese Pirischki natürlich eingeteilt, damit wir lange damit auskommen. Vielleicht haben wir länger als vierzehn Tage von diesen Pirischki, die uns die Lydia mitgebracht hat, gelebt. Die Mutter hat schon geglaubt, daß die Lydia nicht mehr lebt, daß sie in diesem furchtbaren Schneesturm, in dem sie tagelang unterwegs war, umgekommen ist, und dann geht am Christtag auf einmal die Tür auf, und die Lydia kommt mit einem Rucksack voll Pirischki herein. Du kannst dir nicht vorstellen, wie wir uns gefreut haben, weil die Lydia wieder heimkam und dazu noch einen Buckelsack voll Pirischki mitgebracht hat.

Bald danach ging die Mutter in die Nachbardörfer und fragte wohlhabende Juden, ob sie die Lydia als Hausangestellte nehmen könnten, damit sie wenigstens etwas zum Essen hatte, damit sie nicht weiter herumbetteln mußte. Eine Judenfamilie nahm die Lydia auf. Die Lydia besorgte den Haushalt und schaute auf die Kinder. Die Mutter und ich waren wieder alleine. Und einmal war es in dieser Zeit wieder soweit, daß wir überhaupt nichts mehr zum Essen hatten. Es war noch Winter, der Schnee lag auf den Feldern und in den Eichenwäldern, wir konnten nicht hinausgehen in die Natur und irgend etwas zusammenklauben, Beeren oder Sauerampfer, es gab noch nichts. Wohl ist die Mutter hin und wieder, in unserer ärgsten Not, zum Dnjepr gegangen, hat mit einer Hacke ein Loch im Eis aufgeschlagen und hat ein paar Fische, die sofort aufs Loch zuschwammen, um den Sauerstoff einatmen zu können, herausgeholt und heimgetragen, aber das war selten der Fall, denn sie mußte vorsichtig sein, die Auf-

sichtsfischer waren unterwegs, sie paßten auf, damit
wir nichts zum Essen bekommen, sie wollten, daß wir
verhungern, daß wir elend zugrunde gehen, weil mein
Vater und meine Mutter ihnen nicht hörig waren.

Die Mutter und ich waren wieder hungrig, wir wußten
nicht, wie wir etwas Eßbares finden konnten, wir hatten nichts mehr, nicht einmal mehr ein paar Bohnen
oder ein paar Getreidekörner. Die Mutter hat wieder
geplärrt. Ich sagte, Mamo plärr nicht, ich werde für
uns beide betteln gehen, ich bin doch früher schon ein
paarmal zu den Häusern ringsum gegangen, habe gebettelt und habe auch da und dort ein Stück Brot
gekriegt, plärr nicht Mamo, ich gehe jetzt betteln. Ich
ging von Haus zu Haus und fragte um ein Stück Brot,
aber man ließ mich, ohne mir ein Stück Brot zu geben,
vor der Haustür stehen und machte die Türe zu. Ich
ging zum nächsten und übernächsten Haus, aber niemand gab mir etwas, niemand: У нас у самих нема
нічого. Не можемо тобі дати нічого. Wir haben
selber nichts, wir können dir nichts geben, sagten die
Bauern. Als ich mit leeren Händen zur Mutter zurückkam, habe ich geplärrt und gesagt, Mamo, ich habe
nichts gekriegt, sie haben mir nichts gegeben.

Das war eine große Enttäuschung für mich, die ich
nie vergessen konnte. Ich war von Haus zu Haus gegangen, hatte nichts bekommen und stand mit leeren
Händen da und habe mich fast nicht mehr heimge-
traut zu meiner Mutter. Mir ist vorgekommen, daß
ich doch nicht heimgehen kann, bevor ich nicht wenigstens ein Stückchen Brot bekommen habe, das ich mit
der Mutter teilen könnte. Plärrend und mit leeren
Händen kam ich daheim an. Die Zeit aber war damals

nicht so schlecht, daß ich nicht da und dort doch ein
Stückchen Brot hätte bekommen können. Die Leute in
Dóbenka verachteten uns, sie beschimpften unsere
Mutter als Hexe, sie gaben mir deswegen nichts. Sie
wußten, daß ich die Tochter der Hapka Davidowna
Iljaschenko bin. Die Mutter und ich haben uns aber
trotzdem, wohl immer mit Hunger im Bauch, über die
ärgste Zeit, über Winter und Frühjahr hinausschlep-
pen können. Wenn wir gar nichts mehr hatten, ist die
Mutter wieder mit einer Hacke, wenn es finster war
und die Fischer schon weg waren, zum Dnjepr gegangen, hat ein Loch im Eis aufgeschlagen und hat gewartet, bis die Fische sauerstoffsuchend herangeschwom-
men sind.

Es kam der Sommer. Am Gut der Frau, wo wir wohnten, war ein großer Maisacker. Die Maiskolben, die
Türkentschurtschen, wie wir sie hier nennen, waren
schon milchig, man konnte sie schon roh essen oder
braten. Ich schaute ins Türkenfeld hinaus und sagte zur
Mutter, Ich möchte so gern ein paar Türkentschurtschen haben, ich möchte ein paar Türkentschurtschen
essen. Dirndle! sagte die Mutter, ich kann dir keine
geben, das Türkenfeld gehört nicht mehr uns, ich kann
dir keine geben, du weißt ja, daß man uns verboten hat,
die Türkentschurtschen abzubrocken, du weißt ja, daß
wir nichts nehmen dürfen, daß wir sonst bestraft werden, ich kann dir keine Türkentschurtschen geben.
Dort sind aber so viele, sagte ich zur Mutter, ob ein
paar mehr oder weniger, ist ja egal. Die Kolchosführer
aber ließen die Felder bewachen. Sie haben aufgepaßt,
damit wir nichts zum Essen kriegen. Ich hatte den
Eindruck, daß sie gerade dort gelauert haben, wo wir

wohnten. Ich sagte zur Mutter, Ich geh trotzdem Türken holen, ich möchte einen Türkentschurtschen essen, und bin auf den Acker hinausgelaufen. Die Mutter hat es mir nicht verboten, sie sagte wohl, daß ich nicht gehen solle, daß es keinen Sinn hat. Kaum aber hatte ich ein paar Türkentschurtschen heruntergebrochen, da ist schon einer gekommen und hat sie mir alle weggenommen. Ich wollte die Türkentschurtschen nicht hergeben, ich schrie und klammerte sie fest an meine Brust, aber der Mann hat mich umgeworfen, ich lag auf dem Bauch da, er hat sich auf meinen Rücken gekniet und hat mir die Türkentschurtschen aus den Händen gerissen.

Wahrscheinlich hat er die Türkentschurtschen heimgetragen und seinen Kindern gegeben, ich weiß nicht, was er damit getan hat. Als ich heimkam und der Mutter den Zwischenfall erzählte, plärrte sie wieder und sagte, daß ich ihr doch hätte folgen sollen. Aber es war schon Sommer, wir konnten nicht mehr verhungern, die Mutter ist in den Wald gegangen, hat Beeren gefunden, Sauerampfer haben wir zusammengeklaubt und haben den Hunger stillen können. Es war nicht mehr so schlimm wie im Winter, wo wir doch jeden Tag diesen grausamen Kampf gegen den Hunger erleiden mußten. Oft sind wir vollkommen hungrig ins Bett gegangen und wußten, als wir uns hineinlegten, nicht, wie wir am nächsten Tag unseren Bauch füllen werden. Aber jetzt wuchs auf den Feldern und in den Wäldern schon so viel, es war schon so viel zu finden, daß wir nicht verhungern mußten. Einen Spruch sagte die Mutter öfter, Wenn das Wasser wieder da ist, dann ist auch das Leben wieder da.

Nachdem wir von den Kolchosführern enteignet wurden, nachdem sie uns alles, was wir an Haus, Gut und Geld hatten, wegnahmen, im selben Herbst, sagte eine Frau aus Dóbenka zu meiner Mutter, die auch sah, daß wir Hunger litten, daß wir nicht mehr wußten, wie wir fortkommen und uns am Leben erhalten sollten, Gib die Njetotschka doch in ein Heim, in die Stadt, dort wird es ihr gutgehen, dort braucht sie nicht zu hungern, gib sie weg. Nein, sagte die Mutter, wenn wir verhungern sollten, dann verhungern wir miteinander, ich gebe mein Kind nicht weg. Ні, як вмирати з голоду, то помремо умісті, не віддам я свою дитину.

Die Mutter war gerade unterwegs, sie suchte im Wald und auf den Feldern nach etwas Eßbarem, nach Gras, Sauerampfer und nach Beeren, sie ließ mich alleine. Unweit von unserem Haus stand ein großer Baum, der vielleicht so groß war wie unser Lindenbaum hier im Mooswald, ich glaube, daß es eine Eiche war. Unter diesem Baum lag ich, war an der Ruhr erkrankt, mein Mastdarm ist schon herausgetreten und hing mir schon vom Hintern weg. Ich war vollkommen abgemagert und schwach, lag dort im Schatten dieser Eiche und wartete auf die Mutter. Die Fliegen hatten sich an mich schon herangemacht, sie schwirrten um mich herum und saugten sich an mir fest. Der Mastdarm, der heraustrat, war schon voller Fliegen. Leute gingen vorbei und sagten: Помре бідна, помре. Dieses Hascherle wird wohl sterben! Diese Worte habe ich nie vergessen können. Ich lag dort, im Schatten der Eiche mit der Ruhr, Leute gingen vorbei und sagten, Помре бідна, помре.

In der vorangegangenen Nacht ist meine Mutter, nachdem ihr von den Kolchosführern die Benützung der eigenen Felder verboten wurde, ins eigene Feld gegangen und hat Gras gestohlen. Dieses Gras hat sie in zwei Säcke gestopft, einen Sack vorne an der Brust und den anderen am Rücken getragen. Am frühen Morgen, gegen vier Uhr, ist sie mit diesen Säcken in die Stadt gegangen und hat das Gras verkauft. Mit der Sichel hat sie das Gras zusammengeschnitten, es war ja schon hohes, üppiges Gras. Das war früher unser Gras, unser Feld, unsere Wiese, bevor wir enteignet wurden. Die Mutter wußte ein paar Plätze, wo sie vor Aufsichtspersonen sicher war. Die Leute, die in der Stadt Ziegen hielten, haben ihr das Gras abgekauft, und die Mutter hat dafür wieder soviel Rubel gekriegt, daß sie Zucker, Mehl und Brot kaufen konnte. Meine Mutter hat nicht einmal eine Arbeit bekommen, sie wurde nirgendwo aufgenommen, wenn sie sich auch zehnmal drum bemühte. Sie hat vom Holowá Silrádi ein Zeugnis bekommen, auf dem stand, daß sie ein *Kúrkúl*, ein Großbauer ist und deshalb keine Arbeit bekommen könne. Sie hatte also für das Gras soviel Rubel bekommen, daß sie mir auch, und davon werde ich dir noch erzählen, einen Liter saure Milch kaufen konnte.

Die Mutter kam heim, fand mich zitternd unter dem Eichenbaum, hob mich auf und trug mich ins Haus hinein. Den Paul, den Sohn meiner jüngsten Tante, meinen Cousin, habe ich mit der Ruhr angesteckt. Er ist dran gestorben. Wir haben ja oft miteinander gespielt. Für ihre jüngste Tante hatte meine Mutter das Haus gebaut, aber für meine Mutter hatte diese Tante wenig übrig, sie wollte nichts weggeben, vor lauter

Angst, daß dann auch sie mit ihren Kindern verhungern muß. Nachdem der Paul an der Ruhr gestorben ist, war natürlich meine jüngste Tante lange sehr böse auf mich, sie hat mich kaum angeschaut, sie wußte, daß ich ihren Sohn mit der Ruhr angesteckt habe und daß er daran gestorben ist. Später erzählte mir die Mutter, daß ich, als ich die Ruhr hatte, oft nach Essen verlangt habe, daß ich immer hungrig war. Aber kaum hatte sie mir etwas zum Essen gegeben, ist es wieder zur anderen Seite hinausgegangen. Der Magen hat nicht mehr gearbeitet, der Darm auch nicht. Aber anscheinend hatte ich immer soviel im Magen, daß ich diese eineinhalb Monate, in denen ich die Ruhr hatte, übertauchte, denn von Mitte Juni bis Ende Juli litt ich unter dieser schrecklichen Krankheit.

Als ich da im Bett lag und sich die Mutter nicht zu helfen wußte, dachte sie eigentlich nur mehr daran, daß ich bald sterben würde. Ich verlangte nach saurer Milch. **Дай мені кислого молока.** Gib mir saure Milch, sagte ich zur Mutter. Die Mutter dachte, so hat sie es mir später erzählt, daß dies wohl mein letzter Wunsch sei, daß ich nur noch ein Glas saure Milch haben möchte und dann sterben werde. Jetzt haben wir, so dachte die Mutter, miteinander soviel durchgemacht, haben die Hungersnot überlebt, haben uns gegen die Kolchosführer von Dóbenka wehren können, und jetzt muß sie an einer Krankheit sterben. Sie war aus der Stadt zurückgekommen, hatte Gras verkauft und noch ein paar Rubel in der Tasche. Die Mutter ging zur Tante der Olga, die jetzt in Belgien lebt – meine Mutter war Gote zu ihrem Buben –, und hat sie darum gebeten, ob sie ihr einen Liter saure Milch verkaufen kann. In einem Zug habe ich diesen Liter saure Milch weggetrunken. Die Mutter dachte eigentlich nur mehr daran, daß sie mir meinen letzten Wunsch erfüllt hat. Wenn man saure Milch trinkt, bekommt man eigentlich noch mehr Durchfall, aber vielleicht überlebte ich diese Krankheit gerade deshalb, weil ich die saure Milch verlangt und getrunken habe, die die Mutter kaufen konnte, nachdem sie das gestohlene Gras verkauft hatte.

Nachdem ich die saure Milch ausgetrunken hatte, bemerkte die Mutter, daß ich die Milch nicht mehr hinausdrücke, daß nicht mehr, wie früher, alles, was ich gegessen und getrunken hatte, sofort, während ich im Bett lag, unter meinen Oberschenkeln wieder wegrann. Als sie das sah, hatte sie wieder einen kleinen Hoffnungsschimmer. Sie machte mir ein Bad, in das sie das grüne, polstrige Moos, das sich selber feucht hält und das in der Ukraine wächst, hineingab. Dieses Moos wächst übrigens auch hier in Kärnten, du hast es sicher schon gesehen. In dieses Bad gab sie auch ein paar Kräuter. Die Mutter kannte sehr viele Kräuter, wir mußten uns oft selber gesunddoktern. Das hat sie wahrscheinlich von der Naturheilerin, die in Dóbenka lebte, gelernt. Sie kochte dieses Moos und die Kräuter und gab sie in das Bad hinein. Sie kleidete mich ganz nackt aus und hob mich in dieses Kräuterbad hinein. Ich zitterte. Ich klammerte mich an den Händen meiner Mutter fest. Mein Mastdarm stand vielleicht schon zehn Zentimeter aus meinem Hintern. Er war schon steif wie ein dürrer Darm. In diesem Kräuterbad hatte sie meinen Mastdarm aufgeweicht und holte die Naturheilerin, die unsere Nachbarin war. Das dürfte die

Großmutter des Dirndles gewesen sein, das mir noch heute aus Rußland schreibt.

Mit dieser Familie war meine Mutter befreundet. Hie und da hat diese Frau meiner Mutter geholfen, aber sie hatte auch selber Kinder und nur soviel zum Essen, daß ihre Familie überleben konnte, daß sie nicht verhungerten, deshalb konnten wir ihre Hilfe nur in der allerschlimmsten Zeit in Anspruch nehmen. Nachdem der Mastdarm im Kräuterbad aufgeweicht war, hat ihn meine Mutter gereinigt und, während ich auf dem Bauch lag, in meinen Hintern hineingeschoben. Danach mußte ich eine Zeitlang im Bett bleiben, sie ließ mich nicht aufstehen. Ob ich nur stunden- oder tagelang im Bett bleiben mußte, weiß ich heute nicht mehr. Jedenfalls hatte ich auf diese Art und Weise die Ruhr überlebt. Mit meinem Darm habe ich heute am wenigsten Schwierigkeiten. Ich glaube nicht, daß ich daran sterbe.

Im 32er Jahr, im Winter, es dürfte im Feber gewesen sein, ist bei einem Kolchosarbeiter das Haus abgebrannt. Die meisten Häuser in Dóbenka waren mit Strohdächern gedeckt, während unser Haus, das die Hapka und der Wassilij gebaut haben, ein Blechdach hatte. Auch deshalb wurden wir beneidet, denn es waren im ganzen Dorf, in dem über 80 Häuser standen, nur drei Häuser, die ein blechernes Dach hatten, und eines davon gehörte uns. Die Leute lebten unter sehr ärmlichen Verhältnissen. Die Kinder schliefen im Winter, wenn es kalt war, hinter dem Backofen. Hinter diesem Backofen wurde eine vier Meter breite Liege aufgestellt, die aus bloßen Brettern bestand. Über dieser Liege waren Stangen angebracht, auf denen während des Tages die Bettwäsche aufgehängt wurde. Am Abend wurde die Bettwäsche von der Stange genommen und auf den Holzbrettern ausgebreitet. Wie aufgefädelt lagen nach der Reihe die Eltern und die Kinder auf diesen Brettern. Ein Haus wie unseres hier in Mooswald, das war höchst selten. Ja, darum haben uns die Nachbarn in Dóbenka natürlich furchtbar beneidet. Wir hatten so ein großes Haus, obwohl mein Vater ein Krüppel war. Diese Frau muß ja hexen können, sonst hätten sie nie in solchen Verhältnissen leben können, sagten sie, aber meine Mutter hat von der Milch, die sie verkaufte, verdient, und der Vater hat geschustert. Sie waren beide fleißig.

Aber draußen in Rußland waren nicht alle Leute fleißig, viele haben das gemütliche dem arbeitsreichen Leben vorgezogen. Die Weiber haben gearbeitet, die Männer gesoffen und Karten gespielt. In der Kommunistenzeit aber haben alle arbeiten müssen, die Männer wie die Frauen. Das war gerecht. Diejenigen, die geglaubt haben, daß sie sich in der Kommunistenherrschaft auf die faule Haut legen können, haben sich geirrt. Sie haben fleißig arbeiten müssen, sonst hätten sie nicht einmal etwas zum Essen bekommen. Das war gut für die Leute, die nicht arbeiten wollten. Die Mutter erzählte mir, daß es im Raum von Nikolajew, wo sie in ihrer Jugend bei den Grafen gearbeitet hat, auch deutsche Dörfer gegeben haben soll. Dort machte sie die Beobachtung, daß die deutschen Frauen viel fleißiger waren als die russischen Frauen, daß sie viel mehr gearbeitet haben und geschickter waren. Kein Wunder, sagte die Mutter, daß sie nicht mehr ernten, wenn sie die Felder nicht pflegen, kein Wunder, daß ihre Kühe nicht mehr Milch geben.

Im 31er Jahr, wir wohnten noch in unserem Haus, lebte auf dem Nachbarshof, der an unser Gut grenzte, ein buckliges Dirndle. Vater und Mutter von diesem Bauernhof sind verhungert. Sie haben das bucklige Dirndle hinterlassen. Nachdem die Eltern tot und begraben waren, hat man den Kopf ihres zweiten Kindes im Heustadel gefunden. Die Leute in Dóbenka haben angenommen, daß die Eltern vor lauter Hunger ihr eigenes Kind aufgegessen haben. Manchmal, so hatte ich den Eindruck, hörte ich dieses bucklige Dirndle, die Schwester des aufgegessenen Kindes, im Heustadel herumkramen. Wahrscheinlich hat es etwas zum Essen gesucht. Daß ich mich vor diesem Stadel und dem Haus so gefürchtet habe, dürfte wohl damit zusammenhängen, daß die Mutter erzählte, daß in diesem Heustadel der Kopf eines aufgegessenen Kindes gefunden wurde. Gestorben sind die Eltern trotzdem, obwohl sie ihr Kind aufgegessen haben. Damals sind ja, und das war auch mir bekannt, während der Hungersnot in der Ukraine sechs oder sieben Millionen Menschen am Hunger gestorben. Die Mutter erzählte, daß in ukrainischen Dörfern Dirndlen und Buben zusammengefangen, regelrecht abgeschlachtet und gegessen wurden. Vor allem waren es die Metzger und Gasthausbesitzer, die die Dirndlen und Buben zusammengefangen haben oder fangen ließen, sie ermordet, ihr Fleisch zu Schnitzeln abgebraten oder roh verkauft haben. Sie sagten, daß es Pferdefleisch ist, das sie verkaufen, denn das Pferdefleisch ist dem Geschmack des menschlichen Fleisches sehr ähnlich. Das Pferdefleisch hat einen süßlichen Geschmack, das Menschenfleisch auch. Wenn wieder ein Dirndle oder ein Bub aus dem Dorf verschwunden war, konnte man sich denken, was mit ihnen passiert ist. Vor manchen Gasthäusern hing ein Schild, auf dem »Конина«, »Pferdefleisch«, stand.

Regelrecht abgeschlachtet haben sie die jungen Dirndlen und Buben und haben ihr Fleisch auf den Märkten verkauft. Wie weit einen Menschen der Hunger treiben kann! Bevor die Kolchosdiktatoren alle Bauern unseres Dorfes enteigneten, hatte jeder sein Feld, auf dem er anbauen konnte, jeder hatte zu essen. Aber nach der Enteignung, wo niemand mehr von seinem eigenen Acker leben konnte, sind eben alle mit den verschiedensten Mitteln zu Arbeiten ins Kolchos gelockt worden. Ich weiß, daß die Parteiführer diese Hungersnot künstlich inszeniert haben, sie haben tonnenweise Getreide in den Dnjepr geschüttet. Von diesem Getreide hätten unzählige Menschen leben können. Und da dann niemand mehr auf seinem eigenen Acker etwas anbauen durfte, konnte er keine Vorräte für den strengen Winter heranschaffen, dann ist ihm, wenn er weiterleben wollte, nichts anderes übrig geblieben, als im Kolchos zu arbeiten.

Im 30er oder im 31er Jahr begann die Hungersnot in Rußland, aber zu dieser Zeit soll es auch in Kärnten die Hungersnot gegeben haben. Vor dem Ersten Weltkrieg soll es hier in Kärnten eine Hungersnot gegeben haben, da gab es aber draußen in Rußland keine Hungersnot. Damals, in der Zeit um den Ersten Weltkrieg, als auch hier in Kärnten die Hungersnot ausbrach, hätte der Urgroßvater meines Mannes den Hofstätter Kuhgarten um einen einzigen Brotlaib haben können. Der Hofstätter kam und sagte, Du kannst den Kuhgarten haben, wenn du mir einen Laib Brot gibst. Der Urgroßvater meines Mannes hat ihm den Brotlaib gegeben, aber den Kuhgarten hat er nicht genommen.

Im Winter des 32er Jahres ist also bei einem Kolchosarbeiter das Haus abgebrannt. Wir wurden wieder ausquartiert. Wir lebten, wie ich schon erzählt habe, im Haus unserer Nachbarin und wurden, da in dieses Haus der Kolchosarbeiter mit seiner Familie einzog, im Haus meines Onkels und meiner Tante, die an der Hungersnot starben, in ein kleines Kabinett einquartiert. Die Lydia war zu diser Zeit noch bei den Juden in Tscherkassy als Haushaltshilfe im Dienst. In diesem Haus lebte auch die Familie der Olga, meiner Cousine, und ihrer Schwester, als wir einzogen. Diese Schwester, an die ich mich noch erinnern kann, hatte einen schönen blonden Zopf, um den ich ihr neidig war. Ich wollte auch einen Zopf machen lassen, aber die Mutter ließ es nicht zu, weil ich oft so viele Läuse hatte. Oft hockte ich vor meiner Mutter, während sie mir die Läuse aus dem Haar klaubte.

Die Fenster in dem Kabinett, in dem die Mutter und ich hausten, waren kaputt, aber das hat uns nichts ausgemacht, es war schon Frühjahr, es war nicht mehr so kalt. Bevor die Mutter in der Nacht auf ihre eigenen Felder schleichen und Gras zusammenstehlen mußte – es war noch Frühjahr, das Gras ist noch nicht hoch genug gewachsen –, ist sie auf die Felder hinausgegangen und hat Sauerampfer zusammengetragen. Der Sauerampfer wächst bereits im April, Anfang Mai ist er schon recht groß. Diesen Sauerampfer, den die Mutter körbweise heimbrachte und den wir in der Hungersnot aßen, streute sie vor allem in die Suppe hinein. Am

Morgen ist die Mutter sehr früh aufgestanden, hat bis in die Mitte des Vormittags hinein Sauerampfer geklaubt, ist mit diesem Sauerampfer in die Stadt gegangen und hat ihn verkauft. Dafür hat sie wieder ein paar Rubel bekommen, mit denen wir Brot und Mehl und Zucker kaufen konnten. Damals ist es uns nicht mehr so schlecht gegangen, wir hatten zu essen, aber ich war sehr viel allein, weil die Mutter am frühen Morgen forgegangen ist, um Essen zu holen, um Sauerampfer zu verkaufen.

Einmal aber ist sie den ganzen Tag weggeblieben und hat Murrn geklaubt. In der Früh, als sie fortging, hat sie mich wahrscheinlich geweckt, aber ich wurde entweder nicht munter, oder wenn ich munter wurde, bin ich so schnell wieder eingeschlafen, daß ich vergessen habe, daß sie zu mir sagte, daß sie ein Stück Brot unter meinen Kopfpolster gelegt hat. Die Olga und ihre Schwester, bei denen wir im Kabinett wohnten, haben mir alles gestohlen, wenn mir die Mutter etwas zurückgelassen hat. Ich bin aufgestanden, habe mich auf den Ast eines Baumes gesetzt und habe die meiste Zeit an diesem Ast geranzt und auf die Mutter gewartet. Ich hatte Hunger, hatte aber nichts zu essen. Als die Mutter heimkam, war es schon sechs oder halb sieben am Abend. Ich bin so hungrig, sagte ich. Hast du das Brot unter dem Kopfpolster nicht herausgenommen? sagte sie. Welches Brot? Ich habe zu dir wohl gesagt, bevor ich wegging, daß ich ein Stück Brot unter deinen Kopfpolster gelegt habe. Die Mutter schaute unter den Kopfpolster und fand es nicht mehr. Die beiden Dirndlen sind zum Fenster hereingestiegen und haben das Brot weggenommen. Ich war damals vielleicht vier

Jahre alt, und die Olga dürfte im fünften oder sechsten Jahr gewesen sein. Die beiden anderen Dirndlen waren halt genauso hungrig wie ich. Damals war ich schmal und mager und habe viel geschlafen, und während ich schlief, dürften sie das Brot herausgenommen haben.

Als sie einmal heimkam, hatte sie einen großen Sack voller Birnen mitgebracht. Mitten im Eichenwald, wo auch ein Birnbaum stand, hat sie diese Birnen gefunden. Übrigens hat der Vater – es waren alles Eichenwälder am Dnjepr – Fichten gezüchtet. An diese Fichten kann ich mich noch gut erinnern. Ich bin später oft mit der Mutter in den Wald gegangen, um Schwämme zu klauben, da sagte sie, Siehst du, diese Fichten haben wir angepflanzt. Auf diesen Birnen aber, die am Boden um den Baum lagen, waren viele Wespen drauf. Was glaubst du, wie gefährlich das ist! Wenn sie nur von dreien gestochen wird, dann stirbt sie. Die Mutter war ganz alleine inmitten des Waldes. Es waren so viele Roßwespen auf den Birnen, daß sie nicht wußte, was sie machen sollte, um zu diesen Birnen zu kommen. Sie trug einen weiten, langen Kittel. Diesen Kittel hat sie ausgezogen, auf die Birnen geschlagen und alle Roßwespen entweder totgeschlagen oder verscheucht und die Birnen aufgeklaubt. Da habe ich mich dann einmal so richtig anessen können. Mir kommt vor, diesen Birnengeschmack habe ich heute noch im Mund, wenn ich daran denke. Zuerst konnte ich einmal wieder meinen Hunger stillen, außerdem schmeckten mir die Birnen sehr gut, denn sie waren sehr seltsam für mich. Obst gab es in unserer Gegend nicht viel. Es standen wohl da und dort die Kirschbäume, aber die Äste waren hoch oben, ich hätte nie eine gekriegt, die Mutter konnte auch nicht auf den Baum steigen. Die anderen Kinder, die im Baum hockten und Kirschen aßen, warfen mir nicht eine einzige Kirsche herunter. Ich bin heimgegangen zur Mutter, habe geplärrt und gesagt, Mir haben sie keine einzige Kirsche heruntergeworfen, und ich habe so gebettelt. Meine Mutter sagte, Kind, ich kann dir nicht helfen, du mußt halt wegschauen, denk dir, daß du die Kirsche nicht unbedingt haben mußt, schau einfach weg! Мені вони не кинули одної вишні, а Я так просила! Що ж я зроблю, моя дитино? Хіба ж тобі ту вишню так треба?! Хай їй грець! Das hat mir sehr geholfen. Wenn ich etwas haben wollte, dachte ich oft daran, daß ich es nicht unbedingt haben muß, so habe ich aufs Verzichten gelernt.

Die Äpfel und Birnen riechen draußen in Rußland viel intensiver als hier. Die schwarze, gute Erde ist ja wunderbar für Obst, Gemüse und Getreide. Im Herbst klaubten wir wieder die Murrn. Was glaubst du, wie gut die Murrn draußen in Rußland sind! Diese Murrn sind viel größer als unsere hierzulande, ganz blau sind sie wie die Schwarzbeeren. Und dieser Geschmack!

In der Stadt waren ja viele Obstbäume, und die Leute haben im Basar ihr Obst verkaufen können. Es war nicht teuer. Wir haben Gras und Sauerampfer verkauft und mit diesen Rubeln einen Sack Äpfel gekauft. Um vier Uhr früh ist die Mutter aufgestanden und ist mit dem Gras in die Stadt gegangen. Einen Sack hatte sie vorne, den anderen hinten, und beide hatte sie mit einem Strick zusammengebunden. Zehn Kilometer mußte sie mit diesen beiden schweren Säcken am frühen Morgen weggehen. Für einen Sack Gras hat sie zwei Rubel fünfzig bekommen, das waren im ganzen fünf Rubel, die sie bekommen hat. Ein Kilo Brot hat einen Rubel gekostet. Mit diesem Geld kaufte sie noch Mehl und Zucker. In der Stadt, während sie das Gras verkaufte, lernte sie ein armes Dirndle kennen. Es hatte Hunger und keine Eltern mehr. Die Mutter hatte Mitleid und nahm es mit heim, fütterte es an, wußte aber nicht, wo sie es übernachten lassen sollte. Wir lebten in diesem Haus ohnehin nur in einem kleinen Kabinett, deshalb mußte das Dirndle auf dem Boden schlafen. Wir hatten nur eine Pritsche, auf der die Mutter und ich schliefen. Wir hatten nicht einmal einen Ofen in diesem Kabinett, kochen mußten wir auf einer offenen Feuerstelle vor dem Haus. Die Mutter ist am nächsten Tag wieder mit dem Gras, das sie verkaufen wollte, in die Stadt gegangen. Sie fragte das Dirndle, ob es mitkommen wolle. Sie sind früh aufgestanden. Um vier Uhr sind sie weggegangen, ich habe sie nicht mehr gehört. Sie ist deswegen schon so früh fortgegangen, damit sie von den Aufsehern im Wald, während sie Gras stahl, nicht erwischt werden konnte. Wahrscheinlich wäre es nicht so schlimm gewesen, wenn die Aufseher die Mutter beim Grasstehlen erwischt hätten, denn Gras war ja genug. Aber sie wollten, daß wir verhungern, und deshalb wäre die Mutter bestraft worden, wenn sie die Kolchosführer beim Grasstehlen erwischt hätten. Das Dirndle ist ein Stück mitgegangen. Unterwegs sagte es, daß es aufs Klo müsse. Die Mutter ist währenddessen ein Stück weitergegangen und dachte daran, daß das Dirndle wohl nachkommen würde, aber es ist nicht nachgekommen. Die Mutter sparte und konnte der Lydia für den Winter einen schönen Plüsch-

mantel kaufen. Diesen Plüschmantel hat sie einen Tag
vorher diesem Dirndle gezeigt. Die Lydia hat zu dieser
Zeit in Tscherkassy bei den Juden gearbeitet. Sie
wollte ihr diesen schönen braunen Plüschmantel
schenken. Ich sehe diesen Plüschmantel noch heute vor
mir, ich sehe noch heute, wie er ausgeschaut hat. Dieses Dirndle ist aber der Mutter nicht mehr nachgegangen, sondern zurückgelaufen.
Es klopfte an unsere Tür. Ich öffnete. Das Dirndle
sagte, Deine Mati hat mich zurückgeschickt, du sollst
mir diesen Plüschmantel und die Schuhe geben. Deine
Mati will diesen Mantel verkaufen, sie möchte dafür
einen schöneren kaufen. Und ich war so dumm und
habe ihr den Mantel und die Schuhe gegeben. Um drei
oder vier Uhr nachmittags ist die Mutter heimgekommen. Sofort fragte sie mich, ob das Dirndle womöglich
zurückgekommen ist und den Plüschmantel mitgenommen hat. Ja, das Dirndle ist zurückgekommen und
hat den Plüschmantel und die Schuhe mitgenommen.
Die Mutter plärrte, Ich habe so mühselig etwas Geld
zusammengespart, damit ich der Lydia diesen Plüschmantel kaufen konnte, und jetzt ist er weg. Sie hätte
diesen Plüschmantel für den kalten Winter so notwendig gebraucht. Sie wollte, daß die Lydia einmal ein
schönes Kleidungsstück am Leib hat, wenn sie schon
soviel arbeiten, soviel schinden muß. Die Lydia war
damals vierzehn oder fünfzehn Jahre alt. Die ganze
Müh und Plag war umsonst. Mit mir hat sie aber nicht
geschimpft. Ich war damals ein vierjähriges Kind und
glaubte dem Dirndle. Siehst du, sagte die Mutter, so
geht es, wenn man zu gut zu den Menschen ist. Schlafen hats Dirndle bei uns können, angefüttert habe ich

es, und dann stiehlt es mir dafür den braunen Plüschmantel und die Schuhe.

Bis in den Herbst hinein haben wir in diesem Haus
gewohnt. In der Zwischenzeit hat die Mutter, wenn
auch heimlich, wieder am Dnjepr gefischt und in der
Stadt die Fische verkauft, so lebten und überlebten wir.
Mittlerweile aber hat der Kolchosarbeiter wieder sein
abgebranntes Haus zurückbekommen. Es ist renoviert
worden. Wenn jemand in Dóbenka ein Haus baute,
haben alle arbeitsfähigen Leute unentgeltlich mitge-
holfen. Besonders dann, wenn jemandem ein Unglück
passiert ist, wie diesem Mann, dessen Haus brannte.
Wir konnten dann wieder in das Haus, das unserer
Nachbarin gehörte, zurückkehren. Darüber waren wir
natürlich froh, endlich konnten wir dieses kleine Kabinett mit der bloßen Pritsche, in dem nicht einmal ein
Tisch stand, wieder verlassen. Über den Winter lebten
wir in diesem Haus. Im Herbst, ich glaube, es war
schon November, hat die Mutter Arbeit gekriegt, ja, es
lag schon der Schnee auf den Feldern.

Über den Dnjepr wurde eine vier Kilometer lange
Brücke gebaut. Bei diesem Brückenbau arbeiteten vor
allem Leute, die unter falschen Namen lebten, die den
Kolchosführern davongegangen sind. Mein Vater ist
ihnen ja auch davongegangen. Es war bei diesem
Brückenbau soviel Arbeit, daß niemand fragte, woher
man kommt und wer man ist. Sie waren froh, daß sie
Arbeiter gekriegt haben. Gewohnt haben wir wohl in
diesem Haus in Dóbenka, aber die Mutter mußte jeden
Tag vier Kilometer zu Fuß zur Baustelle gehen. Im
November war es schon ziemlich kalt. Sie mußte ein
paar lange, hundertmeterbreite Tümpel überqueren.

Diese Tümpel waren tief und zugefroren. Jeden Tag ist die Mutter um vier Uhr früh aufgestanden und hat den Ofen eingeheizt. Auf dem Rückweg hat sie gewöhnlich ein Bündel Holz mitgebracht. Sie trug das Holzbündel auf dem Rücken und hatte es mit einem Strick zusammengebunden. Am nächsten Morgen hat sie eingeheizt, sonst hätte ich, da ich den ganzen Tag über alleine daheim war und auf sie gewartet habe, kalt gehabt. Um sechs Uhr morgens ist sie bei der Brückenbaustelle angekommen. Ich habe sie die ganze Woche über nicht gesehen. Ich war immer alleine. Fünf Jahre alt war ich damals. Ich saß am Fenster und blickte hinaus. Sonntags wurde auf der Brückenbaustelle am Dnjepr nicht gearbeitet, sonntags war sie daheim. Wenn ich raus aufs Klo gehe, hat sie mir aufgetragen, soll ich wieder zusperren, niemanden zum Haustor hereinlassen. Durch dieses Erlebnis mit dem Plüschmantel bin ich vorsichtig geworden, ich habe danach wirklich niemanden ins Haus gehen lassen. Einmal, es war schon Dezember, Schnee lag auf den Feldern, weckte sie mich um zehn Uhr nachts auf. Sie plärrte heftig und drückte mich an sich. Боже мій, сьогодні я би і додому не прийшла. Mein Gott, Kind, sagte sie, heute wäre ich beinahe nicht mehr zu dir heimgekommen. Sie ist über die zugefrorenen Tümpel des Dnjepr gegangen. Am Eis der Tümpel gibt es ein paar Stellen, die immer offen bleiben, die nicht zufrieren. Die Fische schwimmen heran und holen sich an diesen offenen Stellen den Sauerstoff. Der Schnee knirschte unter ihren Füßen. Es war finster, und die Mutter fiel in eines dieser Eislöcher. Das Wasser war eiskalt. Ihre einzige Rettung war der breite Russenmantel, den sie anhatte. Wie eine Seerose hat sich der Russenmantel auseinandergebreitet, als sie ins Loch fiel. Die Mutter hielt sich so lange an den Rändern der Eisoberfläche fest, bis sie sich am Eis festklammern und wieder aus dem Loch steigen konnte. Während sie aber aus dem Loch steigen wollte, ist immer wieder ringsum das Eis eingebrochen, bis es ihr nach einiger Zeit gelang, ein festes Eisstück zu erwischen und aus dem Wasser zu kriechen. Als sie heimkam, war sie total gefroren. Ihr schwerer Russenmantel war steif und eisig. Eissplitter hatte sie auf ihren Haaren, kleine Eiszapfen hingen vom Saum des Russenmantels. Sie plärrte und drückte mich an sich. Ihre Angst um mich war viel größer als die Angst vor dem Ertrinkungstod. Sie hatte Angst um meine Zukunft, ich war ja mutterseelenallein. Дитино моя, оце Бог поміг, що ти бачиш свою мати. Mein Gott, Kind, sagte sie, jetzt hast du wohl Glück gehabt, daß du nocheinmal deine Mutter siehst.

Eine Katze ist uns dann zugelaufen. Mit dieser Katze habe ich, als die Mutter am Dnjepr gearbeitet hat, in meiner Einsamkeit den ganzen Tag gespielt. Aus Langeweile, weil ich immer alleine war, habe ich mich wieder ins Bett gelegt und geschlafen, wahrscheinlich wohl auch deshalb, weil ich kraftlos und unterernährt war. Die Katze ist, als ich im Bett lag, an mich herangekrochen und hat irgendwo bei meinen Kleidern getutelt. Danach schliefen die Katze und ich ein. Ich habe damals Tag und Nacht nur geschlafen. Zum Essen hat mir die Mutter etwas hergerichtet, ich hatte sonst nichts zu tun. Einmal aber hat mich jemand erschreckt. Wahrscheinlich waren es Kinder, die mir Angst ma-

chen wollten. Jedenfalls ist jemand aufs Dach des kleinen Lehmhäuschens gestiegen. Mehrere Male hat es
am Dachboden geklopft. Da habe ich Angst bekommen und bin mit der Katze hinter den Ofen geflüchtet.
Den ganzen Tag hatte ich nicht mehr den Mut, mich zu
rühren.

Als es Frühjahr geworden war, das war schon im 34er
Jahr, saß ich am offenen Fenster, schaute auf die Felder
hinaus, da und dort blühten schon die Bäume, und
sang ein Lied. Ich kannte sehr viele Lieder auswendig.
Die schiachsten Lieder habe ich laut gesungen. Die
vorbeigehenden Leute sind stehengeblieben und haben gehorcht. Ich habe mir eingebildet, daß ich schön
singe, weil die Leute stehengeblieben sind und zu mir
herübergeschaut haben. Aus Leibeskräften habe ich
gesungen: **Неточка, Неточка, чого ти так збліdла?**
O Njetotschka, Njetotschka, warum bist du so weiß im
Gesicht? O Mamuschka, Mamuschka, ich habe mein
Gesicht mit der Seife gewaschen. O Njetotschka, Njetotschka, warum steht dein Fiatach so weg. O Mamuschka, Mamuschka, das kommt Ihnen nur so vor.
Die Kinder haben die Eltern früher mit Sie angespro-
chen. Die Mutter in diesem Lied wollte die Njetotschka fragen, ob sie denn vielleicht ein Kind be-
käme, weil ihr Fiatach, ihre Kleider am Bauch so weg-
stehen. Die Njetotschka hat natürlich eine Ausrede
nach der anderen gesucht, dann hat sie aber doch ein
Kind bekommen. Ja, aus allen Leibeskräften habe ich
dieses Lied, während ich mich am Fensterbrett auf-
lehnte und zum offenen Fenster hinausschaute, gesungen, vor den Leuten, die stehengeblieben sind, um mir
zuzuhorchen. So habe ich, während die Mutter gear-

beitet hat, meinen Tag verbracht. Die Mutter hatte natürlich immer Angst um mich, es hätte ja etwas passieren können.

Im 34er Jahr, im Herbst, hat die Mutter in einer Baracke am Dnjepr ein Zimmer bekommen. Sie hat in dieser Baracke an der Brückenbaustelle die Zimmer der Arbeiter aufgeräumt. Diese Männer waren alle frauenlos. Es waren alles Flüchtlinge wie mein Vater, der auch aus Dóbenka vor Holowá Kolhospu und Holowá Silrádi flüchten mußte und woanders, wir wußten nicht genau wo, unter einem falschen Namen lebte. In dieser Baracke, in der ein großer Speisesaal war, arbeiteten Aufräumerinnen und Köchinnen. Am Ufer des Dnjepr hat es dort auch ein kleines Lebensmittelgeschäft gegeben. Hie und da kauften wir eine Kleinigkeit ein. Nachdem die Mutter dieses Zimmer in der Baracke beziehen konnte, hat sie mich zu sich genommen. So konnte sie mich besser beaufsichtigen. Einmal habe ich an dieser Baustelle, irgendwo am Ufer des Dnjepr, ein tiefes Loch in der Erde gesehen. Ich bin hinuntergestiegen und habe zu plärren begonnen. Aus Langeweile bin ich hinuntergestiegen, aus Langeweile habe ich zu plärren begonnen. Die Mutter hörte mich fragte mich, ob ich plärre, weil ich nicht mehr aus dem Loch steigen kann. Ich habe der Mutter keine Antwort gegeben, ich habe weitergeplärrt. Ich kann es heute noch nicht erklären, warum ich damals in diesem Erdloch ununterbrochen geplärrt und nicht mehr aufgehört habe.

An dieser Baustelle war noch ein anderes Dirndle. Dieses Dirndle war ein Jahr jünger als ich. Mutter und Vater von diesem Dirndle arbeiteten auch auf der

Brückenbaustelle. Diese Familie hat eine Wohnung bekommen, weil der Mann Ingenieur war. An der Stelle, wo die Schiffe unter den Bögen der großen Eisenbrücke durchfuhren, war die Brücke zweihundert Meter lang. Der Dnjepr wurde von vielen Tümpeln unterbrochen. Der Bogen der Brücke spannte sich bis Tscherkassy. Heute ist dort das künstliche Meer, der Stausee von Krementschug. Dieser Stausee ist gegen dreihundert Kilometer lang. Im Krementschuger Meer ist mein Heimatdorf Dóbenka begraben. Und meine Kindheit. Früher waren an dieser Stelle, wo sich heute der dreihundert Kilometer lange Stausee von Krementschug spannt, alles Dörfer. Mit unserem Dorf sind auch alle anderen ringsum stehenden Dörfer im Wasser begraben worden. Ich habe mir später in Briefen von meiner Mutter aus Rußland erzählen lassen, daß alle alten Leute, auch aus unserem Dóbenka, evakuiert wurden und irgendwo anders, manche sogar in Blockhäusern, Wohnung beziehen mußten. Manche alten Leute haben sich geweigert, ihre Häuser, ihre Dörfer, in denen sie aufgewachsen sind, zu verlassen. Sie haben ja dort den allergrößten Teil ihres Lebens verbracht. Als schon die Bagger kamen, um die Häuser wegzuräumen, haben sich manche alten Leute immer noch geweigert, ihr Dóbenka zu verlassen. Man mußte sie regelrecht mit den Maschinen vertreiben. Manche alten Menschen, die dann auch wirklich nicht weggegangen sind, sind von den Baggern unter den Trümmern ihrer Häuser bei lebendigem Leib begraben worden. Sie wollten ihre Heimat nicht verlassen. Sie wollten lieber unter den Trümmern ihrer Häuser verenden, als ihr Hab und Gut, ihr Haus und ihr Dorf zu verlassen. Dieses riesige Eisengerüst der Brücke aufzustellen, das war eine schwere Arbeit. Brückenpfeiler, Piloten, wie wir sie nennen, wurden ins Wasser geschlagen. Taucher stiegen in die Tiefe. Die Mutter mußte die ganze Nacht aufbleiben und die Taucheranzüge trocknen. Sie mußte den Raum heizen, in dem die Taucheranzüge aufgehängt wurden, damit sie während der Nacht trocknen konnten.

Einmal, da hatten wir ein Schwein und haben dieses Schwein mit der Kaspel, dem Abfall, der in der Betriebsküche übrig geblieben ist, gefüttert. Ich habe Gras geschnitten, habe Muscheln am Ufer des Dnjepr zusammengeklaubt und dem Schwein gefüttert. Dort, an dieser Brückenbaustelle, lebte auch ein alter Mann, mit dem ich gemeinsam zum Dnjepr fischen ging. Wir steckten ein Brotbröckchen auf die Angel. Kaum hielt ich die Angel mit dem Brotbröckchen ein paar Augenblicke ins Wasser, biß auch schon ein Silberfischchen an. Massenweise haben wir mit Netzen schwarzen Kaviar aus dem Dnjepr gefischt. Mit dem anderen Dirndle habe ich mich angefreundet. Gemeinsam sind wir betteln gegangen. Während die Leute in die Baracke zum Essen gegangen sind, haben wir uns an das Tor der Baracke gestellt und zu den vorbeigehenden Leuten gesagt, Gib mir zehn Kopeken. Im kleinen Geschäft haben wir damit ein paar Zuckerln kaufen können. Einmal haben wir aber zu lange gebettelt. Wir waren zu aufdringlich geworden. Die Eltern des Dirndle haben aber davon, daß wir gebettelt haben, nichts gewußt. Das wäre ihnen sicher nicht recht gewesen, denn ihr Vater war dort in gehobener Stellung, er war Ingenieur. Ich erinnere mich nicht mehr ganz genau, aber ich nehme schon an, daß ich diese Bettelei organisiert habe, daß auch ich das andere Dirndle dazu angestiftet habe, ich war ja recht frech und mutig. Diese Bettelei hat sich aber herumgesprochen. Meine Mutter hat wohl mit mir geschimpft, aber gleichzeitig gelacht, das andere Dirndle aber wurde von ihren Eltern bestraft.

In diesen Baracken gab es auch einen Club, wo man Billard spielen konnte. Im Clubraum stand ein Grammophon auf dem Tisch. Samstagabends und sonntags konnten sich die Arbeiter ein bißchen vergnügen. Wenn das Grammophon eingeschaltet war, haben das Dirndle und ich zu tanzen begonnen. Die Leute haben sehr darüber gelacht. Alle slawischen Tänze haben wir tanzen können. Den Kasatschok haben wir auch getanzt. Der Briefträger von Mooswald erzählte, daß ich in meiner Jugend hier am Berg bei einem Fest einmal den Kasatschok getanzt habe. Beim Bartus in Mooswald war dieses Fest, dort soll ich den Kasatschok getanzt haben, ich kann mich gar nicht mehr erinnern. Ja, die Leute hatten am Dnjepr ihre Unterhaltung, wenn wir zum Grammophon den Kasatschok getanzt haben. Natürlich haben wir dafür wieder Geld bekommen. Freiwillig haben die Arbeiter das Geld gegeben.

Einmal sind die Mutter und ich wieder gemeinsam zu Bett gegangen, das war im Dezember, wir lagen auf der Pritsche. Die Mutter ist in der Nacht immer wieder aufgestanden und hat nachgeheizt, damit die Taucheranzüge trocken wurden. Auf einmal aber werde ich munter und sehe die Mutter nicht mehr, ihr Bett war leer und nicht einmal mehr warm. Das muß im 35er oder im 36er Jahr gewesen sein, vor Weihnachten. Ich bin sofort aufgestanden, bin hinausgelaufen und habe geplärrt. Die Lydia war damals in Tscherkassy bei den Juden im Dienst. Draußen habe ich dann wohl erfahren, was los war. Die Mutter der Olga kam mir entgegen und erzählte es mir. Sie hat das Zimmer des Ingenieurs aufgeräumt, während meine Mutter das Essen aufgetragen hat.

Einmal, und jetzt fällt mir dazwischen eine kleine Geschichte ein, gab es Nudeln zum Mittagessen. Diese Nudeln waren den Kärntner Nudeln ähnlich. Die Ingenieure haben immer besseres Essen bekommen als die einfachen Arbeiter. Und als es diese Nudeln gab, haben die Arbeiter irgend etwas anderes zum Essen bekommen, auch die Mutter und Olgas Mutter haben immer das Arbeiteressen bekommen. Olgas Mutter sah, wie meine Mutter die Nudeln zum Tisch des Ingenieurs trug. Sind die aber gut, sagte Olgas Mutter und fuhr mit ihrer bloßen Hand in die Nudelschüssel und aß heraus. Der Ingenieur, der das sah, sagte, Sie können die Nudeln essen, wenn Sie wollen, ich muß sie nicht unbedingt haben. Die Mutter hat sich deswegen sehr geschämt und hat mit ihr geschimpft, aber sie waren ja Freundinnen, sie waren Cousinen. Es ist deswegen zu keinem Streit gekommen. Wohl aber hat die Mutter ihre Cousine auf ihr ungeschicktes Verhalten aufmerksam gemacht.

Ich wachte also am frühen Morgen in der Pritsche auf und fand die Mutter nicht. Ich tastete den Gulter ab, blickte mich in der Kammer um, schaute in den Heizraum hinein zu den aufgehängten Taucheranzügen, aber die Mutter war nicht da. Ich lief ins Freie hinaus und schrie nach der Mutter. Olgas Mutter kam des

Weges und sagte, daß meine Mutter ins Spital geliefert werden mußte, sie hatte eine Lungenentzündung bekommen. Draußen war es schon sehr kalt, in unserem Zimmer war es heiß, außerdem stand die Pritsche, auf der wir gemeinsam lagen, neben der Tür, wo es hereinzog. Wahrscheinlich hat sie deswegen die Lungenentzündung bekommen. Ich lief, noch bevor mir Olgas Mutter entgegenkam, mit meinem bloßen Nachthemd in den Stall hinaus, hockte vor dem Schwein nieder und im Glauben, meine Mutter niemals wieder sehen zu können, habe ich weinend Mati! Mati! geschrien. Ich darf heute nicht mehr daran denken, das war furchtbar schlimm für mich damals, als ich da vor dem Schwein gehockt bin und nach meiner Mutter geschrien habe.

Vierzehn Tage lag die Mutter bewußtlos im Krankenhaus. Sie hatte eine doppelseitige Lungenentzündung bekommen, und keine Medizin war dafür da. In meinem Kopf war nur das eine Bild, als ich vor dem Schwein kniete und nach der Mutter schrie: Ich sehe die Mati nie mehr, ich sehe die Mati nie mehr. Immer wieder habe ich geschrien: я хочу до мами, я хочу до мами! Ich will zur Mati, ich will zur Mati! Man hat mich aber nicht zu ihr ins Krankenhaus gehen lassen, ich hätte sie so gerne gesehen. Vierzehn Tage lang war ich vollkommen verzweifelt. Nach vierzehn Tagen ist sie aus der Ohnmacht erwacht. Der Doktor sagte, Von tausend überlebt einer diese Krankheit. Im Nebenbett ist jemand an derselben Krankheit gestorben. Als die Mutter dann doch überlebte, sagte der Arzt, Diese Frau hat eine Roßnatur! Nach vierzehn Tagen habe ich meine Mutter das erste Mal wieder sehen dürfen. Von weitem konnte ich sie nur sehen, sie stand an der Tür des Krankenhauses. Am ganzen Körper zitterte ich vor Freude, weil ich meine Mutter wiedersehen konnte. Ich wollte hinlaufen zu meiner Mati, aber man ließ mich nicht, es war ja eine ansteckende Krankheit, die sie hatte. Die Mutter der Olga hat mich einhalten müssen, ich wollte mich losreißen, aber das ist mir nicht gelungen. Damals habe ich schon alleine das Schwein gefüttert. Nach vier Wochen ist sie wieder heimgekommen. Das Schweinefüttern war in dieser Zeit, wo die Mutter im Krankenhaus lag und ich alleine war, mein einziger Trost. Oft habe ich, während ich das Schwein fütterte, um meine Mutter geplärrt.

Als dann die Mutter wieder daheim war, habe ich in die Schule gehen dürfen. Es war November geworden, es war kalt. Vor lauter sparen, Schuhe sparen, bin ich den ganzen Sommer bloßfüßig gegangen, bis in den späten Herbst hinein. Im Herbst habe ich mir eingebildet, daß ich ein paar Schuhe haben muß, wenn ich hinausgehe, aber die Mutter hat mich keine Schuhe anlegen lassen, ich habe, nachdem ich lange getrutzt habe, eines mit der Rute auf den Hintern bekommen und bin bloßfüßig in die Schule gegangen. Der Boden war schon fast gefroren und dementsprechend kalt, aber ich habe trotzdem barfuß gehen müssen, die Mutter glaubte, daß es noch nicht so kalt ist. Am nächsten Tag aber durfte ich die Schuhe anziehen, nachdem ich ihr vorgejammert habe, daß es schon so kalt ist und mir bei jedem Schritt und Tritt die Füße wehtun. Ich hätte mich ja auch verkühlen können. Die Mutter wollte nur nicht, daß ich alles durchsetze und alles nach meinem Willen geschieht. Ich bin in die Schule gekommen, als ich sieben Jahre alt war. Die Mutter hat den Lehrer gebeten, daß er mich in seiner Schule aufnehmen solle, die Mutter wußte sowieso nicht mehr, was mit mir anfangen, ich war schon ziemlich groß, und zu dieser Zeit ist es uns gut gegangen, zum Essen hatten wir. Von der Betriebsküche hat mir die Mutter genug zum Essen heimgebracht.

Dazwischen hat sich etwas ereignet, das ich dir auch noch erzählen muß. Bevor die Mutter zu dieser Brückenarbeit an den Dnjepr gegangen ist, haben sie und andere Arbeiter rote Weidenruten zum Zaun- und zum Körbeflechten ausgeschnitten. Die Ruten haben sie unter der provisorischen Brücke geschnitten, die vorher über den Dnjepr führte, bevor die große Eisenbrücke, von der ich geredet habe, gebaut worden ist, unter dieser provisorischen Brücke also haben die Arbeiter und Arbeiterinnen Weidenruten geschnitten. Die Brücke war, obwohl sie nur provisorisch gebaut war, begehbar, ich kann mich erinnern, daß ich drübergegangen bin. Sie bestand nur aus einem Holzgerüst und aus ein paar Brettern. Die Mutter brauchte Brot. Ich bin schon früher, als ich noch kleiner war, mit ihr manchmal in die Stadt gegangen und kannte den Weg. Auch damals sind wir über diese Notbrücke gegangen. Auf der anderen Seite der Brücke war ein Brotgeschäft. Die Mutter hat das Geld in ein Tuch gewickelt und dieses Tuch um meine Taille gebunden. Die Mutter sagte zu mir, daß mir der Mensch, der das Brot verkauft, das Tuch mit dem Geld wegbinden und mir dafür zwei Kilo Brot geben soll. Nach Möglichkeit hatte sie das genaue Geld ins Tuch gebunden. Wenn sie aber kein Kleingeld hatte, hat der Brotmensch das

Wechselgeld wieder ins Tuch hineingegeben und um meine Taille gebunden. Drei- oder viermal habe ich Brot holen müssen. Mit dem Brot unter dem Arm und dem Tuch um die Taille bin ich wieder zurückgegangen. Er hat mir auch diesmal das Brot gegeben, und dann bin ich wieder über die provisorische Brücke gelaufen. Ich habe über eine Stiege hinuntergehen müssen. Dort war alles Gestrüpp, viel Staudach, das vielleicht so dicht war wie bei uns die Holder, alles war verwachsen, so daß man jemanden, der vielleicht zehn Meter weg war, nicht mehr sehen konnte. Dort haben die Mutter und die anderen Arbeiter Ruten zum Körbeflechten herausgeschnitten. In diesem Dickicht habe ich ein paar Stunden lang geschrien, denn ich habe die Mutter nicht mehr gefunden. Der Wind ging. Es war düster, fast dunkel. Ich war schon verzweifelt und habe geplärrt und bin das Ufer des Dnjepr abgegangen, entlang der Wasserlachen, im Moos und im Sumpf bin ich gegangen und habe nach der Mutter geschrien. Ich suchte sie, fand sie aber nicht. Die Mutter sagte zu mir, bevor ich Brot kaufen ging, wo sie zu finden sein wird, aber die Arbeiter sind, die Ruten schneidend, immer weitergegangen. Weil der Wind so stark ging, hörte die Mutter mein Schreien nicht, der Wind hat meine Worte abgefangen. Das hat mich damals so fertig gemacht, daß ich am nächsten Tag krank geworden bin. So eine Angst habe ich gehabt, daß ich meine Mutter nicht mehr finden werde! Das Märchen von Hansl und Gretl hat mir die Lydia oft erzählt. Ich dachte dann, als ich so mutterseelenallein im Moor stand, Jetzt geht es mir auch wie Hansl und Gretl. Ich habe daran denken müssen, daß mich die Mutter Brot holen ließ, um mich verlassen zu können, damit sie, während ich über den Dnjepr laufe, davongehen und mich alleine lassen kann. Was glaubst du, wie mir damals zumute war! Nach langer Zeit hörte sie mich wohl schreien. Es stand noch eine andere Frau neben ihr, die Ruten schnitt. Die Mutter erhob sich, hielt die Ruten in der Hand und winkte mir zu. Der Wind ging und wehte mir das Haar ins Gesicht.

Ja, dieses Märchen von Hansl und Gretl hat es auch in Rußland gegeben. Die Lydia, die zehn Jahre älter war als ich, hat mir Märchen erzählt. Diese Märchen haben natürlich in meiner Fantasie weitergespielt. Sonntags ist die Lydia heimgekommen und hat mir die Märchen erzählt. Sie ist schon in die Schule gegangen. Wohl hundertmal hat sie mir, meistens vor dem Schlafengehen, dasselbe Märchen erzählt. Die Geschichte von Schneewittchen und den sieben Zwergen hat sie mir erzählt, ja, die Grimms Märchen waren es, die Bremer Stadtmusikanten und das Märchen vom Dornröschen. Dieses Märchen vom Dornröschen hat mir die Lydia so schön erzählt, daß ich mir als Kind vorstellte, daß ich, wenn ich groß bin, in einem Schloß wohnen werde. In einem Himmelbett werde ich schlafen, dachte ich, die Vorhänge dieses Himmelbettes habe ich schon genau vor mir gesehen. Wenn ich alleine irgendwo war, spielte meine Fantasie mit mir. Später, wir waren längst von Rußland nach Kärnten verschleppt worden, ich war auch schon für eine Zeitlang vom Bergbauernhof in Mooswald weggezogen und habe im salzburgischen Lungau gearbeitet, da habe ich einem Drillingskind, das die Chefin adoptierte, das Dornröschen, das Schneewittchen, die Bremer Stadt-

musikanten auf Deutsch erzählt. Immer wieder habe
ich die Lydia gepeinigt, zu ihr gesagt, daß sie mir ein
Märchen erzählen soll. Meinen ersten beiden Kindern,
dem Herbert und dem Hias, habe ich diese Märchen
auch erzählt, den anderen nicht mehr. Viele Märchen
hatte ich schon vergessen, allein durch die Müh und
Plag hier am Hof, die viele Arbeit hat mir das meiste
vertrieben, Zeit hatten wir ja auch nicht viel.
An ein Märchen, das mir die Lydia erzählte, kann ich
mich besonders erinnern. Es war einmal ein König, der
hatte zwei Söhne. Der eine hieß Iwan, der andere
Michailo. Iwan war schwachsinnig oder wurde zumin-
dest so angesehen, und der andere, Michailo, hätte der
Nachfolger des Königs werden sollen. Wenn Iwan
irgend etwas tun wollte, haben die Leute gesagt, Ach,
du bist ja zu dumm, laß das lieber. Im Garten des
Königs stand ein goldener Apfelbaum. Jede Nacht ist
ein goldener Apfel weggekommen. Eine Wache hat der
König in der Nacht zum goldenen Apfelbaum gestellt,
aber es hat nichts geholfen, am nächsten Morgen war
wieder ein goldener Apfel weg. Die Wächter haben alle
verschlafen. Dann ließ der König Prinz Michailo
Wache halten. Aber auch der Prinz konnte nicht genug
aufpassen, er hatte auch andere Dinge im Kopf, er lief
im Garten den Dirndlen nach und vergaß den goldenen Apfelbaum. Am nächsten Tag kommt der König
in den Garten und sieht, daß wieder ein goldener Apfel
fehlt. Hast du nicht genug aufgepaßt! sagte der König
zum Prinzen. Ich habe nichts gesehen, sagte der Prinz.
Dann sagte Iwan zum König, Vater, laß mich einmal in
der Nacht den goldenen Apfelbaum bewachen. Ach,
sagte der König, was wirst denn du schon, du versteht

ja nichts, du wirst den Dieb noch viel weniger erwischen als die andern. Bitte, bitte, sagte Iwan zum König, laß mich einmal Wache halten, laß es mich versuchen. Von mir aus, sagte der König, wenn du unbedingt willst, dann halt eine Nacht lang Wache unter dem goldenen Apfelbaum. Wenn die starken Burschen und der gescheite Prinz den Dieb nicht erwischen, sagte der König zu Iwan, dann wirst ihn vielleicht du erwischen, aber geh halt, versuch es. Der Iwan hat in der Nacht unter dem Baum gelegen und hat irgend etwas gebastelt. Jetzt habe ich aber schon vergessen, woran er gebastelt hat. Jedenfalls hat er an seinen Fuß, wenn er verschlafen sollte, ein Glöckchen gehängt. Wenn er seinen Fuß rührt, klingelt es. Dieses Glöckchen hat er auch am Baum angebunden, bei den goldenen Äpfeln, und wenn jemand einen goldenen Apfel wegnimmt, klingelt es und er wacht auf. Iwan schläft ein. Auf einmal klingelt es. Er wird munter und sieht, daß der ganze Baum hell beleuchtet ist. Was ist denn jetzt los, dachte Iwan. Er sah einen goldenen, feurigen, unglaublich schönen Vogel im Baum sitzen. Leise ist Iwan auf den Baum gestiegen. Er hoffte, den schönen Vogel am Schwanz erwischen zu können. Als er den Vogel erwischen wollte, flog ihm dieser davon, aber eine Feder hat er ihm wenigstens ausreißen können. Diese Feder hat geleuchtet. Sie war wunderschön. Iwan hat sich wieder unter den Baum gelegt, war zufrieden und hat immer wieder diese leuchtende Feder, die er in der Hand hielt, angeschaut. Am Morgen kam Iwan ins Schloß. Iwan, fragte der König, hast du etwas gesehen? Ja, sagte Iwan, ich habe etwas gesehen. Was wird er schon gesehen haben, dachte der König und kümmerte sich weiter nicht mehr um den Iwan. Geh jetzt schlafen, sagte der König zu Iwan. Iwan ist in sein Zimmer gegangen und hat immer wieder die leuchtende Feder aus der Tasche gezogen und angestarrt. Prinz Michailo schlief auch in diesem Zimmer und entdeckte das Leuchten. Was hast du denn da, Iwan, sagte Michailo, womit leuchtest du da, was hast du da? Iwan zog die Feder heraus. Sie leuchtete wie eine schöne Kerze. Er versteckte die Feder aber schnell wieder. Einmal aber hat Michailo den Iwan ertappt. Wo hast du diese Feder her, fragte er ihn. Prinz Michailo führte den Iwan zum König. Iwan erzählte die Geschichte mit dem Vogel.

Ja, dieses Märchen geht weiter und weiter. Der König beauftragte die Leute, den Vogel zu fangen, und wer diesen Vogel tatsächlich fängt, der kann dann König werden. Prinz Michailo nahm das schönste und feurigste Roß und ging auf die Suche nach dem Vogel. In allen Ländern, sagte der König zu Michailo, sollst du diesen Vogel suchen, bis du ihn findest. Weiter weiß ich die Geschichte jetzt aber nicht mehr, ich habe sie vergessen. Jedenfalls weiß ich, daß alle zurückgekommen sind, ohne den Vogel zu finden. Iwan, der auch den Vater fragte, ob er den Vogel suchen darf, ist mit einem schlechten Roß ausgeritten. Was wirst denn du, sagte der König zu Iwan, du kommst doch nicht zurecht in der Welt. Deswegen hat der König dem Iwan ein schlechtes Roß gegeben, er wird wahrscheinlich eine Zeitlang reiten, dann wird er zurückkommen. Wie die Geschichte aber weitergeht, weiß ich nicht mehr. Hat er das Roß umgetauscht oder nicht? Ich weiß nur, daß der Vogel jede Nacht einen Apfel genommen hat.

Wenn die Lydia, die ja jetzt in Frankreich lebt, mich einmal besuchen würde, ob sie dieses Märchen weitererzählen könnte?

Als ich lesen lernte, habe ich gelesen, was mir zufiel, was ich erwischen konnte. Ich habe mich von nun an mit den Büchern unterhalten, mir war nicht mehr langweilig, besonders dann, wenn die Mutter an der Brückenbaustelle am Dnjepr gearbeitet hat. Den Lehrer in der Schule habe ich allerdings nicht leiden können. Er hat mich nicht leiden können, und ich habe ihn nicht ausstehen können. Zwar hat er nur sieben Klassen Volksschule besucht, aber weil er bei der Partei war, hat er diesen Lehrerposten bekommen. Manchmal wußte dieser Lehrer weniger als seine Schüler. Es waren jedenfalls ein paar Dirndlen dabei, deren Brüder Lehrer studierten und die besonders gut in der Schule waren, diese Dirndlen haben dem Lehrer oft bei den Rechenaufgaben helfen müssen. Beim Rechnen hatte der Lehrer Schwierigkeiten, deswegen kann auch ich heute nichts rechnen, der Lehrer hat uns nichts beigebracht. Er hat zuerst in die Hefte der Dirndlen geschaut, bevor er bei den anderen die Rechenaufgaben angehakt oder durchgestrichen hat. Damals waren wir in der vierten Klasse der Volksschule. In der Hitlerzeit war das genauso. Wenn einer den Hitler verehrt hat, dann hat er schnell ein Ämtchen bekommen. War in Dóbenka einer bei der Kommunistischen Partei, hat er auch sein Ämtchen gekriegt, ob er etwas getaugt hat oder nicht. Die Mutter ist also aus dem Krankenhaus entlassen worden, und von dem Augenblick an bin ich in die Schule gegangen.

Zwei Jahre hatten die Arbeiter bereits an der Brücke

über den Dnjepr gebaut, das Gerüst stand schon fast zur Gänze, der Ingenieur stieg auf die Spitze dieses Gerüstes und drehte die großen Schrauben fest. Der Dnjepr war zugefroren und trug dickes Eis. Wo allerdings die Schiffe fuhren, war der Dnjepr nicht ganz zugefroren, da waren nur so große Eisblöcke, die in den Fluten schwammen und die von den Schiffen gerammt wurden. Jedenfalls war der Dnjepr nicht so zugefroren, daß man auf dem Eis zu Fuß vom einen zum anderen Ufer hätte gehen können. Große Eisblöcke, daran erinnere ich mich noch genau, sind dahergeschwommen. Und während der Ingenieur auf der Spitze dieses Gerüstes die großen Schrauben festdrehte, ist das Gerüst umgefallen. Die Leute arbeiteten gerade auf einem Floß. Sogar die Lydia war auf diesem Floß, denn damals hatte sie die Post ausgetragen, sie war Briefträgerin auf der Brückenbaustelle am Dnjepr. Sie ist Gott sei Dank nicht verletzt worden, als das Gerüst umfiel. Das Floß, auf dem sie mit den anderen Arbeitern war und gerade die Briefe austeilte, schwamm weit genug von der Unglücksstelle entfernt, sonst wären alle Arbeiter auf dem Floß vom niederfallenden Eisengerüst erschlagen worden. Der Ingenieur, von dem ich dir schon erzählt habe, der die Nudeln nicht mehr weiteraß, als die Mutter der Olga mit ihren bloßen Händen in die Nudelschüssel griff, dieser Ingenieur und noch ein anderer sind dabei tödlich verunglückt. Der Ingenieur lebte mit seiner Mutter zusammen, die ebenfalls auf der Brückenbaustelle gearbeitet hat. Den anderen Ingenieur, der auch tödlich verunglückt ist, haben die Arbeiter im Dnjepr nicht mehr gefunden. Dieses alte Mütterchen hat wahrscheinlich auch schwere Zeiten durchleben müssen, wahrscheinlich hat sie der Ingenieur deshalb zum Brückenbau über den Dnjepr mitgenommen. Er wollte sie nicht alleine an ihrem Wohnort zurücklassen. Er ist von weither gekommen und hätte nicht oft seine alte Mutter besuchen können, denn außer sonntags wurde ununterbrochen an der Brücke über den Dnjepr weitergebaut. Er war vielleicht vierzig Jahre alt. Dieser Ingenieur war so ein liebenswürdiger Mensch, aber er hat sterben müssen! Das hat auch mir damals sehr leid getan, denn diesen Ingenieur konnte auch ich gut leiden. Seine alte Mutter, ich erinnere mich genau, hat furchtbar um ihren toten Sohn geplärrt.

Im Speisesaal der Baracke wurde er aufgebahrt. Von der Leich haben die Arbeiter nur mehr einzelne Trümmer zusammengeklaubt. Sein Fleisch war vom Eisen des Gerüsts zerquetscht und zerrissen worden, dort und da haben sie im Dnjepr wieder einen Teil von seinem Körper gefunden. Seine Mutter haben die Arbeiter die Leichenteile nicht mehr anschauen lassen, sie hat sowieso einen Nervenzusammenbruch bekommen. Da hat sich dann niemand getraut, in der Nacht am Ufer des Dnjepr bei seiner Leich zu wachen. Aber meine Mutter, die Hapka Davidowna Iljaschenko, hat zwei Nächte lang an der Leich des Ingenieurs Totenwache gehalten. Ein paar Kerzen brannten im Speisesaal, wo seine Leich aufgebahrt war. Dort hockte meine Mutter zwei Nächte lang auf einem Sessel mit gefalteten Händen und sprach für die Seele des Toten und für die Seelen der Lebenden am Dnjepr Gebete. Wahrscheinlich wird sie wohl auch für den Wassilij gebetet und an ihn gedacht haben, der weiß Gott wo

herum war. Sie wußte nicht, ob er noch lebte, und
wenn sie sich vorstellen konnte, daß er schon tot war,
so betete meine Mutter auch für seine Seele. Während
des Tages wurde die Mutter von den anderen Leuten
wohl abgelöst, aber in der Nacht hat sich niemand
getraut, sich zu den sterblichen Überresten des Ingenieurs, die im geschlossenen Sarg lagen, zu setzen.
Чого люди бояться мертвого? Це честь – сидіти
коло мертвого. Warum haben die Leute vor einem
Toten nur Angst? sagte die Mutter oft zu mir. Es ist
eine Ehre, wenn man sich an die Bahre eines Toten
setzen darf.

Neben dem Speisesaal, in dem der Ingenieur aufgebahrt lag, war unser Zimmerchen, in dem die Mutter
und ich auf der Pritsche schliefen. Ein paarmal bin ich
diese beiden Nächte munter geworden, während die
Mutter im Speisesaal die Totenwache hielt. Wenn ich
munter wurde, bin ich aufgestanden, in den Leichen-
saal hineingegangen und habe die Mutter gefragt, ob
sie denn nicht bald schlafen gehen wird. Я остаюся з
мертвим. Я подивлюся на нього. Я помолюся за
його душу. Хтось мусить вночі побуть з покій-
ним. Зди спати. Завтра я знову спатиму з тобой.
Ich muß beim Verstorbenen bleiben, ich muß auf ihn
schauen, er will nicht alleine sein, sagte die Mutter zu
mir. Ich muß für seine Seele beten. Irgend jemand muß
ja auch in der Nacht die Totenwache halten. Geh nur
wieder schlafen, morgen schlafe ich wieder bei dir.
Dann bin ich wieder schlafen gegangen und habe mich
auf der Pritsche unter der Decke verkrochen. Von
diesem Speisesaal aus führten ein paar Türen in die
Zimmerchen, in denen die Arbeiter schliefen. Daneben

war der Heizraum, in dem die Mutter nachts die Taucheranzüge getrocknet hat. Ein paarmal bin ich in der Nacht aufgestanden und in das Totenzimmer gegangen. Ich habe die Mutter bewundert, weil sie sich getraut hat, alleine in der Nacht in diesem großen Saal bei der Leich zu sitzen. Nur ein paar große Kerzen brannten, sonst war kein Licht drinnen. Dort saß meine Mutter vor dem geschlossenen Sarg, umhüllt von einer Kotze, von einer Decke, damit sie nicht friert. Später einmal, als wir wieder darüber sprachen, hat die Mutter zu mir gesagt: Дитино, не бійся мертвих. Боятися треба іноді живих, а не мертвих. Dirndle! Vor den Toten braucht man keine Angst zu haben, vor manchen Lebenden muß man Angst haben, aber nicht vor den Toten.

Es hat mir weh getan, warum gerade dieser Ingenieur, der ein seelenguter Mensch war, hat sterben müssen. Er hat mir manchmal ein paar Kopeken gegeben. Es ist aber oft im Leben so, daß es gerade die guten Menschen erwischt, den bösen passiert oft nichts. Der Ingenieur sah, wie ich alleine durch die Gegend lief, er hatte Mitleid mit mir und hat mir deshalb manchmal ein paar Kopeken gegeben, er sah, daß ich da am Dnjepr ein verlorenes Schaf war. Das andere Dirndle, die Tochter eines anderen Ingenieurs, hat wohl manchmal mit mir spielen dürfen, aber nicht immer. Die erste Zeit war ich überhaupt alleine, dieses Dirndle ist mit seinen Eltern erst später dazugekommen. Aber ein anderer Bub, der gestottert hat, war noch an der Baustelle, mit dem habe ich auch öfter gespielt. Der Bub war ein paar Jahre älter als ich. Er ist in der ersten Volksschule ausgeschult worden, er hat schwer gelernt. Der Sarg des toten Ingenieurs war geschlossen, man wollte den Leuten den Anblick ersparen, es lagen nur mehr ein paar Teile von seinem Körper im Sarg, er ist vom Eisen regelrecht zerstückelt worden. Ich sehe noch heute, wie das alte Mütterchen des toten Ingenieurs schreckliche Klageschreie ausgestoßen hat: Сину мій, сину мій, чого ж ти помер, чого ж ти мене покинув? Чого ж це так, сину, синочку! Mein Sohn! Mein Sohn! Warum mußt du sterben und mich zurücklassen, warum muß das so sein, warum, mein Sohn! Mein Sohn! Es war schrecklich für mich damals, als Kind, diese Klageschreie am Ufer des Dnjepr hören zu müssen.

Nach dem Begräbnis des Ingenieurs wurde an der Brücke wieder weitergebaut. Das Eisengerüst, das umgefallen war, wurde wieder aufgestellt. Die Lydia, die körperlich und auch innerlich viel stärker war als ich, hat sich einmal von den Tauchern überreden lassen, mit in die Tiefe zu steigen. Sie zog sich den Taucheranzug an, setzte sich diesen großen Taucherkopf auf und ging mit den anderen Tauchern auf den Grund des Dnjepr. Damals war sie siebzehn Jahre alt. Die Mutter stand verzweifelt daneben, sie hatte natürlich Angst ums Dirndle. Schreiend fragte die Mutter die Lydia, ob sie verrückt sei. Sie wollte ihr verbieten, mit den anderen Tauchern in den tiefen Dnjepr hinunterzusteigen, aber es half nichts, die Lydia setzte sich wieder einmal durch. Du brauchst keine Angst zu haben, rief sie der Mutter entgegen, mir passiert schon nichts. Sie war wohl vorsichtig. Für das Dirndle war das natürlich ein Spaß, aber nicht für die Mutter, die Mutter hat Ängste ausstehen müssen, bis Lydias Taucherkopf wieder an der Oberfläche des Dnjepr auftauchte. Was glaubst du, was die Taucherausrüstung für ein Gewicht hatte, allein der große Taucherkopf hatte schon dreißig oder vierzig Kilo. An die Füße haben ihr die Taucher ein Gewicht gehängt, damit sie überhaupt in die Tiefe fahren konnte. Das andere Ende des Schlauches, den sie im Mund hatte, blieb an der Oberfläche, sonst hätte sie keine Luft bekommen. Die Mutter hat die Angst ausstehen müssen, der Lydia war das egal, sie ließ sich auf dieses Abenteuer ein. Du brauchst keine Angst zu haben, sagte sie zur Mutter. Die Lydia hat der Mutter wohl oft Sorgen gemacht. Oft hat sie wegen der Lydia geplärrt, auch damals, als die Lydia noch ein Kind war.

Die Toten wurden in Rußland auf die Bank gelegt. Nicht im Bett wurden die Toten aufgebahrt wie früher bei uns in Kärnten, wo auf die Einsätze des Bettes Bretter gelegt und auf diese Bretter ein Strohsack gegeben wurde, auf den man den Toten hob. Einmal war ich bei so einer Totenwache im Dorf dabei. In Dóbenka ist ein alter Mann gestorben. Die Mutter hat mich zur Totenwache mitgenommen, da sah ich, daß die Leich nicht im Bett, sondern auf der Bank aufgebahrt wurde. Es gab in Dóbenka wenige Häuser, in denen regelrechte Betten standen. Es gab nur so Pritschen. Die Leute haben hinter dem warmen Ofen geschlafen. Es gab in unserem Dorf vielleicht zehn Häuser, in denen Betten standen. Die jüngste Tante von mir hatte ein Bett, aber dieses Bett war aus Holz, nicht aus Eisen. Dann erinnere ich mich noch, daß die Tante meines Vaters ein Bett hatte. Einzelne Häuser hatten wohl Betten, aber eben nur ganz wenige. Die meisten Leute schliefen auf Brettern, die zwischen Ofen und

Wand angebracht waren. Hinter dem Ofen haben gewöhnlich die Kinder geschlafen, daneben die Alten. Da und dort gab es ein kleines Kabinett, in dem die Alten getrennt von den Jungen schliefen, aber das war selten. Im einen oder anderen Haus in Dóbenka haben auch die Alten oder die Jungen am Boden schlafen müssen. Da und dort, wo es überhaupt keine Pritschen gab und die Räumlichkeiten im Haus knapp waren, haben die Alten und die Jungen im selben Zimmer am Boden schlafen müssen. Es hat in Dóbenka Häuser gegeben, in denen eigentlich außer einer Küche kein zweiter Raum war, und in dieser Küche hat sich Tag und Nacht das ganze Leben der Familie abgespielt. Auch deshalb sind wir von vielen anderen Leuten im Dorf so beneidet worden, denn wir hatten doch eine Küche, ein Wohnzimmer und ein kleines Kabinett.

In diesem Kabinett hat am Anfang der Onkel gewohnt, der ein Künstler war. Dieses kleine Kabinett hatte Fensterläden, so daß man das Zimmer ganz verdunkeln konnte. Der Onkel, der sehr viel fotografierte, hat dieses Zimmer als Dunkelkammer benützt, dort hat er seine Bilder entwickelt. Bevor die Bauern enteignet wurden, bevor uns die Kolchosführer den ganzen Hausrat weggenommen haben, sagte der Onkel, daß wir die wertvolle Singer-Nähmaschine, die meine Mutter über Beziehung von den Juden, bei denen sie arbeitete, bekommen hatte, ins kleine Kabinett hineinstellen sollen, in dem er seine Bilder entwickelt, dann werden die Kolchosführer glauben, daß die Nähmaschine ihm gehört. Aber Holowá Kolhospu hat uns trotzdem die Singer-Nähmaschine weggenommen, obwohl der Onkel bei der Kommunistischen Partei war. Diese Singer-Nähmaschine war eine Tretnähmaschine, um die uns natürlich auch viele Frauen im Dorf beneidet haben, denn wenn die anderen schon eine Nähmaschine hatten, so nur eine mit einem Handantrieb. Viele Frauen im Dorf hatten damals noch überhaupt keine Nähmaschine, sie haben alles mit der Hand nähen müssen. Als die Kolchosleute kamen und den Hausrat fortschafften und auch die Singer-Nähmaschine forttrugen, schrie die Mutter, Die Singer-Nähmaschine gehört doch dem Ignat! Die Männer lachten und sagten, Wir wissen wohl, wem diese Singer-Nähmaschine gehört! Der Vater hat mit dieser Nähmaschine auch die Schuhe von denen genäht, die später in die Partei und ins Kolchos eintraten, deshalb wußten sie wohl, als sie wiederkamen, um den Hausrat abzuholen, wer diese Nähmaschine gekauft hat und wem sie gehört. Als der Vater noch im Kolchos arbeitete, durften wir noch eine Kuh halten, als er aus dem Kolchos trat, wurde uns ja alles weggenommen, selbst auf den Feldern sind die Kolchosarbeiter Wache gestanden und haben aufgepaßt, daß wir nichts Eßbares erwischen. Nicht einmal das Gras auf den Feldern haben sie uns vergönnt, geschweige denn ein paar milchige Türkenkolben oder sonst etwas. Ich habe dir ja schon erzählt, daß ein Mann auf meinem Rücken kniete, als ich ein paar Türkenkolben in der Hand hatte, die ich mit heimnehmen wollte. Nichts haben sie uns vergönnt, als der Vater aus dem Kolchos getreten ist, nicht einmal das allernotwendigste Brot, sie wollten, daß wir vor die Hunde gehen, sie wollten, daß wir verhungern.

Zwei Studenten, die wahrscheinlich in Tscherkassy studierten, haben bei uns geschlafen. Sie haben wahrscheinlich sonst nirgendwo Unterschlupf und eine Übernachtungsmöglichkeit gefunden. Die meisten Leute im Dorf hatten räumlich fast keine Möglichkeiten, sie konnten ja kaum ihre eigene Familie im eigenen Haus unterbringen. Meine Eltern haben den Studenten das Kabinett vermietet. Die Zeiten waren aber damals so schlecht, erzählte uns die Mutter, daß die Kolchosleute auch noch unsere letzte Kuh gestohlen haben. Um diese Kuh hatten die Eltern Angst, denn mit der Kuh wurde uns auch die Milch, eines unserer Grundnahrungsmittel, weggenommen, deshalb haben die Eltern zur Vorsicht diese Kuh ins Wohnhaus, in die Labn hineingesperrt, damit die Männer nicht einfach in der Nacht in den Stall gehen und die Kuh wegführen konnten. Das ereignete sich, bevor der Vater aus dem Kolchos trat. Auf einmal, mitten in der Nacht, wachte die Mutter auf und sagte zum Wassilij, Hörst du, jetzt schneiden sie die Haustür auf, sie wissen, daß die Kuh im Haus ist, jetzt werden sie uns auch noch die letzte Kuh stehlen. Da waren diese Stürzler schon unterwegs und haben alles zusammengestohlen, was sie brauchen konnten.

Vater, Mutter und ich schliefen im großen Zimmer, das Kabinett war von den Studenten besetzt, in der Labn hockte die Kuh am Boden. Horch einmal, sagte die Mutter zum Vater, mir kommt vor, es schneidet uns jemand die Haustür auf, sie werden jetzt mit der letzten Kuh auch noch gehen wollen. Der Vater stand auf, horchte, Ja, sie schneiden die Tür auf. Angst hatten die Eltern natürlich auch, denn wenn sie hinausgingen, konnte es sein, daß sie womöglich eines über den Schädel bekamen. Diese Stürzler haben sich damals vor gar nichts geschämt, es war im Dorf ein furchtbares Durcheinander, wo jeder, der Macht hatte, auch machen konnte, was er wollte. Die Eltern sind ins Kabinett der Studenten eingetreten und haben sie gefragt, ob sie auch etwas hören, ob sie hören, daß jemand die Haustür aufschneiden und mit der Kuh gehen will. Wenn wir drei Männer sind, sagte der Vater, können wir uns wahrscheinlich schon wehren. Ja, sagten die Studenten, wir hören auch etwas, es hört sich so an, als wollte jemand die Tür aufschneiden. Wir hatten große Fenster in unserem Haus. Ein Fensterflügel war in drei Scheiben eingeteilt, der zweite Fensterflügel auch. Wollte man das Fenster öffnen, so mußte man nicht einen ganzen Fensterflügel aufmachen, sondern eine einzige Fensterscheibe, die geöffnet werden konnte. Das war eine praktische Vorrichtung für den Winter, denn im Winter mußten wir, wenn wir einmal lüften wollten, nicht das ganze Fenster aufreißen, dafür war es viel zu kalt. Wir öffneten dann einfach eine Fensterscheibe. Ein Student hat sich auf den Tisch gestellt und hat beim Fenster hinausgeschaut. Er blickte an die Haustür und sagte, daß niemand zu sehen ist, aber alle haben dieses Türenschneiden gehört. Am nächsten Tag sagte die Mutter, Das war wahrscheinlich eine erste Warnung, morgen werden sie uns die letzte Kuh wegnehmen.

Oft, sagte die Mutter, ist ein Unglück vorher auf irgendeine Weise angekündigt worden. Hätte sie am Vorabend dieses Klopfen und Schneiden an der Tür alleine gehört, so hätte sie annehmen können, daß sie es nur geträumt habe, aber es waren alle, auch die Studenten und der Vater, munter, sie waren alle auf und haben gehorcht und jeder konnte es bestätigen, aber als sie zum Fenster hinaus auf die Haustür sahen, war niemand mehr zu sehen. Die Leute früher, sagte die Mutter öfter zu mir, haben viel mehr geglaubt und haben deshalb auch viel mehr vorausgesehen und – gehört. Das war eine Vorankündigung dieses Unglücks, und am nächsten Tag sind sie mit unserer Kuh gegangen. Am selben oder am darauffolgenden Tag haben sie den Vater eingesperrt und ihn gefragt, warum er aus dem Kolchos getreten ist, warum er nicht Kommunist werden will. Sie haben gedroht, daß sie ihn erschießen oder nach Sibirien schicken werden. Sie haben ihm aber nichts antun können, er war kein Großgrundbesitzer, er hat seinen ganzen Hausrat hergegeben, die Küh hat er ebenfalls hergegeben, alles, was wir an Gut und Geld besaßen, hat er hergegeben. Er hat sich nicht gewehrt, alles herzugeben, was er besaß, und nur aus dem Grund, weil er aus dem Kolchos getreten war und weil er nicht Kommunist werden wollte, haben sie ihn eingesperrt. Für mich braucht niemand zu arbeiten, sagte mein Vater, ich bin schon selber zur Arbeit fähig, ich kann mich und meine Familie schon selber ernähren. Vom 34er Jahr bis zum 38er Jahr hat dieser Brückenbau über den Dnjepr gedauert, dann erst haben wir uns wieder ins Dorf zurückziehen können. In Dóbenka hat sich in der Zwischenzeit wieder alles beruhigt, weil wir so lange weg waren. Die Mutter ist, als wir zurückkamen, wieder akzeptiert worden, sie hat im Dorf wieder arbeiten können. Nach Dóbenka zurückgekehrt, sind wir in ein halbfertiges Haus eingezogen. In diesem Haus lebte früher ein großer Bauer. Ich weiß nicht, ob die Bauernfamilie umgebracht oder nach Sibirien verschleppt wurde. Es war jedenfalls ein sehr schönes Haus, in dem wir da lebten. Die Küche war mit allem, was man brauchte, ausgestattet, das Wohnzimmer war allerdings unvollständig, es war nur ein leerer Raum, ein kleines Kabinett, einen Abstellraum, gab es dort auch noch. Aus diesem kleinen Raum haben wir dann eine Speis gemacht. Die Mutter hat diesen Raum ausgeweißt. Bevor wir einen kleinen Stall bauten, haben wir das Schwein und die Kuh in dieses leere Zimmer hineingesperrt. Ich habe immer aufs Schwein aufpassen und es füttern müssen. Die Mutter hat auswärts auf den Feldern gearbeitet, sie ist oft drei Wochen lang nicht heimgekommen. Sie war damals bei den Getreidearbeiten. Raps ist angebaut worden und Roggen, und die Mutter und andere Frauen haben das Unkraut aus den Getreidefeldern jäten müssen. Die Felder waren weit vom Dorf entfernt, zu Fuß nicht erreichbar, deshalb ist sie oft drei Wochen lang nicht heimgekommen und hat mich alleine lassen müssen.

Im Sommer arbeitete sie bei den Getreideschnittern. Mit den Sicheln wurde das Getreide geschnitten. Während dieser Schnitterarbeiten mußte sie immer bei den Arbeitern sein, sie haben schon am allerfrühesten Morgen mit der Arbeit begonnen. Auch die Heuernte mußte eingebracht werden. Sie brauchten ja Futter für die Rösser, die als Zugtiere auf den Feldern verwendet wurden. Kühe haben sie auch gehalten, denn die Arbeiter brauchten ja die Milch, sie wurden an Ort und Stelle verköstigt, damit die Arbeit so flüssig wie möglich vorwärtsschreiten konnte. In der Feldnähe wurde eine Genossenschaftsküche aufgestellt. Ich habe zu dieser Zeit mutterseelenallein mit meinem Schwein leben müssen. Zehn oder elf Jahre alt war ich damals. Ich habe mich, was die Essensversorgung betrifft, so verhalten, wie es mir die Mutter aufgetragen hat. Ich habe mich schon selber ernähren können, die Mutter hat mir alles gezeigt, von ihr habe ich alles gelernt, um mich am Leben erhalten zu können. Gurken habe ich für mich und für das Schwein vom Feld geholt, und was ich eben sonst noch Eßbares finden konnte, habe ich zusammengeklaubt. Bis zum 41er Jahr lebten wir in diesem Haus, das einmal reichen Bauern gehört hat, und bis zum Ausbruch des Krieges habe ich dort Hausfrau gespielt und auf mein Schwein aufpassen müssen. Miteinander sind das Schwein und ich in den ringsumstehenden Wassertümpeln baden gegangen. Ich bin ins Wasser hineingelaufen, das Schwein ist mir nachgegangen und ist dann im Wasser drinnen gestanden. Eine Zeitlang ist es im Wasser herumgewatet, dann ist es wieder hinausgelaufen und hat sich im heißen Sand eingegraben, hat sich im Sand herumgewälzt, bis es krebsrot war. Es hat sich wohl deswegen in den Sand eingegraben, weil der Sand drunter kühler war als an der Oberfläche. Das Schwein hockte im Sand, wartete, bis ich mit dem Baden fertig war, dann sind wir miteinander wieder heimgezottelt.

Am nächsten Morgen bin ich mit den Paradeisern und mit den Gurken, die ich aus unserem Garten geklaubt habe, in die Stadt, nach Tscherkassy, gegangen und habe sie verkauft. Mit dem Erlös habe ich mir Brot gekauft, Zucker und Mehl. Hühner hatten wir damals auch. Die Eier konnte ich ebenfalls in Tscherkassy verkaufen. Wenn ich genug Lebensmittel gesammelt hatte, habe ich der Mutter wieder ein Paket aufs Getreidefeld hinausgeschickt. Jede Woche einmal ist jemand mit einem Roß ins Dorf gefahren, an unserem Haus vorbeigekommen und hat die eingesammelten Pakete zu den Arbeitern auf die Felder gebracht. Das Brot konnte ich nicht allzu lange liegen lassen, es wäre ja hart geworden. So haben wir drei Jahre lang dahingelebt. Ich war stolz auf mich, weil ich mich allein am Leben erhalten und meiner Mutter Lebensmittel schicken konnte. Einmal wurde angekündigt, daß die Mutter an einem bestimmten Tag heimkommen wird. Ich wollte sie mit einem guten Essen empfangen, ich wollte ihr ein paar Omletten machen. Ich heizte den Ofen ein. Gebacken haben wir mit Hirsemehl. Dieses Hirsemehl mußte ich in der vorangegangenen Nacht aufweichen. Am nächsten Tag wurde dieses Hirsemehl fein aufgerieben und durchgesiebt. Ich habe die Pfanne mit Öl angestrichen, ein paar Eier in den Teig hineingeschlagen, gebacken, die Masse vierfach zusammengelegt und dann mit sauerem Rahm gegessen. Ich wollte natürlich der Mutter eine Freude machen und wollte ihr zeigen, wie ich schon kochen kann. Ich habe diese Omletten gebacken, wieder in den Ofen hineingeschoben und mit einem Tuch zugedeckt, damit sie frisch bleiben. Ich nahm an, daß die Mutter zur Mittagszeit kommen wird, deshalb habe ich die Omletten schon am Vormittag fertiggemacht, gekommen ist sie allerdings erst am Abend, da waren dann aber die Omletten dürr, nicht mehr zu essen, und ich wollte der Mutter eine Freude machen, ich wollte ihr zeigen, daß ich schon kochen kann.

Einmal haben die Arbeiter meine Mutter mit einem

Wagen vom Feld gebracht, das Blut rann aus ihrem
Schoß über ihre Beine auf den Wagen und tropfte auf
den Feldweg, in den Staub, während das Roß den
Wagen zog. Die Arbeiter brachten sie sofort ins selbe
Krankenhaus, in dem sie auch wegen ihrer Lungenentzündung lag. Das Dorf, in dem das Krankenhaus war,
kann ich nicht mehr nennen, ich habe seinen Namen
vergessen. In dieser Zeit, als die Mutter wegen ihrer
schweren Blutstürze im Krankenhaus lag, ist die Lydia
nach Kasachstan gefahren, um sich dort eine Zeitlang
aufzuhalten. Kasachstan liegt zwischen Sibirien und
Zentralasien, zweitausendfünfhundert Kilometer von
Dóbenka entfernt. Olgas Mutter ist mit ihren Töchtern
nach Kasachstan gefahren, warum, weiß ich nicht
mehr, die Lydia wollte jedenfalls unbedingt mitfahren.
Achtzehn oder neunzehn Jahre alt war die Lydia damals. Die Lydia hat die Mutter gebettelt, ob sie mitfahren darf. Die Mutter zögerte und wollte es eigentlich
nicht so recht erlauben. Aber Marfa, die Mutter der
Olga, sagte, Wir werden schon aufpassen auf die Lydia,
es wird schon nichts passieren, wir können sie schon
mitnehmen. Wir glaubten alle, daß die Lydia nach ein
paar Wochen wieder zurückkommen wird, daß es nur
ein Ausflug nach Kasachstan werden sollte, aber die
Lydia ist drei Jahre lang in Kasachstan geblieben. Sie
hat dort einen Mann kennengelernt. In diesen drei
Jahren waren die Mutter und ich alleine, nachdem wir
uns vom Brückenbau am Dnjepr wieder nach Dóbenka
zurückgezogen haben, die Brücke wurde damals fer-
tiggestellt, sonst hätten wir nicht weggehen können.
Zweimal war die Mutter wegen ihrer Blutstürze in
dieser Zeit im Krankenhaus. Jedesmal ist sie vierzehn

Tage lang im Krankenhaus geblieben. Sie war einfach überlastet, sie war überarbeitet, sie hatte ja ihr Lebtag schinden müssen, ihr ist nichts erspart geblieben. Wenn sie Ruhe hatte, wenn sie nicht arbeiten mußte und liegen konnte, wurde sie wieder gesund. Vierzehn Tage hat es gedauert, dann war sie wieder auf den Beinen. Die Blutstürze könnten natürlich auch mit den Wechseljahren, in denen sie damals war, zusammenhängen. Wahrscheinlich aber ist eine Ader in ihrem Schoß geplatzt, als sie sich einmal überhoben hat. Oft hatte sie vier oder fünf Monate keine Regel. Dann hat sie eine Zeitlang wieder alle zwei oder drei Wochen die Regel bekommen. Als wir wieder in Dóbenka, im Haus der verschwundenen Bauersleute wohnten, ging es ihr wieder besser.

Oft ist es mir gar nicht gut gegangen, weil ich in der Schule als Kurkúlenkind angesehen wurde. Manchmal haben mich die anderen Schüler, die Kinder von Kolchosarbeitern waren, deswegen geschlagen. Das habe ich daheim wieder meiner Mutter vorgeplärrt. Die Mutter sagte zu mir, Dirndle, ich kann nichts machen, das einzige, was du tun kannst, ist, sofort nach der Schule heimgehen, zu niemandem ein Wort sagen. Zu dieser Zeit haben sich auch unsere Tanten ein bißchen um uns gekümmert. Eine besondere Hilfe aber hat die Mutter damals nicht mehr gebraucht. Sie konnte durch ihre Arbeit soviel verdienen, daß wir zum Essen und auch Gewand hatten. Ein kleines Lebensmittelgeschäft gab es damals in Dóbenka, vor dem man regelrecht anstehen mußte. Eine Schlange von Leuten stand davor und wollte einkaufen. Bis wir an die Reihe gekommen sind, hat es oft keine Waren mehr gegeben, wir mußten mit leeren Händen wieder heimgehen. Das nächste Mal haben wir aber wohl etwas bekommen, da ist dann eine Einteilung getroffen worden, damit auch die Leute, die an den Vortagen nichts gekriegt haben, an die Reihe gekommen sind.

Die Marfa hat in Kasachstan einen Mann geheiratet, und mit diesem Mannsbild ist sie nach Dóbenka zurückgekommen. Die Lydia, die ja auch mitfuhr, um einen Ausflug zu machen, ist nicht mitgekommen. Ich möchte in Kasachstan bleiben, sagte sie zu Olgas Mutter. In Kasachstan lebte sie mit einem Mann zusammen. Die Marfa erzählte meiner Mutter, als sie ihr sagen mußte, daß die Lydia in Kasachstan geblieben ist, daß sie mit der Lydia nichts ausrichten konnte. Sie machte, was sie wollte, sie ließ sich von mir nichts sagen, sie lebt mit einem Mann zusammen, der sie ausnützt, sie arbeitet, um das Brot zu verdienen, während er faulenzt. Die Lydia hat in Kasachstan wohl sehr gut verdient, fleißig war sie ja immer. Manchmal hat sie der Mutter geschrieben, daß sie ein Paket schicken wird, aber Paket ist an die Adresse meiner Mutter nie eines gekommen. Als die Mutter das dritte Mal wegen eines Blutsturzes im Krankenhaus war und einer Krankenschwester erzählte, daß die kleine Njetotschka alleine in Dóbenka im Haus ist und die Lydia mit einem Mann in Kasachstan zusammenlebt, sagte die Krankenschwester, daß auch ein Mann aus ihrem Dorf in Kasachstan lebt. Seine Frau lebte mit ihren drei Kindern im Dorf, während der Mann mit einer anderen Frau in Kasachstan zusammenlebte. Als die Mutter noch erfuhr, daß nicht der Mann, sondern die andere Frau arbeitete und das Brot für sich, für den Mann und für die Familie des Mannes verdiente, der die Pakete zu seiner Frau und zu seinen Kindern heimschickte, wußte meine Mutter, daß die Lydia mit diesem Mann, der aus unserem Nachbardorf war und den die Krankenschwester kannte, zusammenlebte. Sie wußte genau, daß es die Lydia ist, die sich so für diesen Mann und für seine Familie aufopfert, für sie arbeitet. Zur Krankenschwester aber sagte die Mutter nichts, sie verheimlichte es, sie hätte sich für die Lydia schämen müssen. Die Krankenschwester war die Nachbarin der Frau, deren Mann mit der Lydia in Kasachstan zusammenlebte. Nachdem die Mutter wegen ihres neuerlichen Blutsturzes vierzehn Tage lang im Krankenhaus war und wieder nach Dóbenka zurückgekommen ist, hat sie diese Geschichte mit der Lydia und dem Mann in Kasachstan der Marfa erzählt. Mein Gott, sagte die Mutter zur Marfa, das ist ja ganz schauerlich, dieser Mann ist sowieso verheiratet, hat ein paar Kinder, die Lydia lebt mit ihm in Kasachstan zusammen, so weit weg von seiner Familie, und er läßt sich von ihr auch noch aushalten, ein Mann läßt sich von einer Frau aushalten! Wie kann ich nur die Lydia wieder heimbringen? Der Mann soll doch zu seiner Frau und zu seinen Kindern zurückkommen und die Lydia in Ruh lassen! Die Mutter jammerte herum, wußte sich aber nicht zu helfen. Damals ging ich das vierte Jahr in die Schule und konnte schon recht gut schreiben.

Ich schrieb meiner Schwester, daß unsere Mutter gestorben ist und daß sie schnell heimkommen soll. Sie soll ihre Sachen abholen und mitnehmen, was sie vom Nachlaß der verstorbenen Mutter haben will. Und ich schrieb ihr, daß ich währenddessen ins Haus der Großmutter gehen werde, ich kann doch nicht alleine in unserem Elternhaus in Dóbenka leben. Nach vierzehn Tagen ist die Lydia nach Dóbenka gekommen. Die Fahrt hat sehr lange gedauert, die Züge sind damals nicht so schnell gefahren wie heute, sie mußte durch Sibirien, zweitausendfünfhundert Kilometer mußte sie zurücklegen, um nach Dóbenka zu kommen. September war es, als die Lydia kam, die Mutter klaubte gerade die Herzbirn zusammen, ich war in der Schule. Die Herzbirn wachsen auf so ähnlichen Stauden wie hier bei uns die Holder. Diese Herzbirn haben wir im Herbst geklaubt und Kompott für den Winter draus gemacht. In die Nudeln haben wir diese Herzbirn gegeben oder in die Pirischki, ja, auch Marmelade haben wir aus den Herzbirn gemacht. Diese Herzbirn hat die Mutter auf dem Dachboden gelagert, büschelweise aufgehängt, der Dachboden war eiskalt, da sind die Herzbirn gefroren, das war ein Ersatz für einen Kühlschrank, und deshalb haben sich die Herzbirn erhalten. Und als die Mutter diese Herzbirn in der Hand hielt, tauchte auf einmal die Lydia auf. Sie kam ins Haus und sah die Mutter. **А ви живі, мамо?! А ти думала, що я вмерла? А чого мені вмирати?** Du lebst ja, Mamo, rief sie überrascht aus. Ganz entgeistert hat sie die Mutter dabei angeschaut. Hast du geglaubt, daß ich tot bin, hätte ich sterben sollen? fragte die Mutter die Lydia. Die Mutter hatte von diesem Brief, den ich geschrieben hatte, keine Ahnung. Die Lydia brach in Tränen aus und rief, Die Njetotschka, dieses Luder hat mir geschrieben, daß du gestorben bist, daß ich sofort heimkommen und mein Zeug mitnehmen soll. Ich habe so viele Sachen in Kasachstan, so einen

netten Mann, und habe jetzt alles dort liegen lassen, bin
in den nächsten Zug gestiegen und heimgefahren. So
schimpfte die Lydia die ganze Zeit. Aber die Mutter
lachte, weil mir so etwas eingefallen ist, sie wußte ja
nicht, wie sie die Lydia nach Dóbenka zurückholen
sollte. So etwas wäre ihr doch nie eingefallen, so etwas
konnte ja nur mir einfallen! Die Mutter hat sich jedenfalls, die Herzbirn in der Hand, eine Zeitlang hinsetzen
und lachen müssen, und die Schwester hat gemeutert.
Als die Lydia mit dem Schimpfen aufhörte, sagte die
Mutter: Сядь, дівчино, коло мене. Я тобі щось
розскажу. So, Dirndle, setz dich einmal zu mir her,
ich werde dir jetzt etwas erzählen.
Sie sagte, daß sie diese ganze Geschichte, die sich mit
einem Mann aus unserem Nachbardorf und mit der
Lydia in Kasachstan abgespielt haben soll, von einer
Krankenschwester erfuhr, als sie nach einem neuerlichen Blutsturz vierzehn Tage im Krankenhaus war.
Njetotschka hat natürlich auch davon gehört, aber
ohne mein Wissen hat sie dir geschrieben, daß ich
gestorben bin und daß du schnell heimkommen sollst.
Ich kam gerade, als die Lydia von Kasachstan nach
Dóbenka zurückgekehrt war und sich mit der Mutter
unterhielt, von der Schule heim. In der Zwischenzeit
hatte sich die Schwester wohl beruhigt. Sie hat mich
wohl abgebusselt, als ich zur Tür hereinkam. Der
Zorn, den sie auf mich hatte, hatte sich in ihr schon
wieder gelegt. Wenn ich nur meine ganzen Sachen
mitgenommen hätte, sagte die Schwester, in Kasachstan ist alles billiger als hier, man hat für dasselbe Geld
viel mehr bekommen als bei uns in Dóbenka. Sei froh,
daß du jetzt daheim bist, sagte die Mutter zur Lydia,

arbeite, dann verdienst du wieder genug, dann kannst du dir die Sachen, die in Kasachstan geblieben sind, wieder kaufen. Die Pakete, die du brieflich angekündigt hast, haben wir überhaupt nicht bekommen. Wie gerne hätte ich ein Paket von dir ins Krankenhaus bekommen! Die Lydia sagte aber, daß sie jedesmal zwei Pakete hergerichtet hat, aber der Mann, mit dem sie in Kasachstan zusammenlebte, hat beide Pakete an seine Familie, an seine Frau und an seine Kinder, geschickt, keines hat er dir und der Njetotschka vergönnt. Die Krankenschwester, sagte die Mutter, hat mir jedesmal erzählt, wenn wieder zwei Pakete, von denen, und das wußte ich ja schon im Krankenhaus, eines uns gehören sollte, angekommen sind. Beide Pakete hat er immer seiner Frau geschickt, die Lydia hat geglaubt, daß er eines zu uns heimschickt. Nachdem die Lydia vierzehn Tage in Dóbenka war, ist auf einmal auch der Mann, mit dem sie in Kasachstan zusammengelebt hat, aufgetaucht. Aber diesen Mann hat die Mutter geliefert, der hat schnell verschwinden müssen, der hat, glaube ich, nicht mitgekriegt, wie schnell er zur Tür hinausgeflogen ist. Er hat noch mit der Mutter reden, ihr alles erklären wollen, aber die Mutter hob die Hand und sagte, Schau, daß du zu deiner Frau und zu deinen Kindern heimkommst!

Danach hatte die Lydia wieder einen anderen Mann, einen Förster aus dem Nachbardorf, der illegal die verstaatlichten Bäume verkaufte. Er ist dafür nach Sibirien gekommen. Er sagte noch zur Lydia, die er geschwängert hat, daß er sich von seiner Frau wird scheiden lassen, aber dann ist er ins Gefängnis nach Sibirien gekommen. Zehn Jahre lang war der Förster in Sibirien eingesperrt. Aber jetzt war der Förster im Gefängnis und die Lydia von ihm schwanger. Was glaubst du, was damals meine Mutter mitgemacht hat, sie hat geglaubt, daß sie die Kinder gut erzogen hat, und dann passiert so etwas! Nachdem die Lydia erfahren hat, daß der Förster zehn Jahre ins Gefängnis muß, hat sie das Kind abtreiben lassen. Sie war bereits im dritten Monat schwanger. Die Abtreibung ging illegal vor sich. Die Lydia ging zu einer Frau, die das Kind mit Seifenwasser abgetrieben hat. Wie das vor sich ging, weiß ich nicht mehr genau. Das war jedenfalls so primitiv, daran hätte die Lydia sterben können. Das Seifenwasser wird, wie ich annehme, in den Unterkörper eingeführt, der Embryo entgleitet, er rutscht weg, so stelle ich mir das vor. Als die Lydia nach der Abtreibung heimkam, ist das Blut von ihr nur so weggeronnen. Die Mutter hatte Angst, daß die Lydia dran stirbt. Das war damals sehr gefährlich, viel gefährlicher als eine Entbindung. Aber die Lydia war ein starkes Dirndle und hats deshalb überlebt. Später, als wir längst in Kärnten waren, sagte die Lydia öfter zu mir, Hätte ich das Kind in Rußland ausgetragen, dann hätten sie mich nicht nach Kärnten verschleppt, dann wäre ich in Rußland geblieben, die Mütter haben die Deutschen doch nicht zur Zwangsarbeit ins Ausland verschleppt. Mein Kind wäre damals, als wir verschleppt wurden, drei, vier Jahre alt gewesen. Ich hätte in Rußland bleiben können. Mein Gott, bin ich blöd gewesen, sagte sie immer wieder, hätte ich das Kind doch ausgetragen!

Aber draußen, in Rußland, war damals ein lediges Kind eine Schand. Was glaubst du, wie die Leute schiach getan haben, wenn jemand ein lediges Kind hatte. In Dóbenka war ein Dirndle, das ein bißchen gekicketst, gestottert hat, es war sonst ein fesches Dirndle. Dieses Dirndle wurde von einem verheirateten Mann geschwängert. Als es soweit war, um das Kind zu entbinden, hat der Vater diese seine eigene Tochter aus dem Haus gejagt. Das Dirndle mußte im Freien, auf dem Feld ihres Schwagers am Zaun das Kind entbinden. Ja, ihr eigener Vater, der Tischler im Kolchos war, hat das Dirndle zur Tür hinausgejagt, als sie in ihrem Elternhaus entbinden wollte, regelrecht aufs Feld hinaus hat er sie gejagt. Die Schwägerin hat dem Dirndle bei der Entbindung am Zaun geholfen. Es war früher in Kärnten auch so, daß bei einer Entbindung die eine Dorffrau der anderen geholfen hat. Eine Hebamme hat es früher auf dem Land nicht gegeben, weder hier in Kärnten, noch draußen in Rußland. Im Haus dieser Schwägerin, die der jungen Mutter bei der Entbindung unter freiem Himmel half, hat sie mit ihrem Kind eine Zeitlang leben dürfen. Diese junge Mutter aber hat sich nach der Entbindung ihres ledigen Kindes lange nicht mehr auf die Straße getraut, weil die Leute von Dóbenka mit ihrem Finger auf sie gezeigt haben. Dazu kam noch, daß der Mann, der ihr das Kind gemacht hat, verheiratet war.

Der Förster, der also später wegen illegalen Holzverkaufes nach Sibirien gekommen ist, hat die Lydia betrunken gemacht, bevor er mit ihr schlief. Die jüngste Tante, eine Schwester meiner Mutter, hat dabei mitgespielt. Eines Abends sagte die Schwester meiner Mutter zur Lydia, Ich habe Angst, Wolodja ist nicht zu Hause, übernachte bitte einmal bei mir daheim, ich will nicht alleine schlafen, ich habe Angst, Wolodja ist nicht zu Hause. Er hat der Tante aufgetragen, die Lydia in ihr Haus zu locken. Die Tante, die Lydia und der Förster, der einen Besuch vortäuschte, haben Schnaps getrunken und eine Gaudi gemacht. Die Lydia hat dann aber soviel Schnaps erwischt, daß sie davon eingeschlafen ist. Als sie wieder munter wurde, hatte sie der Förster bereits mißbraucht. Er hat ihr alles mögliche versprochen. Er hat ihr versprochen, daß er sich scheiden läßt, daß er die Lydia heiraten wird. Die Mutter hat wieder geplärrt, die Lydia darum gebettelt, daß sie ihn vergessen, seine Familie – denn er hatte doch Kinder – nicht zerreißen soll. Die Mutter jagte den Förster, wenn er kam, zur Tür hinaus, aber er hat sich nicht ganz vertreiben lassen, er ist immer wiedergekommen. Er verstand zu schmeicheln, Mamuschka hin und Mamuschka her, er hat sich nicht vertreiben lassen. Für mich hat er Zuckerln mitgebracht. Ich habe mich über diese Süßigkeit gefreut, für mich waren Zuckerln eine Seltenheit. Die Zuckerln habe ich weggegessen, und den Förster habe ich ausgelacht. Verschwinde! ich mag dich nicht, habe ich zu ihm gesagt, du hast meine Schwester verführt, verschwinde! Mir war das egal, ich hörte, wie die Mutter mit ihm schimpfte, dann habe auch ich ihm alles ins Gesicht geschleudert und gesagt, daß er verschwinden soll. Der Förster hat aber nur gelacht, das hat ihm nichts ausgemacht. Seine Frau war dann natürlich verzweifelt, denn sie hatte Kinder, und der Mann mußte für zehn Jahre ins Zuchthaus nach Sibirien.

Ich ging in die vierte Klasse der Volksschule, als ein Bub zu mir im Unterrichtsraum sagte: **Неточка, а йди** сюди! Njetotschka, komm einmal her! Zwei Tafeln standen nebeneinander. Es war Pause. Die anderen Kinder waren draußen im Hof. Ich habe mich oft nicht in den Hof hinausgetraut, weil ich immer wieder von den anderen Kindern als Kurkúlenkind beschimpft wurde. Ich habe, damit ich in der Pause eine Ablenkung hatte, ein Buch genommen und auf einer Bank gelesen. Iwan hat der Bursche geheißen, der mich zu sich lockte. Njetotschka komm einmal her, sagte er. Ich ging hin. Hinter der Tafel warf er mich auf den Boden, während der andere, der mit einem giftigen Blick danebenstand, mir Fußtritte in die Rippen hineingab. Ich wußte aber nicht, warum mich die beiden Buben schlugen. Ich habe ihnen nichts getan. Ich jammerte und plärrte und hoffte, daß der Lehrer, der doch unweit von der Tafel beim Tisch saß, mir helfen werde, aber dieser Lehrer, der bei der Partei war, drehte sich nicht um, er sagte kein Wort, während die beiden anderen Buben auf mich dreinschlugen. Er muß alles gesehen haben, aber das war ihm egal, wahrscheinlich wohl, weil ich in seinen Augen ein Kurkúlenkind war. Ich glaube fast, daß der Lehrer heimlich froh war, daß mich die beiden Buben geschlagen haben. Die beiden Buben sind dann zur Tür hinausgelaufen. Ich lag noch am Boden, rappelte mich aber wieder auf und ging zur Bank hin, wo ich vorhin gesessen und in einem Buch gelesen hatte. Ich plärrte, der Lehrer sah und hörte es, aber sagte kein Wort, er fragte mich nicht, warum ich plärre. Die Rippen haben mir furchtbar weh getan. Als der Unterricht wieder begann, war ich lernunfähig. Die anderen Schüler bemerkten, daß ich Schmerzen hatte. Sie sagten es dem Lehrer, und der Lehrer hat mich dann heimgeschickt. Ich hatte so große Schmerzen, daß ich fast nicht heimgehen konnte. Ich mußte doch eine Strecke von vier Kilometern zurücklegen, um heimzukommen.

Im Winter sind wir zu Fuß über das Eis gegangen, im Sommer mußten wir mit dem Boot fahren, um zur Schule und zurück zu kommen. Einmal, ich erinnere mich, kam so ein Sturm, daß kein kleines Boot fahren konnte. Wir warteten jedenfalls bis halb fünf Uhr abends, bis Männer mit einem großen Boot kamen und uns heimbrachten. Wenn es keine Stürme gab, fuhren wir mit einem kleinen Boot, in dem die Schüler ruderten. Damals, als wir mit dem großen Boot fuhren, stürmte es furchtbar, die Wellen schlugen ans Boot, ich glaubte, daß es das Boot, in dem wir saßen, zerreißen wird. Die Mütter standen wartend und plärrend am anderen Ufer. Vor Freude umarmten sie uns, als wir dann doch heil heimkamen. Jeden Tag hatten wir einen acht Kilometer langen Schulweg zurückzulegen, vier Kilometer hin und vier Kilometer zurück. In der Früh sind wir um sieben Uhr weggegangen. Um acht Uhr hat die Schule angefangen. Nachdem mich die Buben getreten haben, mußte ich eine Woche lang im Bett bleiben, die Rippen haben mir so weh getan.

Als die Schulkinder dem Lehrer öfter erzählten, daß sie von ihren Eltern gezüchtigt wurden, sagte der Lehrer, daß diese Eltern angezeigt und bestraft würden, daß ihm die Kinder diese Vorfälle melden sollten. Einmal, ich erinnere mich nicht mehr warum, bestrafte mich meine Mutter, in dem sie mir mit einer roten Weidenrute meinen Hintern einsalzte. Ich plärrte und schrie, Ich werde dich anzeigen! Die Mutter stieß mich von sich, jagte mich aus dem Haus und sagte, Geh jetzt, geh und zeig mich an. Ich ging hinaus, versteckte mich eine Zeitlang hinters Gebüsch und kehrte reumütig wieder ins Haus, zur Mutter zurück.

Am Dorfrand war ein riesengroßes Feld, in dem alle Viecher des Dorfes weideten. Es waren mehrere Viehhüter aus dem Dorf dort, die abwechselnd – einmal kam jemand vom einen, einmal vom anderen Haus – auf die Viecher aufpaßten, damit die Kühe nicht woanders hinrannten, denn eingezäunt war dieses Gelände nicht. Im Sommer, wenn wir schulfrei hatten, habe auch ich mit den anderen Dorfbuben die Kühe und Kälber hüten müssen. Am späten Abend trieben wir die Viecher wieder heim, und am nächsten Morgen kamen sie wieder auf dieser Weide zusammen. Manchmal waren wir drei oder vier Viehhüter und blieben vierzehn Tage lang auf einer Weide, bis sie abgegrast war, dann wanderten wir mit den Viechern wieder ein Stück weiter. Unter den Viehhütern waren auch junge Buben, die mich manchmal gepeinigt haben. Ich schämte mich sehr, weil die Buben immer wieder sagten, daß sie mich aushoseln, daß sie mir auf meine Titlen und auf meine Oberschenkel greifen werden.

Als der Krieg ausbrach, ließen wir die Kühe im Stall. Wir mußten Heu stehlen, um sie füttern zu können. Die Deutschen haben immer wieder über den Dnjepr zu uns herübergeschossen, sie hätten die Kühe treffen können, wenn wir sie auf die Weide getrieben hätten. Die Leute von Dóbenka hatten schon furchtbare Angst, sie haben sich nicht mehr vor die Tür getraut. Die Flugzeuge flogen schon bedrohlich niedrig. Erst am Abend, wenn es wieder ruhiger wurde, wenn die Deutschen zu schießen aufhörten, sind die Mutter und ich aufs Feld hinausgelaufen und haben Futter für unsere Kuh geholt. Viele Wägen waren damals unterwegs, die Kolchosleute haben die Viecher, die Kühe, Schweine, Schafe und Pferde, bis Richtung Charkow getrieben. Sie flüchteten mit den Viechern vor den einmarschierenden Deutschen, sie wollten den Deutschen nichts zurücklassen, deshalb haben sie die Viecher auf der Straße bis nach Charkow zurückgetrieben. Auch die Stiere und Ochsen haben sie mitgenommen. Als die Arbeit im Kolchos noch aufrechterhalten wurde, haben die Arbeiter mit den Ochsen auf den Feldern gearbeitet, nicht nur mit den Rössern. Sie haben die Ochsen an die Pflüge und Eggen gespannt und sind mit ihnen durch die Äcker gegangen. Tag und Nacht haben sie, bevor der einmarschierende Deutsche näherrückte, mit den Wägen, die eiserne Räder hatten, die Viecher getrieben. Hinter dem Viech sind die Wägen hergefahren. Wie das gerumpelt hat! Nach einiger Zeit ist ein Viech stehengeblieben, ist einfach nicht mehr weitergegangen, es war zu Tode erschöpft. Und wenn eines dieser Viecher nicht mehr weitergehen wollte, haben es die Viehtreiber einfach auf der Straße zusammengeschlagen. Da hätte es aber genug Fleisch zum Essen gegeben, denn die Hungersnot rückte ja auch mit dem Krieg heran, aber das meiste Fleisch wurde eingegraben, es war schon Juni, es war heiß, das Fleisch hätte schnell zu stinken begonnen, schnell haben die Viehtreiber das Fleisch gebraten und gegessen, um ihren ärgsten Hunger zu stillen, dann zogen sie weiter.

Säckweise, so wurde herumerzählt, hatten die Juden damals Rubel, aber sie sind davongegangen, sie hatten Angst vor dem Judenhaß der Deutschen. Einmal wurde erzählt, ob es wahr ist, weiß ich nicht, daß eine Judenfamilie, die davongegangen ist, zu jemandem in Dóbenka gesagt haben soll, Wir haben nur ein Säckchen Geld, wir können nicht davonlaufen, wir kommen mit diesem Geld nicht weit. Wir hingegen ersparten kaum 100 Rubel. Die Mutter hat das ganze Jahr arbeiten müssen, um 46 Rubel zu bekommen. Getreide, Erdäpfel und Heu für eine Kuh ist uns vom Kolchos soviel zugeteilt worden, daß wir gerade davon leben und etliche Rubel ersparen konnten, aber mit diesen Rubeln, die uns blieben, haben wir Schuhe und Kleider gekauft. Alle Eier haben wir sorgsam gesammelt und verkauft. Verkauft haben wir natürlich auch die Milch. Obwohl die Kuh täglich siebzehn Liter Milch gab, was für damalige Kärntner Verhältnisse eine Spitzenleistung war, sagte meine Mutter, Mein Gott, das ist nur eine bessere Ziege, soviel Milch gibt ja fast schon eine Ziege her, eine Kuh kann in der Ukraine dreißig Liter Milch geben. Was glaubst du, was das bedeuten würde, wenn hier eine Kuh siebzehn Liter Milch gäbe! Wenn uns hier eine Kuh gute zehn Liter gibt, sind wir zufrieden. Das war eine braune Kuh, wie wir hier in Mooswald eine haben, die dritte von links, die im Stall steht, nur einen viel größeren Euter hatte unsere Kuh in Dóbenka. Die Mutter hat diese Kuh natürlich sehr gepflegt, sonst hätte sie nicht soviel Milch bringen können. Diese Kuh mußte ich mit den anderen im Anger hüten. Ein Kalb von dieser Kuh haben wir auch bekommen. Nach einiger Zeit hat aber

die Mutter dieses Kalb verkauft. Eine Kuh durften wir
ja haben, aber von dieser Kuh mußten wir jährlich
neunzig Liter Milch an den Kolchos abliefern. Die
Mutter hat eine Woche lang soviel Milch abgeliefert,
daß ihre Schuld abgetan war. Ich habe die Milch in den
Eimern zum Kolchos tragen müssen. Aus unserem
Haus, das habe ich schon erzählt, das uns Holowá
Kolhospu und Holowá Silrádi weggenommen haben,
haben sie ein Molkereigeschäft gemacht. Im großen
Zimmer, in dem einst mein Vater, die Mutter, die Lydia
und ich lebten, haben sie die Kälberkühe eingestallt,
vor allem im Winter, wenn es recht kalt war. Das kleine
Zimmer, das Kabinett, stand voller Milchkannen. Die
anderen Bauern, die ihre Milch an den Kolchos abliefern mußten, haben sie dorthin gebracht. Die gefüllten
Milchkannen wurden jeden Tag zur Sammelstelle geführt. Der Parkettboden unseres großen Zimmers war
rotlackiert. Die Kälberkühe standen und lagen auf
einem lackierten Holzboden und ließen ihre Fladen
fallen. Die Mutter war in ihrem Haus, das von den
Kolchosführern zu einem Stall umfunktioniert wurde,
die Kuhdirn. Während des Tages, bevor der Krieg
ausbrach, hat sie in unserem Haus, aus dem die Kolchosführer zuerst eine Molkerei machten, in dieser
Molkerei gearbeitet. Ein Jahr lang arbeitete sie für den
Kolchos in der Molkerei. Danach haben die Kolchosführer die Mutter in den Stall zu den Kühen gesteckt,
nachdem die Leute dort erfahren haben, daß die Mutter
mit den Kühen so gut umgehen kann, aber schlafen
gehen mußte sie ans andere Ende des Dorfes, wo wir
unsere Unterkunft hatten, in ihrem eigenen Haus
durfte sie nicht schlafen. Ja, aus ihrem eigenen Haus,

aus dem die Kolchosführer eine Molkerei gemacht haben und in der sie arbeiten mußte, haben sie die Mutter hinausgeworfen. Kannst du dir vorstellen, was es für meine Mutter bedeutet hat, zusehen zu müssen, wie diese Leute ihr alles ruiniert haben?

Als dann dieser Viecherzug Richtung Charkow durch die Straßen zog, wo viele gute Kühe dabei waren, kam der Mutter in den Sinn, ihre Kuh, die für unsere damaligen Verhältnisse wenig Milch hatte, für eine bessere umzutauschen. Sie hat eine Fleckkuh genommen und unsere braune Kuh dafür hergegeben. Die Leute, die den Viecherzug trieben, sagten, daß sie eine trächtige Kuh nehmen soll, in zwei Monaten wird sie kälbern. Das war eine große, schwere, schöne Kuh, der man, da sie trächtig war, nicht mehr zumuten konnte, im Viecherzug nach Charkow zu gehen, sie wäre sonst wahrscheinlich mit dem Kalb im Bauch auf der Straße zusammengebrochen. Unsere Kuh haben die Viehtreiber in ihren Viecherzug aufgenommen, während wir dafür diese schöne, trächtige bekommen haben. Am Abend, als es schon finster war, schaute die Mutter zum Fenster hinaus und sah ihre Kuh, die sie dem Zug überlassen hat, vor ihrer Haustür stehen. Die Treiber haben mit den Viechern im Wald übernachtet, und unsere Kuh ist einfach wieder zu meiner Mutter zurückgegangen. Die anderen Viecher haben im Wald und auf den Weiden gefressen, während unsere Kuh wieder zurückgegangen ist. Jetzt hatten wir zwei Kühe, aber kein Futter. Das Gras auf den Feldern wurde von den dahinmarschierenden Soldaten niedergetrampelt und von den Militärwägen niedergefahren. Als das Viechertreiben zu Ende war, die Viehtreiber, die Kolchosarbeiter mit den ganzen Viechern Richtung Charkow flüchteten, denn sie wollten den Deutschen kein einziges Vieh zurücklassen, ist das Militär gekommen. Auf der Nordseite des Dnjepr standen die Russen, auf der Südseite die Deutschen. Zwischen den Soldaten und den Geschossen mußten wir die Viecher weiden. Wir mußten die Viecher in den Wald treiben, daheim hatten wir kein Futter mehr, wir konnten die Viecher nicht verhungern lassen. Aber während wir die Viecher weiden mußten, ist nicht ein einziges Mal einem Viech oder einem Menschen etwas passiert, kein Hüter und keine Kuh wurden getroffen. Schule war damals keine mehr, es war doch alles durcheinander, die Lehrer, von denen die meisten bei der Kommunistischen Partei waren, sind auch davongegangen. In den Schulen und in den anderen Häusern hauste das Militär. Nahe dem Haus, wo wir wohnten, war ein Hügel, wo die Mutter und ich einen Bunker machten, damit wir uns vor den Granaten verkriechen konnten. Wir haben ein großes Loch ausgeschaufelt. Die Bretter, auf denen wir im Haus schliefen, haben wir in die Grube gelegt und drauf geschlafen. Stauden haben wir vor dem Loch aufgerichtet, und wenn wieder geschossen wurde, sind wir in den Bunker hineingekrochen und haben dort übernachtet. Ich habe aber die meiste Zeit, obwohl geschossen wurde, bei den Viechern auf der Weide verbringen müssen. Viel Gemüse, Wassermelonen und Paradeiser, ist von den großen Militärwägen, den Panzern, von den Pferden, den dahinmarschierenden Viechern und von den Soldatenkolonnen niedergefahren und niedergetrampelt worden, aber da und dort hat die Lydia, die zu dieser Zeit im Kolchos gearbeitet hat, noch etwas Eßbares gefunden und heimgebracht. Das Getreide konnte auch noch gedroschen werden, denn bis zu den Getreidefeldern war das deutsche Militär noch nicht vorgerückt. Die Lydia war die meiste Zeit auf den Getreidefeldern, während ich zwischen den Soldaten die Viecher auf der Weide gehütet habe. Ich war die Viehhüterin im Krieg.

Es dürfte wohl schon Mitte August gewesen sein, als wir zu dritt oder zu viert bei den Kühen auf der Weide waren. Die Deutschen haben von der Südseite des Dnjepr zu uns herübergeschossen. Wir Viehhüter sind in die Bunker geflüchtet oder haben bei den Soldaten Schutz gesucht, ja, wir haben uns da regelrecht zu den Soldaten hingehockt und haben hinter ihren Körpern Schutz gesucht, wenn geschossen wurde. Die Soldaten haben es geduldet, daß wir Viehhüter uns hinter ihrem Rücken verkrochen haben. Zu Mittag war es dann einmal ruhig geworden, wenige Schüsse fielen. Ich sagte zu den anderen Viehhütern, daß ich schnell heimlaufen, essen werde, dann komme ich wieder. Ich lief heim. Ich folgte dem Ruf der Mutter, daß ich um die Mittagszeit zum Essen heimkommen solle. Es waren nicht mehr als ein paar hundert Meter, die ich laufen mußte. Ich aß schnell und lief wieder zurück. Die Deutschen haben mich vom anderen Ufer des Dnjepr aus laufen sehen. Noch bevor ich die Straße überqueren und zu den Hütern und Viechern in den Wald hineinlaufen konnte, hörte ich schon hinter mir das charakteristische Pfeifen eines Geschosses. Im letzten Moment konnte ich mich hinter den Stamm einer kleinen Eiche retten. Schrapnell hat dieses Geschoß geheißen. Es zerreißt sich in der Luft, die Splitter fliegen ringsum und verletzen die Leute. Wenn es jemanden richtig erwischt hat, der ist von diesem Schrapnell erschlagen worden. Im letzten Moment also konnte ich mich hinter die Eiche retten, sonst hätte es mich erwischt. Es hat nicht sein dürfen, daß ich gestorben bin! Als es wieder ruhig wurde, bin ich von der Eiche wieder weg und weitergelaufen, in den Wald hinein, zu den Kühen und zu den Hütern hin. Ich bin sofort in den Bunker hineingekrochen und habe mich eine Zeitlang nicht mehr gerührt. Dieser Zwischenfall hat mich sehr erschreckt. Der Schrecken fuhr durch meine Glieder, aber als dieses Ereignis vorbei war, als ich diese Gefahr übertaucht hatte, hatte ich eigentlich nicht mehr soviel Angst. Als hätte mir diese überlebte Gefahr die Angst genommen.

Als es Herbst geworden war, haben wir die Viecher auf der anderen Seite der Straße gehalten, da die eine Seite schon abgegrast war. Wir mußten die Viecher aus dem Eichenwald von der einen auf die andere Straßenseite treiben. An dieser Straße aber lagerte das russische Militär. Unzählige Militärfahrzeuge und ein Haufen von Soldaten standen dort herum. Ich habe, während wir die Viecher von der einen auf die andere Straßenseite trieben, aufpassen müssen, daß die Viecher nicht zu weit vorgehen, denn wir wollten sie in ein bestimmtes Waldstück hineintreiben. Während die Viecher auf die Straße zugingen, haben sie auf dem Getreideacker, den Gurken- und Paradeiserfeldern alles zusammengetrampelt. An der Straße mit den Viechern angekommen, sahen wir, daß alles vom Militär blockiert war. Militärwägen, Pferde und Soldaten standen herum, und wir kommen mit den Viechern daher. Wir hatten große Mühe, die Viecher zwischen diesen Kolonnen von Wägen und Soldaten durchzutreiben. Große Unruhe entstand unter den Soldaten und den dahintrampelnden Viechern. Es kam ein großes Durcheinander heraus. Am anderen Ufer des Dnjepr war das deutsche Militär. Sie sahen dieses Durcheinander von Militärwagen, Menschen und Viechern und nützten es aus. Die Deutschen begannen zu schießen. Es hat nur so gejault! Kaum flog ein Geschoß über unsere Köpfe hinweg, kam schon das nächste. Mitten in die Menschen und mitten in die Viecher hinein haben die Deutschen geschossen. Ich habe wieder unter einem Baum, unter einer Eiche Schutz gesucht. Keine fünfzig Meter hinter mir ist auf der Straße eine Granate explodiert. Dort hat es einen Mann, einen russischen Soldaten, erschlagen. Ich habe den Toten nicht gesehen, ich habe nur am nächsten Tag gehört, daß dieser Soldat im Trichter umgekommen ist. Die Viecher haben sich natürlich auch erschrocken, sind damisch geworden, hielten ihren Schweif in die Höhe und flogen ab. Wir haben keine Viecher mehr gesehen. Hier vom Gemüsegarten aus gesehen bis zum Kuhgarten hinunter vielleicht, kaum hundert oder zweihundert Meter von meinem Versteck hinter dem Baum entfernt, wohnte meine jüngste Tante, die einen Bunker hatte. Auf allen vieren bin ich dorthin gekrochen. Der Mann dieser Tante war, wie ich schon erzählt habe, Aufsichtsjäger. In diesen Bunker bin ich hineingekrochen, während die Viecher durch die Gegend liefen und die russischen Soldaten vor den Geschossen der Deutschen Schutz suchten. Zwei Stunden lang, bis es finster wurde, ist noch bombardiert worden. Es hat nur so geregnet vor lauter Granaten. Drei oder vier große Erdtrichter wurden aufgerissen, Menschen wurden dabei aber, soviel ich weiß, keine verletzt. Die deutschen Soldaten haben immer über das Dorf, über Dóbenka geschossen. Ich glaube, daß die Deutschen die alten Leute im Dorf, die Frauen und die Kinder tatsächlich verschont haben, sie wollten nur die Soldaten und die Militärfahrzeuge treffen, die am Rande des Dorfes lagerten. Bei einem Haus sah ich einen Erdtrichter, der auch ein Stück Mauer von einem Haus mitgenommen hat, sonst wurde eigentlich nichts kaputt gemacht. Als es finster und ruhiger war, bin ich heimgegangen. Die Mutter hat daheim geplärrt, die Kühe sind heimgekommen und ich nicht. Sie hat geglaubt, ich lebe nicht mehr. Was glaubst du, wie ihr damals zumute war? Sie hat mich erwischt und an ihren Körper gedrückt: Дівко, дівко, а я думала, що тебе вже вбили! Dirndle! Dirndle! hat sie geschrien, ich habe geglaubt, du lebst nicht mehr! Da bin ich wieder einmal dem Tod entronnen. So haben wir halt fortgefochten bis in den Winter hinein.

Es kam das 42er Jahr, der Jänner. Die Lydia haben die Deutschen das erste Mal gefangengenommen, sie ist aber wieder davongegangen. Kaum aber war sie vierzehn Tage daheim, haben sie die Lydia wieder weggeschleppt. Die Lydia, die ja geschickt und raffiniert war, ist aber wieder davongekommen, und im ganzen hat sie den Deutschen fünfmal entwischen können, bevor sie das sechste Mal endgültig gefangengenommen wurde. Da haben die Deutschen aber uns beide erwischt und nicht mehr losgelassen. Die Führer im

Kolchos, die uns so gepeinigt haben, sind dann, als die Deutschen die Macht in unserer Gegend ergriffen, zu den Deutschen übergetreten. Das waren die sogenannten Überläufer. Diese Kollaborateure haben dann auch, als sie auf der Seite der Deutschen kämpften, eine Führerposition bekommen. Da hat sich dann spätestens der Charakter dieser Oberschädel herausgestellt. Die Deutschen haben dann ja, wie es die Russen vorgeführt haben, im Kolchos weitergewirtschaftet, nachdem sie ringsum die Dörfer eingenommen hatten. Der Arbeitsrhythmus in den Dörfern und der Rhythmus des Lebens begannen sich allmählich wieder zu normalisieren, es wurde wieder gearbeitet. Eineinhalb Monate war das so. Die Russen sind fortgezogen, aber die Deutschen sind drei Tage lang nicht gekommen. Drei Tage lang besetzten weder die Russen noch die Deutschen Dóbenka. Wir haben erwartet, daß die Deutschen sofort aus Tscherkassy kommen und das Dorf besetzen werden. Nach drei Tagen aber sind die deutschen Soldaten gekommen, und alle russischen Soldaten aus unserem Dorf, die der Deutsche gefangenhielt, hat er nach Dóbenka als Gefangene zurückgebracht. Die Deutschen haben die Russen eingekesselt. Bei Dnjepropetrowsk, vor Moskau, an der Wolga haben sie die russischen Soldaten und Truppen eingezwängt und alle Soldaten gefangengenommen. Wir, im Dorf, hatten eigentlich eine Mordsfreude, als die Deutschen kamen, was sich ja später als Irrtum herausgestellt hat. Wir haben hart gewartet auf die Deutschen. Wir wurden vorerst einmal durch die Deutschen von den eigenen diktatorischen Kommunisten befreit. Und als die Russen wegzogen und die Deutschen noch nicht Dóbenka besetzten, da sagte die Lydia, Jetzt gehen wir wieder in unser schönes Haus hinein. Das war das erste, was wir gemacht haben. Aber ausgeschaut hat es in unserem Haus! Die Fenster waren kaputt, alles mögliche war demoliert. An der anderen Seite des Waldes stand ein großer Stadel, in dem früher hundert Stück Vieh waren. Dieser Stadel gehörte jedoch nicht mehr zu unserem Dorf, sondern zu Kopansky, zum nächstliegenden Dorf, in dem wir in die Schule gingen. Die Viecher waren natürlich alle fort, kein Viech war mehr drinnen. In diesem Viehstall waren die Fensterscheiben kaum beschädigt worden, aber ich erzähle jetzt eine andere Geschichte dazwischen und kehre dann wieder zu diesem Viehstall und zu den Fensterscheiben, die ganz geblieben sind, zurück.

Als die Mutter mit ihrem Fuß so erkrankt ist, das war im 40er Jahr, Anfang März, es war noch sehr kalt, war die Lydia noch nicht daheim. Ich habe damals gar nicht verstanden, daß diese Erkrankung sogar lebensgefährlich ist, heute, da ich selber mit meinen Füßen so leiden muß, denke ich öfter darüber nach. Ich glaube, daß es eine Venenentzündung war, jedenfalls hatte die Mutter auf dem Knie ein großes Geschwür. Ihr Fuß färbte sich blau. Jetzt, während ich das erzähle, fällt mir dieser blaue Fuß ein, daran habe ich überhaupt nicht mehr gedacht, daß sich ihr Fuß blau gefärbt hat. Sie saß, als ich und die Tante zur Tür hereinkamen, zu der ich gegangen war, um sauren Rahm zu holen, hinter den Trümmern des Ofens, der zusammengebrochen war, während ich zur Tante ging. Die Ziegel des Ofens fielen auf sie nieder. Halb begraben lag sie unter diesen Ofentrümmern und konnte sich nicht mehr rühren. Sie schimpfte mit mir, als ich heimkam, und fragte mich, warum ich denn so lange wegbleibe. Ich habe meine Mutter regelrecht ausgraben, die Trümmer des zusammengebrochenen Ofens von ihr wegheben müssen. Es war ein unfertiges Zimmer, in dem das passierte, in diesem Zimmer hielten wir gewöhnlich unser Schwein. Eine Hütte für das Schwein haben wir erst später gebaut.

Krank, mit dem Geschwür am Knie, das an ihrem Körper zerrte, lag die Mutter im Haus, neben dem Ofen, wo wir immer übernachtet haben. Sie sagte, bevor dieses Mißgeschick mit dem Ofen passierte, daß ich zur Tante gehen und saueren Rahm ausleihen soll. Vierzehn Tage lang schon ertrug die Mutter die Schmerzen auf dem Knie und lag auf der Pritsche. In dieser Zeit habe ich natürlich alles tun müssen, was sie sonst getan hat, kochen, das Haus sauberhalten, die Viecher habe ich versorgen müssen. Die Mutter beauftragte mich, daß ich auf die Straße und zu den Feldwegen gehen und den Roßmist zusammentragen soll. **Осъ я покладу кінський навоз на рану, може буде краще, може й запалення пройде.** Ich werde den Roßmist auf den kranken Fuß legen, vielleicht geht dann die Entzündung wieder zurück, vielleicht wird es dann besser, sagte die Mutter. Ich habe den Roßmist auf den Wegen und auf den Äckern gesucht und heimgetragen. Ich habe den Roßmist, wie es mir meine Mutter aufgetragen hat, gewärmt und auf ihr geschwollenes, blaues Knie gelegt. Vierzehn Tage lang hat sie diesen aufgewärmten, stinkenden Roßmist auflegen lassen, aber ihr Fuß hatte schon alle Farben bekommen, er wurde gelb, blau und grün. Es war gut,

daß ich damals als Kind nicht verstanden habe, daß
diese Krankheit lebensgefährlich war. Die Mutter
hätte ja draufgehen können. So mußte ich halt an ihrem
Fuß herumdoktern, Lehm mußte ich ebenfalls auflegen, Lehm hat es draußen in Rußland genug gegeben.
Wir haben jedes Wochenende mit dem Lehm den Küchenboden hinausgewischt. Vielleicht waren die Leute
draußen in Rußland deswegen so gesund, weil die
kleinen Kinder, wenn es im Sommer heiß war, in der
Küche auf dem Boden, der mit dieser Lehmsuppe
hinausgewischt worden ist, geschlafen haben. Über
dem Lehmboden haben wir eine Decke ausgebreitet
und drauf geschlafen. Im Sommer legten wir gewöhnlich Seegras auf die Decke. Dieses Seegras haben wir
im Frühjahr, wenn es wuchs, gegessen. Es war süß wie
Zuckerrohr. Das dicke Bodenstück dieses Seegrases
konnte man essen. Im Sommer habe ich dieses Seegras
abgeschnitten, vor allem samstags, wenn ich mit der
Lehmsuppe den Küchenboden hinausgewischt habe.
Reihenweise habe ich das Seegras ausgelegt, einmal
eine Reihe, dann wieder eine Reihe. Ich stellte mich, als
ich mit der Arbeit fertig war, hin und habe den frischen
Boden mit dem Seegras angeschaut. Das hat mich sehr
beeindruckt, das war sehr schön. Das hat dann so gut
geschmeckt, das Fenster war gewöhnlich offen, das
war dann alles so frisch. Ich war dann, als ich den
fertigen Boden sah, stolz auf mich, das war sehr ange-
nehm, das hat mir gutgetan.
Diesen Lehm habe ich ebenfalls aufgewärmt und der
Mutter auf den kranken blauen Fuß gelegt. Die Mutter
sagte also zu mir, daß ich zur Tante gehen und sauren
Rahm ausborgen soll. Damals hatten wir noch keine

Kuh. Die Mutter wollte diesen sauren Rahm auf ihr krankes Knie legen. Ich bin zum Haus der Tante gelaufen, das ungefähr eine halbe Stunde Fußweg von unserem Haus entfernt war, und habe die Tante um den sauren Rahm gebeten und ihr erzählt, daß die Mutter den sauren Rahm auf ihr entzündetes Knie legen will. Wart ein bißchen, sagte die Tante, ich komme mit zu deiner Mutter, ich habe nur noch eine kleine Arbeit zu verrichten, dann komme ich mit, wart ein bißchen. Ich wartete, bis die Tante die Arbeit erledigt hatte und die Kinder versorgt waren. Das dauerte eine Zeitlang. Die Tante hatte ja auch fünf Kinder. Als wir zurückkamen, war der Ofen über der schwerkranken Mutter zusammengebrochen. Sie lehnte, die Trümmer des Ofens auf ihrem Körper, in der Ecke und schrie vor Schmerzen. Mit Müh und Not, erzählte sie, hat sie sich noch halten, halb unter den Trümmern des Ofens herausschleppen können, sonst wäre sie wahrscheinlich erstickt. Dort in der Ecke lehnte sie, als wir zur Tür hereinkamen, halb unter den Ofentrümmern. Ihren kranken Fuß stützte sie auf ein paar Ziegel, die aus dem Ofen gebrochen waren, und wartete auf mich. Was glaubst du, was das für ein Schock für mich war, als ich zurückkam und den Trümmerhaufen des Ofens und die Mutter daneben am Boden liegen sah, schreiend vor Schmerzen. Die Mutter schimpfte mit mir und fragte mich, warum ich denn solange wegbleibe, warum ich denn nicht schneller mit dem sauren Rahm gekommen bin. Die Tante und ich hoben die Mutter auf die Leschanka, auf diese Bretter, auf denen die Mutter und ich übernachtet haben.

Ein paar Tage danach ist dieses Geschwür am Knie

aufgebrochen. Ein halber Eimer Eiter ist herausgeronnen. Was glaubst du, was das für ein Schmerz gewesen sein muß, diesen Eiter herauszudrücken! Vier oder fünf Tage lang hat die Mutter immer wieder diesen Eiter herausdrücken müssen, es ist immer wieder frischer Eiter nachgekommen, bis dieser Hautsack am Knie einmal leer wurde. Eine große Narbe ist als Zeichen ihrer Krankheit auf ihrem Knie zurückgeblieben. Ich kann mir nur vorstellen, daß diese Geschwulst von einer Venenentzündung gekommen ist. Ich kann mir nicht vorstellen, was es sonst gewesen sein könnte. Aas war es keines. Als die Wunde verheilt war, konnte die Mutter wieder gehen und arbeiten. Es war weder ein Doktor noch ein Krankenpfleger gekommen. Es ist mir auch nicht einmal in den Sinn gekommen, zu einem Doktor zu fahren. Verlangt hat ihn die Mutter nicht, sie hat die meisten Krankheiten selber geheilt, sie war ihr eigener Doktor. Es hätten, wäre sie zu einem Doktor gegangen, die Nachbarn kommen und die Mutter mit einem Wagen, an den ein Roß gespannt ist, in die Stadt fahren müssen. In Dóbenka und in den ringsumliegenden Dörfern gab es keinen Doktor. Ins Haus gekommen ist der Doktor nicht, schon gar nicht zu den armen Leuten. Ich hätte ins Kolchos gehen und zu jemandem sagen müssen, daß die Mutter ins Krankenhaus gebracht werden muß. Sie hätten die Mutter wahrscheinlich schon ins Krankenhaus gebracht, der Krankenhausaufenthalt kostete die Leute in Rußland nichts, aber die Mutter hatte solche Schmerzen, daß sie es nicht erlitten hätte, auf einen Wagen mit eisernen Rädern gelegt zu werden, an den ein Roß angespannt ist, das mit ihr und dem Fahrzeug, einem Heuwagen wahrscheinlich, in die Stadt, ins Krankenhaus gefahren wäre. Außerdem war die Mutter während dieser Krankheit in einem fieberhaften Zustand. So haben wir uns selber gesundgedoktert. Wo bin ich aber jetzt vor dieser Geschichte mit dem kranken Fuß, die sich vor dem Ausbruch des Krieges ereignet hat, stehengeblieben?

Ja, die Russen haben sich zurückgezogen, bevor die Deutschen mit den russischen Gefangenen in Dóbenka eingezogen sind. In den drei Tagen also, als weder die Deutschen noch die Russen in unserem Dorf waren, sind wir wieder – die Lydia war frech genug und stiftete uns dazu an – in unser schönes Haus gezogen, das damals der Wassilij und die Hapka gemeinsam gebaut haben. Wir übersiedelten mit unserem ganzen Zeug. Unser damals so schönes Haus, es war eines der schönsten Häuser in Dóbenka, war von den Soldaten ziemlich demoliert und kaputt gemacht worden. Die Soldaten hatten die Türen ausgehängt, Bretter aus den Böden und von den Wänden gerissen, den rotlackierten Parkettboden haben sie regelrecht aufgerissen, und mit diesen Brettern und Türen sind sie in den Wald gegangen, in den großen schönen Eichenwald, in dem Bäume standen, die schon mein Großvater gepflanzt hat, und haben dieses Holzmaterial für ihre Bunker verwendet, die sie in diesem Eichenwald zum Schutz gegen die schießenden und bombardierenden Deutschen gebraucht haben. Die Lydia ist in den Eichenwald gegangen, hat die Türen und Bretter aus dem Bunker geholt und ist damit heimgegangen. Die Türen hängten wir wieder in unserem Haus ein. Dann ist aber der Oberschädel des Kolchos, der es gesehen hat, zu uns gekommen. Er rückte nicht ein, da er dieses Kolchos weiterführen und beaufsichtigen mußte. Holowá Kolhospu kam zum Haus meiner Eltern. Zur Lydia gewandt sagte er, Jetzt sind die Deutschen noch nicht einmal ins Dorf eingezogen, und du ziehst schon in dein Haus ein. Du hast überhaupt kein Recht, in dieses Haus einzuziehen. Die Lydia war damals zweiundzwanzig Jahre alt, war in jeder Beziehung ein robuster Typ. Verschwinde, sagte die Lydia, sonst bekommst du eines auf dein Hirn! Die Lydia hat sich nichts mehr sagen lassen. Holowá Kolhospu ist wieder verschwunden. Wir arbeiteten weiter. Die Fenster unseres Hauses waren zum Großteil durch die Bombenangriffe und durch dieses Schütteln des Hauses kaputtgegangen, abgesehen davon war es in der letzten Zeit von niemandem gepflegt worden.

Jetzt schließe ich wieder dort an, wo ich einmal abgebrochen habe. Ich erzählte von einem großen Stall, der unweit von unserem Dorf stand, aber bereits zur nächsten Ortschaft gehörte und in dem früher einmal hundert Viecher gehaust haben, die auch beim Viehtrieb Richtung Charkow mitgegangen sind. Aus diesem Stall haben wir die Scheiben, die noch ganz waren, für unsere Fenster geholt. Wir hatten in unserem Haus keine einzige Fensterscheibe angetroffen, die nicht hin war. Wir haben die Scheiben aus dem Stall herausgenommen, zugeschnitten und in die Fenster unseres Hauses, des Hauses von Hapka und Wassilij, eingesetzt. Der Onkel Pjotr war es, der die Scheiben zugeschnitten und eingesetzt hat. Als wir mit den schweren Scheiben unterwegs waren, kam uns eine Frau aus dem Dorf entgegen und sagte: Лідо, ховайся, ховайся, бо німці прийшли. Німці беруть гарних руських дівчат. Замажся хоч сажою, хоч гряззю, така, яка ти зараз, не йди у село, а то тебе візьмуть, згвалтують. Німці насилують гарних руських дівчат. Ховайся, Лідо! Lydia! versteck dich, versteck dich, die Deutschen sind da. Die Deutschen vergewaltigen die schönen russischen Dirndlen. Du sollst dich wenigstens mit Ruß oder Dreck anschmieren, du darfst so, wie du jetzt aussiehst, nicht ins Dorf gehen, sonst nehmen sie dich mit. Die Deutschen vergewaltigen die schönen russischen Dirndlen, versteck dich, Lydia! Die Lydia hat sich wohl ein bißchen dreckig gemacht, wir waren sowieso dreckig, wir kamen doch mit den Scheiben aus dem Stall, aber die Lydia sagte zur Frau, von der sie gewarnt wurde: А я не боюся німців! Ich habe keine Angst vor den Deutschen! Als wir mit den Glasscheiben ins Dorf kamen, sahen wir ein paar deutsche Soldaten. Wir waren doch froh, als die Deutschen kamen. Die Deutschen waren unsere Befreier. Die Deutschen befreiten uns von den Kolchosführern von Dóbenka, die uns ununterbrochen tyrannisiert haben. Zu unserem Erstaunen aber kamen nicht viele deutsche Soldaten nach Dóbenka. Es waren eigentlich so wenige, daß wir kaum merkten, daß deutsche Truppen in unserem Dorf waren. Die Weiber im Dorf hatten eine Mordsangst vor den deutschen Soldaten. Es sprach sich das Gerücht herum, daß die Deutschen die schönen russischen Frauen vergewaltigen. Einmal kam ein deutscher Soldat zu uns ins Haus und fragte um ein paar Eier. Wir verstanden natürlich nicht Deutsch und er nicht Russisch. Er hockte sich auf dem Boden nieder, machte Flügelbewegungen mit den

Armen und ahmte die Schreie eines Huhns nach. Wir lachten und gaben dem deutschen Soldaten ein paar Eier.

Zu dieser Zeit, als die Deutschen Dóbenka besetzten, waren wir eigentlich wieder zufrieden. Wir sind wieder in unser schönes Haus eingezogen, haben wieder alles hergerichtet, was kaputt gemacht worden war, und haben die Wände ausgeweißt. Wir waren froh, endlich wieder in unserem Haus, im Haus von Hapka und Wassilij sein zu können. Wir hatten wieder genug zu essen, wir konnten die Viecher halten und auf den Feldern wieder alles mögliche anbauen. Das Grünzeug auf den Feldern war allerdings alles von den Militärwägen und Soldatenkolonnen niedergetrampelt, es hatte sich noch nicht erholt. Während die Soldaten auf den Feldern waren, konnten wir natürlich nicht mähen. Ende August ist das russische Militär weggezogen, Anfang September sind wir wieder in unser Haus eingezogen. Das hat sich im 41er Jahr ereignet. Es war schwierig für uns, denn wir hatten damals zwei Kühe, aber kein Futter, kein Gras und kein Heu. Wir trieben die Kühe auf die niedergetrampelte Weide. Sie fraßen, was sie noch finden konnten. Bis Weihnachten aber ist damals kein Schnee gefallen, es war gefroren, es war kalt, aber kein Schnee. Wir mußten das dürre Futter auf dem Eis der Tümpel zusammenmähen, es wuchs schon Eis zwischen den dürren Halmen. Die Halme lagen über dem Eis. Wir mähten das Schilf nieder und gaben es den Viechern. Es lag recht viel dürres Futter auf dem Eis, aber dieses Futter hatte keine Nährstoffe mehr. Die Viecher haben es wohl gefressen, aber dieses dürre Futter war nur ein Bauchfüller, mehr nicht. Im

Frühjahr waren die Viecher aber schon sehr geschwächt, weil wir ihnen wenig gesundes Futter, Futter mit wirklichen Nährstoffen, geben konnten. Es war schon Spätherbst, wir haben Holz für den Winter herrichten müssen. Wir sind in den Wald gegangen und haben das Holz, das am Boden lag, gesammelt, mit einem Strick zusammengebunden und auf dem Buckel heimgetragen. Eichenholz haben wir zusammengeklaubt, Stauden zerhackt und heimgetragen. Eine halbe Stunde oder gar eine Stunde lang mußten wir mit dem Holz gehen, bis wir heimkamen. Für unser Holzhaus hat damals der Vater eigenhändig die Eichen in unserem Wald gehackt. Die Eichenstämme wurden beim Hausbau übereinandergelegt, befestigt und dann erst wurden sie auf beiden Seiten, auf der Innen- und Außenwand, verstukkaturt. Das hat natürlich das Haus sehr warm gehalten. Haben wir den Ofen am Abend eingeheizt, so hatten wir bis in den nächsten Morgen hinein warm. Wenn es in Rußland damals solche Häuser gegeben hätte wie hier in Kärnten, dann wären wir alle erfroren. Haben wir in der Früh eingeheizt, so hatten wir den ganzen Tag über warm. Der Vater mauerte auch Lehmziegel in die Wände hinein. Die Lehmziegel haben das Haus warm gehalten. Nachdem die russischen Soldaten abzogen, konnten wir uns alles, was wir brauchten, um das Haus abzudichten und uns vor der Kälte zu schützen, heimtragen. So haben wir überwintert.

Im 42er Jahr haben die Deutschen schon damit begonnen, die Leute aus Dóbenka zusammenzufangen, um sie nach Deutschland zur Zwangsarbeit zu verschleppen. Vom 42er Jahr bis zum Frühjahr des 43er Jahres haben die Polizisten die Lydia fünfmal gefangengenommen, immer wieder konnte sie ihnen entwischen und heimkommen. Nachdem die Lydia den Deutschen das fünfte Mal entwischt war, versteckte sie sich in Tschornowai. Die ukrainischen Polizisten, die für die Deutschen gearbeitet haben, kamen wieder und sagten zur Mutter, daß sie wissen, daß die Lydia im Haus ist, daß sie mitkommen soll. Gib die Lydia heraus, sonst nehmen wir dich mit, sagten sie zur Mutter. Die Mutter sagte, daß die Lydia nicht da ist, daß sie nicht wisse, wo die Lydia ist und deshalb nichts sagen könne. Die Lydia war ja tatsächlich nicht daheim, sie versteckte sich in Tschornowai, das war rund fünfunddreißig Kilometer von Dóbenka entfernt. Früher hat die Lydia in Tschornowai gearbeitet, deshalb kannte sie sich in dieser Stadt schon aus und konnte nicht so ohne weiteres verloren gehen.

Bevor ich dir diese Geschichte weitererzähle, fällt mir etwas ein, das die Kühnheit meiner Schwester ein bißchen illustrieren soll. In der Vorkriegszeit wurde in Dóbenka ausgerufen, daß von jedem Haus eine Person gratis einen Traktorkurs machen darf. Damals sind gerade die Traktoren aufgekommen. Von den vierundachtzig Häusern in Dóbenka hat sich kein einziges Mannsbild gemeldet. Gemeldet aber hat sich unsere Lydia! Sie hat den Traktorführerschein in Tschornowai gemacht. Die Lydia ist dort auf den Feldern von Tschornowai mit dem Traktor gefahren. Einmal, während dieser Feldarbeiten, hat sie sich an einer Egge, die vom Traktor durch den Acker gezogen wurde, verletzt. Ein Eisennagel der Egge hat ihren Fuß durchbohrt. Mehrere Tage mußte sie im Spital liegen, aber der Fuß ist wieder verheilt.

Dort in Tschornowai hat sich also die Lydia versteckt. Die Polizisten aber haben, nachdem die Mutter sagte, daß die Lydia nicht daheim und sie auch nicht weiß, wo sie ist, ihre Drohung wahr gemacht und tatsächlich meine Mutter statt der Lydia mitgenommen. Das war den Polizisten ganz egal, wenn es auch eine alte, kranke Frau war, die sie mitschleppten, sie haben die Mutter einfach mitgenommen und mich alleine zurückgelassen. Mein Gott, habe ich damals aber geschrien, ich war vollkommen verzweifelt. Tag und Nacht habe ich um meine Mutter geschrien. Am nächsten Tag kam die Lydia aus Tschornowai zurück. Da hab ich aber mit der Lydia geschrien, weil unsere Mutter wegen ihr mitgenommen wurde. Ich war vollkommen hysterisch. Ich bin fast damisch geworden vor lauter Verzweiflung. Damals war ich dreizehn Jahre alt. Dirndle, plärr nicht, ich komme wieder zurück, was werden sie schon mit mir machen, ich bin eine alte, kranke Frau, mich können sie ja nicht mitnehmen, plärr nicht, ich komme wieder, sagte meine Mutter zu mir, als sie mit den Polizisten gehen mußte.

Ja, mitgenommen haben die Deutschen meine Mutter, obwohl sie durch ihre Krankheit, durch ihre Blutstürze, die sie damals hatte, vollkommen ausgemergelt war. Jedes Jahr hatte die Mutter diese Blutstürze. Vielleicht hingen ihre Blutstürze auch damit zusammen, weil sie keinen Mann mehr hatte und so schwer arbeiten mußte. Wahrscheinlich war die Gebärmutter stark ausgedehnt. Hat sie sich überhoben, dann hat sie wieder einen Blutsturz bekommen. Vor allem in den Wechseljahren hat sie diese Schwierigkeiten bekommen. Diese Krankheit haben aber, soviel ich weiß, auch andere russische Frauen in den Wechseljahren bekommen. Zog die Mutter ihre Kleider aus, konnte man ihre Rippen am Brustkorb sehen, das Schlüsselbein konnte man sehen und die Beckenknochen standen weit hervor. Arbeiten mußte sie freilich ihr Lebtag, meiner Mutter wurde nichts geschenkt. Allein der Kampf ums bloße Überleben hat sie vollkommen aufgezehrt. Sie mußte ja schauen, daß wir zum Essen, zum Anziehen, daß wir im Winter eine warme Stube hatten. Sie hat natürlich immer ihre Gosche, ihren Mund halten müssen, sie ist Zeit ihres Lebens unterdrückt worden. Wenn nicht von ihrer Schwiegermutter, so später von den Kolchosoberschädeln von Dóbenka. Sie hat ja auch immer gehofft, daß der Wassilij wieder auftaucht, daß er zurückkommt, daß er sich wenigstens einmal meldet und sagt, daß er am Leben ist. Aber der Wassilij hat sich nie mehr bei der Hapka gemeldet. Wahrscheinlich konnte er sich bei der Hapka nicht mehr melden. Wahrscheinlich ist er umgebracht worden. Er kann natürlich auch an einer Krankheit gestorben sein, wir wissen es nicht. Ich kann mir nicht vorstellen, daß er sich, wenn er noch am Leben wäre, bei der Mutter nicht einmal gemeldet hätte. Oft hatte die Mutter Gelegenheit, wieder zu heiraten. Einige Leute sind gekommen und haben ihr einen Heiratsantrag gemacht. Sie war eine fesche und intelligente Frau, das wußten die Leute, sie war fleißig und verstand die Arbeit. Nein, sagte die Mutter, wenn jemand kam und ihr einen Heiratsantrag machte, ich weiß nicht einmal, ob der Wassilij noch lebt oder ob er tot ist, ich weiß nicht, ob ich eine Witwe bin, vielleicht kommt der Wassilij gar zurück, und da möchte ich dann nicht noch einmal verheiratet sein, ich halte auf jeden Fall zum Wassilij, obwohl ich nicht einmal weiß, ob er noch lebt. Der Wassilij, mein Vater, konnte damals nicht heimkommen, er mußte ja flüchten, als uns die Kolchosführer das Haus weggenommen hatten. Sie hätten ihn massakriert oder nach Sibirien geschickt, wie all die andern, die gegen dieses Gewaltregime rebelliert haben. Außerdem wären wir damals doch beinahe verhungert, konnten uns kaum am Leben erhalten, und der Vater hätte sich als Invalide noch schwerer getan. Er hätte wahrscheinlich nicht so leicht wie die Mutter bei der Brückenbaustelle am Dnjepr Arbeit gefunden. Die Mutter hat natürlich immer wieder gehofft, daß er ein Lebenszeichen von sich gibt, daß er schreibt und wenigstens sagt, daß er am Leben ist, oder daß er plötzlich auftaucht, diese Hoffnung hat sie nie aufgegeben. Oft hat meine Mutter gesagt: **Як я схочу, то знайду собі чоловіка, а мої діти не знайдуть другого батька. Не хочу я виходити заміж, не хочу я нікого другого. А я все вірю, що мій Василь ще колись повернеться.** Ich krieg wohl einen Mann, wenn ich will, aber meine Kinder kriegen keinen Vater mehr, ich will nicht mehr heiraten, ich will keinen anderen Mann, ich gebe die Hoffnung, daß der Wassilij vielleicht doch noch zurückkommt, nicht auf. Als die Tochter des Dorfschmieds freiwillig nach Deutschland ging, hat die Mutter, kurz bevor die Lydia und ich verschleppt wurden, den Dorfschmied zu sich ins Haus genommen. Er war schon ein alter Mann und blind. Meine Mutter hat diesen blinden Schmied, der alleine war, gepflegt, hat ihm zu essen und ein Daheim gegeben. Die Mutter haben also die Deutschen, nachdem sie die

Lydia nicht auffinden konnten, mitgenommen. Sie haben ihre Drohung wahr gemacht. Am dritten Tag aber ist die Mutter wieder zurückgekommen. Die Ärzte haben sie wieder freigelassen. Ich habe vor Freude geschrien, bin auf sie zugelaufen, habe sie umarmt und gehalst. Бачиш, дівчино, я ж тобі казала, що я знов прийду додому. Siehst du, Dirndle, ich habe dir wohl gesagt, daß ich wieder heimkomme. Natürlich hat auch die Mutter geplärrt, als sie mich wieder in ihre Arme schließen konnte, sie sah ja, wie verzweifelt ich war und wie ich mich gefreut habe, als sie wieder heimkam. Die Mutter erzählte, daß sie von den Polizisten bis Kiew gebracht wurde. In Kiew hatte sie die erste ärztliche Untersuchung. Vor einer Ärztin mußte sie sich ganz ausziehen. Die Ärztin schlug, als sie ihren ausgemergelten, nackten Körper sah, die Hände über dem Kopf zusammen und sagte, Um Gottes willen, was sind denn das für Leute, daß sie solche ausgemergelte Menschen zur Zwangsarbeit ins Ausland schicken wollen. Das war eine russische Doktorin, die für die Deutschen gearbeitet hat. Es hat damals viele solche Überläufer gegeben. Die Deutschen waren wahrscheinlich wohl für die Hälfte der Menschen, die unter dem damaligen Gewaltregime leiden mußten, die Befreier. Nach dieser Untersuchung ließen sie aber die Mutter wieder heimfahren. Die Mutter wußte eigentlich schon, daß die Ärzte unmöglich so eine ausgemergelte Frau zur Zwangsarbeit ins Ausland schicken konnten. Deshalb sagte sie zu mir, daß sie wiederkommen wird, daß ich keine Angst haben muß. Wenn sie nicht gewußt hätte, daß man sie wieder heimschicken wird, hätte sie mich nicht in Dóbenka zurückgelassen.

Meine Mutter hätte mich mitgenommen. Trotzdem weiß man das nicht genau, es hätte ja sein können, daß sie trotz allem nicht mehr zurückkommt, hundertprozentig konnte sie nicht wissen, daß sie wieder heimfahren darf. Wenn sie nicht gekommen wäre, wäre ich damals wahrscheinlich damisch geworden. Ich weiß nicht, was mit mir geschehen wäre. Das war im Jänner oder im Feber des 42er Jahres.

Im Sommer des 42er Jahres habe ich schon im Kolchos auf den Getreidefeldern arbeiten müssen. Schulunterricht gab es damals keinen mehr. Bei der Getreideernte wurden zwei Rösser an eine Mähmaschine angespannt. Weizen wurde geschnitten, als ich mithelfen mußte. Ich mußte die Bänder tragen. Der eine Arbeiter saß auf der Mähmaschine, der andere führte die beiden Rösser, an die die Mähmaschine angespannt war. Wenn ein Büschel Getreide geschnitten war, hat es der Arbeiter auf den Boden geworfen, während ich die Bänder auf diese Büschel Getreide schmeißen mußte. Überall standen die Schnitter mit den Sicheln. Die Schnitter schnürten das Getreide mit diesen Bändern, die ich auf die Büschel warf, zusammen. Ich mußte die Getreidebüschel zählen und zu jeder Person sagen, Diese zehn Stück sind für dich, und zur anderen, Diese zehn Büschel sind für dich. Den ganzen Tag war ich mit meinen nackten Beinen auf den gelben Stoppelfeldern. Die Rösser sind schnell gegangen, und ich habe regelrecht nachlaufen müssen. Diese Bänder waren nicht aus den Stengeln des Getreides, sondern aus langhaarigem Gras gemacht. Zuhause mußten die Schnitter zuerst mit dem Gras diese Bänder herrichten, bevor sie auf den Getreideacker gehen konnten. Das ist alles so schnell gegangen, daß ich, während ich mitzählen und jedem zehn Büschel Getreide zuteilen mußte, manchmal außer Rand und Band kam und eigentlich nicht mehr genau wußte, ob ich dem einen Arbeiter auch wirklich zehn Büschel zugeordnet hatte. Die Weiber, die Schnitter haben schon zu schimpfen begonnen, als sie merkten, daß ich durcheinander kam. Mit bloßen Füßen mußte ich über das Stoppelfeld laufen, das hat furchtbar gestupft an den Fußsohlen. Das Getreide wurde sehr tief geschnitten, deshalb waren auch die Stengel dementsprechend hart. Unter den Zehen war meine Haut total aufgeschürft. Die ganze Nacht konnte ich nicht schlafen, weil mir die Wunden an den Füßen so weh getan haben. Ich habe gejammert und gesagt, daß ich diese Arbeit nicht mehr machen kann. Dann haben sie mich zum Würmerzusammenklauben angestellt, die Würmer am Raps mußte ich zusammenklauben. Damals wurden die Felder nicht mit chemischen Mitteln bespritzt, das Ungeziefer mußte zusammengeklaubt werden. Ich habe die Würmer in Flaschen füllen müssen. Ich habe mich furchtbar davor gegraust, ich hatte bis dahin keine Würmer angegriffen, jetzt mußte ich Tausende und Abertausende Würmer auf dem Rapsacker zusammenklauben und in Flaschen füllen. Vor jedem Wurm, den ich mit meinen bloßen Händen angreifen mußte, hat es mich gegraust. Viel lieber wäre ich der Roggenschneidemaschine und den beiden Rössern nachgelaufen, als diese Würmer zusammenzuklauben und in Flaschen abzufüllen. Ja, das waren so komische graue Würmchen, die wir in die Flaschen füllen mußten, sonst hätten diese Viecher den ganzen Raps zusammengefressen. Zu dieser Zeit, als ich im Kolchos arbeiten mußte, konnte die Mutter daheim bleiben, haben die Lydia und ich gearbeitet. Früher mußte die Mutter für uns im Kolchos arbeiten, jetzt, nachdem sie krank war, ihre Blutstürze hinter sich hatte, arbeiteten die Lydia und ich für unsere Mutter. Während dieser Getreidearbeiten haben aber schon die Deutschen das Kolchos übernommen. Die Deutschen haben es genauso weitergeführt, wie es die Russen begonnen hatten.

Im Frühjahr waren unsere beiden Kühe, die nichts anderes zu fressen hatten als dieses ausgezehrte Gras, das fast keine Nährstoffe hatte, vollkommen abgemagert. Eine der beiden Kühe war trächtig. Sie hätte das Kalb austragen sollen, aber die Kuh war schon so abgemagert und so geschwächt, daß sie sich nicht einmal erheben konnte. Als wir, wie ich schon erzählt habe, in unser Haus eingezogen waren, schätzten uns die Leute von Dóbenka wieder. Wenn sie Rat und Hilfe brauchten, kamen sie zu meiner Mutter, und die Dorfleute haben auch meiner Mutter geholfen, wenn es an der Not war. Die Dorfleute haben die trächtige Kuh aufs Boot gehoben, ans andere Ufer des Dnjepr gebracht und in den Wald hineingetragen, weil dort das Gras schon saftig wuchs. Die Kuh hat im Wald gekälbert, das Kalb ist hin gewesen, es war eine Totgeburt, aber die Kuh war bald danach auch hin. Sie ist im Eichenwald nur mehr auf allen vieren dahingekrochen, sie konnte nicht mehr aufstehen, auf einmal ist sie liegengeblieben und war hin. Die andere Kuh aber hat überlebt, die ist wieder zurechtgekommen. Von den Zuckerrüben und von den Erdäpfeln haben wir Schnaps gebrannt und dieser Kuh gegeben.

214

Das Dirndle aus Rußland, das Enkelkind meines Cousins, der schon lange gestorben ist – er wurde nur vierzig Jahre alt –, hat mir einmal geschrieben, daß ihre Mutter erzählte, wie ich daheim den Schnaps, der hinter dem Ofen stand, gestohlen und mit ihrer Mutter getrunken habe. An das kann ich mich gar nicht mehr erinnern! Ich glaube es aber, Blödsinn haben wir ja auch gemacht. Dieses Dirndle aus Rußland hat mir aber lange nicht mehr geschrieben, ich weiß nicht, was los ist, zweimal habe ich schon wieder nach Rußland geschrieben, aber es ist keine Antwort gekommen. Mit dem Hans, meinem jüngsten Sohn, ist dieses Dirndle gleich alt. Dieses Dirndle hat mir einmal ganz überraschend geschrieben und mich gefragt, ob ich mich noch an diese Geschichte mit dem Schnaps erinnern kann.

Im Jänner des 43er Jahres wurde in Dóbenka lautgemacht, daß von jedem Haus eine Arbeitskraft nach Deutschland übersiedeln muß. Nach Nimetschina, so sagten wir zu Deutschland, muß eine Arbeitskraft gehen, sozusagen einrücken. Ungerechterweise mußten aus unserer Familie zwei Personen, die Lydia und ich, mitgehen. Holowá Kolhospu, der das Kommunistische Kolchos in Dóbenka führte, leitete dieses Kollektiv auch noch, als es schon von den Deutschen übernommen worden war. Diese Oberschädel stellten sich immer an die Seite der Macht. Die Lydia wollte diese Kommunisten, die für die Deutschen gearbeitet haben, bei der Kommunistischen Partei anzeigen, aber die Mutter sagte, Laß sie doch, es ist vielleicht besser, daß sie jetzt für die Deutschen arbeiten. Mausleise sind diese Kommunisten geblieben und haben im Kolchos für die Deutschen gearbeitet. Die Deutschen haben die Führung des Kolchos aufrechterhalten, nachdem es keine Tumulte oder sonst irgendwelche Unruhen oder Widerstände gab. Wenn die Lydia diese Stürzler, diese Kollaborateure der Kommunistischen Parteizentrale ausgeliefert hätte, wären sie sofort damit abgefahren. Es waren unter den Überläufern auch russische und ukrainische Polizisten. Diese Polizisten haben auch, als der Deutsche die Macht übernahm, für die Deutschen gearbeitet. Diejenigen, die von den russischen Kommunisten verfolgt wurden, waren für die Deutschen und haben den Deutschen gegen ihre Landsleute geholfen. Diese Leute haben verordnet, daß von jedem Haus eine Person als Arbeitskraft nach Nimetschina geschickt werden muß, und wenn der Krieg vorbei ist, so wurde versprochen, dürfen die Deportierten wieder heim nach Rußland fahren.

Daß die Polizisten auch zu uns kommen werden, wurde schon angekündigt, wir wußten schon, daß sie kommen werden und uns abholen wollen. Es hatte sich im Dorf herumgesprochen. Ich schlief damals bei meiner Tante, bei der jüngsten Schwester meiner Mutter, im Zimmer meiner Cousine hinter dem Ofen. Bleib bei uns, sagte die Cousine, schlaf heute bei uns, es kann sein, daß sie heute in euer Elternhaus kommen und euch abholen wollen, bleib bei uns. Ein paar Tage lang war Ruhe, wir hörten nichts von den Polizisten, die angekündigt waren und die uns hätten abholen sollen. Dazwischen schlief ich wieder ein paar Tage daheim bei meiner Mutter. Weißt du was, sagte meine Cousine ein paar Tage später am Abend, heute mußt du wieder bei uns schlafen, heute nacht, so haben wir gehört, kommen wieder die Polizisten und holen die Dirndlen und Buben ab. Das war aber erst beim zweiten Mal. Das erste Mal, als die Deutschen kamen, um uns zu holen, gingen wir in die Schule, vor dem Schultor wurden wir zusammengefangen. Nachdem es aber der Lydia fünfmal gelungen ist, nach der Einvernahme wieder davonzukommen, sagte ich zur Mutter, Mamo, plärr nicht, du wirst schon sehen, ich laufe den Deutschen auch davon, ich gehe nicht mit, ich fahre nicht nach Nimetschina. Die Mutter plärrte furchtbar und sagte, Jetzt werden die Deutschen auch mit dir gehen, jetzt werden sie auch dich mitnehmen. Ich habe mich umsonst geplagt und euch am Leben erhalten, jetzt werden sie auch mit dir gehen. Ich hatte keine Angst, ich war nicht verzweifelt. Es wird auch mir wie der Lydia gelingen, den Deutschen davonzugehen. Ich sagte zur Mutter: Не плачте, мамо, не бійтесь, я повернуся. Я втечу від німців. Plärr nicht, Mamo, du brauchst keine Angst zu haben, ich komme wieder. Ich werde den Deutschen davongehen. Den Mann meiner Cousine haben die Polizisten auch mitgenommen. Meine Cousine wollten sie auch mitnehmen, aber sie war schwanger, sie wurde untersucht, sie durfte daheim bleiben. Sie war die Tochter vom Onkel Pjotr, der, du erinnerst dich, ich habe dir öfter von ihm erzählt, so geflucht hat. Diese Cousine hat mir sehr viel geholfen. Besonders dann, wenn die Mutter im Krankenhaus war und wenn ich lange alleine daheim war, ist sie oft zu mir gekommen, hat mir beim Essenmachen geholfen oder hat mir Gesellschaft geleistet.

Gemeinsam führten sie uns, nachdem sie uns Dirndlen und Buben vor dem Schultor aufgeschnappt hatten,

nach Kiew. In einen Viecherwagen wurden wir einwaggoniert und zuerst nach Tschornowai gebracht. 52
Gefangene waren in diesem Viehwaggon, beaufsichtigt von zwei Polizisten. Zwei Tage lang waren wir mit
diesem Viehwaggon unterwegs. In Tschornowai wurden wir einen Tag eingesperrt, erst danach fuhren wir
nach Kiew. Wie Sardinen wurden wir in diesem Viehwaggon geschichtet, wir konnten kaum sitzen, geschweige denn liegen. In Kiew blieb der Viehwaggon
am Bahnhof stehen.

Es war zehn Uhr vormittags. Die Gefangenen blickten
aus dem offenen Tor des Viehwaggons. Die Dirndlen
unterhielten sich mit den Polizisten. Die Lydia schaute
aus dem Tor, ich blickte ebenfalls aus dem offenen Tor
des Viehwaggons. Ich sah Iwan, der auch im Waggon
war und der eine Fluchtmöglichkeit suchte. Vor dem
offenen Tor standen die Polizisten, von den Dirndlen
umringt. An der anderen Seite des Viehwaggons war
ebenfalls ein Tor, das von zwei Drähten am Schloß
zusammengehalten wurde, das Tor war einen Spalt
offen. Iwan gab dem Eisenbahner, der an diesem Tor
stand und mit dem er sich offenbar abgesprochen hatte,
einen Wink. Der Eisenbahner öffnete das Tor einen
Spalt, Iwan schlüpfte durch und verschwand. Sofort
schloß der Eisenbahner wieder das Tor. Ich lief hin und
bat den Eisenbahner, daß er das Tor noch einmal
öffnen möge. Er öffnete es einen Spalt, ich sprang
hinunter und lief über die Gleise. Der Iwan hat mich
aber nicht mehr gesehen. Während ich lief, sah ich ihn
davoneilen. Ich lief ihm nach. Mindestens fünfzehn bis
zwanzig Gleise, auf denen Waggons standen, mußte
ich überqueren. Ich schlüpfte unter den Waggons

durch. Einmal habe ich zu früh den Kopf gehoben und schlug an einer Eisenkante eines Waggons meinen Kopf an. Ich verzog schmerzhaft mein Gesicht, ich spürte, wie die Beule auf meinem Kopf wuchs. Wenn ich daran denke, glaube ich heute noch diesen Schmerz zu spüren. Zum Glück blieben die Waggons stehen, während der Iwan und ich nacheinander drunter durch schlüpften. Wäre ein Waggon in diesem Augenblick weggefahren, wären wir zerstückelt worden. Als ich meinen Kopf an das Eisenstück schlug, wollte ich den vor mir eilenden Iwan sehen. Der Schmerz aber war so stark, daß ich fast ohnmächtig wurde, aber ich hatte keine Zeit, ich mußte aufpassen, daß ich den Iwan nicht verliere. Alleine hätte ich mich in Kiew nicht zurechtgefunden. Kiew ist doch eine große Stadt. Außer dem Dorf Dóbenka, den kleinen Dörfern rund um mein Heimatdorf und den Städten Tscherkassy und Tschornowai hatte ich bis jetzt keine größeren Dörfer oder Städte gesehen. Abgesehen davon haben wir aufpassen müssen, daß wir nicht wieder gefangengenommen werden, wir waren nicht die einzigen, die davongegangen sind. Als ich unter dem letzten Waggon durchgeschlüpft war, lief ich auf die Straße. Ich stand auf einem Weg vor einem Eisenbahnerhäuschen. Ich blickte mich nach Iwan um, sah ihn aber zuerst nicht, ich lief, mich umblickend, weiter und sah ihn dann plötzlich vor mir laufen. In diesem Augenblick, als ich ihn weit vor mir laufen sah, blickte er zurück. Als hätte ihm der Herrgott gesagt, daß er jetzt zurückschauen soll. Er blieb stehen und wartete, bis ich ihm nachkam. Miteinander gingen wir über das Eis des zugefrorenen Dnjepr heim nach Dóbenka.

Der Dnjepr war zu dieser Zeit stellenweise, wenn auch nicht überall, zugefroren. Wir waren bereits auf der Seite des Dnjepr, wo auch unser – noch weit entferntes – Heimatdorf lag. Wenn es finster wurde, schickte mich der Iwan in die Häuser, um zu fragen, ob wir irgendwo schlafen dürfen, ob wir ein bißchen zum Essen bekommen könnten. Wir mußten natürlich aufpassen, daß wir nicht auf Leute stießen, die uns an die Deutschen verraten oder ausliefern. Zum Glück sind wir aber auf keine Leute gestoßen, die uns ausliefern wollten. Einmal haben uns sogar ein Mann und eine Frau ihr Ehebett zur Verfügung gestellt, das hat uns natürlich sehr gerührt, da habe ich dann wohl geglaubt, ich schlafe wie im Himmel. Da konnten wir uns einmal so richtig ausschlafen, sonst schliefen wir immer nur auf dem Boden, eingewickelt in ein paar Decken. Stroh konnten wir unter unserem Körper ausbreiten. Ein paarmal schliefen wir im Stall, wenn im Haus kein Platz war. Fünf Tage, einhundertachtzig Kilometer, mußten wir zu Fuß gehen, ehe wir in Dóbenka ankamen. Am letzten Tag, als wir dem Dorf näherkamen, sind wir fünfzig Kilometer auf einmal gegangen. Um sechs Uhr morgens gingen wir fort und um elf Uhr in der Nacht kamen wir nach einem 17stündigen Marsch in Dóbenka an. Die Leute, bei denen wir zuletzt übernachteten, haben uns soviel zu essen mitgegeben, daß wir den ganzen Tag damit auskommen konnten. So streiften wir tagelang durch die Eichenwälder. Wenn wir von weitem Leute sahen, versteckten wir uns am Ufer des Dnjepr in den Stauden und hinter den Eichenbäumen, wir wußten doch nicht, wer uns da entgegenkam, wir hatten immer wieder Angst, daß wir verraten und an die Deutschen ausgeliefert werden. Die letzte Nacht, als wir heimkamen, das war ein Ereignis!

Vier Tage später ist die Lydia heimgekommen. Zuerst hat sie sich gar nicht bei der Tür hereingetraut. Zuallererst fragte sie die Mutter, ob ich auch daheim bin. Sie hat übersehen, wie ich in Kiew davongegangen bin. Nach unserer Flucht aus dem Viehwaggon in Kiew haben wir uns einen ganzen Monat lang versteckt. Wir haben es zu dieser Zeit nicht gewagt, außer Haus zu gehen. Auf einmal kommt eine alte Frau zu uns und sagt zur Mutter, daß heute nacht die Polizisten kommen, die Häuser visitieren und alle, die davongegangen sind, wieder einfangen werden. Die Dirndlen müssen weg von hier, sie können nicht bleiben, die Polizisten kommen und wollen alle, die davongegangen sind, wieder einfangen, versteck um Gottes willen deine Dirndlen, sagte die alte Frau zu meiner Mutter. Wir haben ihre Warnung ernst genommen. Wir sind dann drei Tage zu den Grafen nach Tscherkassy geflüchtet, die Lydia und ich. Immer wieder sahen wir unterwegs Dirndlen, die mit uns in Kiew einwaggoniert und die ebenfalls geflüchtet waren. Wir haben uns wiedererkannt und einander zugerufen: I ти тут! Du bist auch da! und haben gelacht. Alle Dirndlen und Buben, die davonkamen, sind in die Stadt, nach Tscherkassy, geflüchtet. Drei Tage lang waren wir bei diesen Grafenleuten, dann sind wir wieder heimgegangen, was hätten wir sonst tun sollen, wir konnten doch nicht die ganze Zeit in der Stadt herumstrolchen. Außerdem hatten die Grafenleute selber nicht viel zum Essen.

Daheim in Dóbenka aber haben wir uns nicht mehr versteckt. Wir haben uns im Freien aufgehalten und haben wieder auf den Feldern gearbeitet. Da es in Dóbenka 84 Häuser gab, hätten 84 Dirndlen und Buben in Kiew einwaggoniert und nach Deutschland verschleppt werden sollen, erwischt aber haben die Deutschen nur elf, unter diesen elfen war auch die Olga, die jetzt in Belgien lebt. Alle anderen konnten den Deutschen entwischen, sie sind durchgegangen. Einen Monat lang waren wir, nachdem wir uns nach der Warnung der alten Frau bei den Grafenleuten in Tscherkassy aufgehalten hatten, daheim in Dóbenka. Das war Ende Jänner oder Anfang Feber des 43er Jahres. Die meiste Zeit aber habe ich im Haus meiner jüngsten Cousine geschlafen. Es konnte ja sein, daß die Polizisten ganz überraschend die Häuser, in denen sie Flüchtlinge vermuten, durchstöbern. Im Haus meiner jüngsten Cousine wohnte auch ihr Bruder, der wegen mir gestorben ist, als ich damals die Ruhr und ihn, den Paul, angesteckt hatte. Die Tante war zuerst, du erinnerst dich, wohl böse auf mich, weil der Paul wegen mir gestorben ist, aber im Laufe der Zeit hat sich dieser Zorn auf mich wieder gelegt. Bald danach gebar sie wieder einen Buben, und den haben sie dann wieder Paul getauft. Nachdem ich ein paar Tage wieder daheim bei der Mutter geschlafen hatte, sagte meine Cousine zu mir: **Цю ніч спи у нас. В цю ніч знов прийдуть поліцаї, сьогодні вони прийдуть за тобою. Спи у нас.** Heute nacht mußt du wieder bei uns schlafen, heute nacht kommen wieder die Polizisten, heute nacht kommen sie dich holen, schlaf bei uns. Ich weiß nicht, von wem sie erfahren hat, daß die Polizisten diese Nacht kommen werden, aber ich war damals schon ziemlich frech und fühlte mich stark und sagte: Ах, якраз сьогодні я спатиму дома. Ach, und gerade heute schlafe ich daheim!

Die Lydia und ich haben an diesem Tag, Anfang März muß es gewesen sein, innen unser Haus, das die Hapka und der Wassilij aufgebaut haben, ausgeweißt. Die Kleider, als wir schlafen gingen, legten wir über die Stuhllehne. Ein Nachthemd hatten wir nicht, wir haben mit einem bloßen Hemd geschlafen. Die Lydia und ich schliefen. Um zwei Uhr nachts stößt mir jemand einen Gewehrlauf an die Rippen. Ich blicke auf und sehe einen ukrainischen Polizisten. Er sagte, daß ich aufstehen soll. Die Lydia war bereits angezogen, die Mutter auch. Die Mutter plärrte. Ich habe zuerst alles überhört, ich habe wahrscheinlich tief geschlafen. Der Polizist gab mir mit seinem Gewehrlauf einen festen Stoß an die Rippen, sonst wäre ich wahrscheinlich gar nicht munter geworden. Ich mußte aufstehen und mich anziehen. Einen anderen Mann aus dem Dorf brachten sie als Gefangenen mit, gingen währenddessen ins Nachbarhaus und holten auch diesen Nachbarn und brachten ihn zu uns. Wir haben natürlich alle zusammen geplärrt, das war ein furchtbares Bild. Die Frau des Nachbarn, der auch gefangengenommen wurde, kam daher und fragte die Polizisten, ob sie mit ihrem Mann alleine im Nebenzimmer noch etwas besprechen dürfe. Es war das große Zimmer, in dem die Lydia und ich auf der Pritsche geschlafen haben. Die Mutter hat hinter dem Ofen geschlafen. Die Polizisten haben der Frau die Erlaubnis gegeben, noch einmal alleine im Nebenzimmer mit ihrem Mann zu sprechen. Die Polizisten hatten Angst, daß die Lydia, die Mutter und ich davongehen, sie bewachten uns. Ich war immer noch dabei, mich anzuziehen. Als ich angezogen war und wir alle bereit waren zu gehen, war der Nachbar verschwunden. Er sprang zum Fenster hinaus und lief davon. Wie ich schon erzählt habe, hatten wir den alten, fast blinden Schmied aufgenommen, der lange Witwer war und mit seiner Tochter gelebt hat, solange die Tochter nicht freiwillig nach Deutschland gezogen und er alleine war. Diese seine Tochter war ein Mistviech. Als sie noch ein junges Dirndle war, ist sie schon den Buben nachgelaufen. Sie hat sich freiwillig nach Deutschland gemeldet und hat ihren blinden alten Vater einfach alleine zurückgelassen, deshalb hat ihn meine Mutter zu sich genommen. Bei seinen Schmiedearbeiten hat er sich die Augen vollkommen ruiniert, fast blind geworden ist er. Die Polizisten haben den blinden Schmied geschlagen, weil auch er in der Küche gestanden und den Flüchtling nicht gestellt hat. Unter dem Ofen wurde das Holz, das während des Tages aufgeheizt wurde, gelagert. Dorthin haben die Polizisten mit ihren Gewehren geschossen, wild um sich geschlagen und den alten blinden Mann durchgehauen. Genau gesehen haben die Polizisten im Raum nicht, es leuchtete nur eine Petroleumlampe. Es war furchtbar für mich, ansehen zu müssen, wie dieser blinde alte Mann geschlagen wurde, ja, das war entsetzlich! Mit dem Schaft des Gewehrs haben die Polizisten den blinden Schmied geschlagen. Einen falschen alten Lotter haben sie ihn geheißen und ihn beschimpft, weil er nicht gesagt hat, wohin der Nachbar geflüchtet ist. Die Mutter schrie die Polizisten an und sagte, daß sie doch diesen armen alten Menschen bei der Ruh lassen sollen, Er sieht doch nichts, er kann doch nicht wissen, wohin der Nachbar geflüchtet ist.

Danach haben uns die ukrainischen Polizisten fortge-bracht. Die Mutter hat nachgeschrien, hat meinen Na-men weinend gerufen, aber es hat nichts geholfen, die Polizisten haben uns nach Tschornowai gebracht. Tschornowai war gegen dreißig Kilometer von Dó-benka entfernt. In Tschornowai warteten bereits an-dere Gefangene aus anderen Dörfern. Aus Dóbenka waren vorläufig nur die Lydia und ich alleine, die gefangengenommen wurden. Die anderen sind offen-bar geflüchtet, die haben sie verloren. Am nächsten Tag kam die Mutter noch einmal nach Tschornowai zu uns, da sah ich meine Mati zum allerletzten Mal. Zum Anziehen hat sie mir nichts mitgebracht, aber mein Schulzeugnis hielt sie in den Händen. Sie glaubte, daß ich hier in Österreich weiter in die Schule gehen werde, deshalb hat sie mir das Zeugnis gebracht. Daran muß ich oft denken. Daß sie an mein Zeugnis gedacht hat! Daran hätte wohl nicht jede Mutter gedacht! Schnaps hat sie uns noch mitgebracht und etwas zum Essen. Schnaps hat sie uns deshalb mitgebracht, weil sie die Hoffnung hatte, daß wir mit diesem Schnaps einen Wärter bestechen können, der uns dafür aus dem Lager und heimgehen läßt. Zwei Liter Schnaps hat sie uns mitgegeben. Ich habe mich von meiner Mutter nicht einmal gescheit verabschiedet, ich ahnte noch nicht, daß wir uns das allerletzte Mal sehen, ich glaubte, daß ich den Deutschen wieder davongehen könne. Мамо, не плачте, я вернуся, я втечу від німців, не плачте, мамо. Mamo, plärr nicht, ich komme wieder, ich gehe den Deutschen davon, plärr nicht, Mamo, habe ich zu meiner Mutter gesagt. Ні, Неточка, я тебе вже більше не побачу. Діти мої, діти! Nein, hat sie weinend gesagt, Njetotschka, ich seh dich nie mehr. Kinder! Kinder! meine Kinder! hat die Mutter geschrien, als sich der Viehwaggon mit uns in Bewegung setzte.

Zwei Tage lang waren wir in Tschornowai. Dann wurden wir nach Kiew abtransportiert. Vier oder fünf Tage dauerte die Fahrt mit dem Viehwaggon nach Kiew. Das ist furchtbar langsam gegangen. Wir waren doch nur in den Viehwaggons, hatten keine rechte Sitzgelegenheit, mußten herumstehen oder herumhocken oder lehnten uns, davorsitzend, an die Planken des Waggons. In Kiew hielten wir uns eine Woche auf. Wir wurden wieder untersucht. Die Mutter sagte noch am Vortag zu mir, daß ich sagen soll, daß ich ein 29er Jahrgang bin. Den 28er Jahrgang haben die Deutschen genommen, den 29er Jahrgang, hat es geheißen, nehmen sie nicht mehr, die waren ihnen zu jung. Nach Papieren, nach einer Geburtsurkunde oder nach einem Staatsbürgerschaftsnachweis haben die, die uns untersucht haben, nicht gefragt. Sie haben mündlich unsere Daten aufgenommen und auf dem Papier eingetragen. Obwohl ich sagte, daß ich ein 29er Jahrgang bin, haben sie mich trotzdem genommen. Ich war groß gewachsen, ich war damals noch nicht so schwach, nicht so letz beinander, ich war wohl schmal, aber wenigstens frisch. Die Ärzte haben mich angeschaut und genommen. Im Lager sind wir entlaust worden. Dann sind wir im Viehwaggon bis Przemysl weitergefahren. Przemysl ist eine Stadt in Polen, an der russischen Grenze. Eine Woche lang hat es wohl gedauert, bis wir in dieser Stadt angekommen sind. Eine Woche lang lebten wir in diesen Viehwaggons, wir konnten uns nie waschen, nie gescheit anziehen, gegessen habe ich nichts, ich habe immer nur geplärrt, wir waren schon gegen neunhundert Kilometer von daheim, von Dóbenka entfernt. Ich wollte vom fahrenden Zug springen. Ein Dirndle ist heruntergesprungen. Ich stand bereits am Trittbrett des Waggons und wollte nachspringen. Die Deutschen haben das Dirndle gesehen und haben ihr nachgeschossen. Über eine hohe Böschung wälzte sich das Dirndle hinunter. Die Lydia sagte zu mir, wie ich springen muß. Als wir aber sahen, daß die Polizisten auf dieses Dirndle geschossen haben, hat mich die Lydia vom Trittbrett weg wieder in den Waggon hinaufgezogen. Ich wollte springen, ich wollte heim, nach Dóbenka, zu meiner Mati. Die Lydia zog mich zurück und sagte: Hi, Hi, останься тут, вони тебе вб'ють. Nein, nein, bleib da, die erschießen dich. Von da an gab es keine Möglichkeit mehr, davonzugehen. In Kiew wollten wir noch einen Wärter mit dem Schnaps bestechen, den uns die Mutter nach Tschornowai gebracht hat. Er sagte zwar, daß wir um eine bestimmte Zeit an einem bestimmten Platz sein sollen und daß er uns dann laufen läßt. Wir gingen hin, aber der Wärter war nicht da, er war nicht gekommen. Den Schnaps hatte er uns schon vorher, als wir ihn fragten, ob er uns frei läßt, abgenommen. Den Schnaps waren wir los, aber wir hockten noch immer im Viehwaggon.

In Polen wollten wir noch einen Fluchtversuch machen, aber wir sahen doch ein, daß es zwecklos wäre, daß sie uns wahrscheinlich erschießen, daß wir umkommen würden, aber ich konnte nicht begreifen, daß ich von meiner Mutter weg mußte, ich konnte nicht begreifen, daß ich nicht doch fliehen konnte. Der Lydia ist die Flucht so oft gelungen, und ich hatte deshalb die Hoffnung, daß auch ich davongehen, daß es mir doch noch einmal gelingen müßte, abzuhauen. In Przemysl mußten wir uns eine Zeitlang im Lager aufhalten. Überall standen die Wachposten. Das Lager war mit Stacheldraht eingezäunt. Ich sah keine Fluchtmöglichkeit mehr. Im Lager mußten wir die ganzen Kleider ablegen. Wir standen, ein Haufen Dirndln, splitternackt in einem Raum. Ich war die Jüngste. Ich schämte mich furchtbar. Ich sah die verschiedenen Gestalten nackter Dirndln. Ein paar SSler gingen mit Lederpeitschen auf die nackten Dirndln los und schlugen sie aus Lust am Quälen. Die Dirndln schrien. Eine Woche lang hielten wir uns in diesem Lager auf. Ich fühlte mich schon sehr schwach, zum Essen hatten wir nichts Gescheites, nur Rüben in Dosen und eine Art Sägespänebrot, sonst haben wir nichts zu essen bekommen. Da ich in Dóbenka oft hungrig war und den Hunger erleiden mußte, habe ich unter diesem Hunger nicht mehr so gelitten wie die anderen gefangenen Dirndln und Buben. Ich war eigentlich nie mehr so richtig hungrig gewesen, weil ich immer wenig, oft gar nichts gegessen habe. Schlimmer als der Hunger war für mich das Heimweh. Wir fuhren weiter im Viehwaggon bis Wien. Dort stationierten wir wieder. In Wien haben wir das erstemal einen Kaffee und ein Stück Brot bekommen. Das war einmal ein richtiges, ein gutes Brot, das ich gerne gegessen habe.

Danach sind wir im Viehwaggon weitergefahren, nach Graz, ins Lager. Dort mußten wir uns wieder eine Woche aufhalten. Wir wurden wieder entlaust und auf die Gesundheit kontrolliert. In diesem Lager hatte ich, wohl von den Rüben aus den Dosen, in denen auch Stücke von Roßfleisch waren, schweren Durchfall bekommen. Mir war die ganze Zeit schlecht, habe schweres Bauchweh mit Durchfall bekommen. So hockte ich unter den anderen Russen und Polen im Viehwaggon. Sie transportierten uns bis Villach weiter.

Am Bahnhof in Villach wurden wir regelrecht aus dem Waggon entladen und wie ein Schock Viecher durch die Stadt zum Arbeitsamt getrieben. Vor dem Arbeitsamt, auf einem großen Platz, mußten wir uns aufstellen, die Bauern waren schon da, sie haben auf uns gewartet. Wie ein Stück Vieh haben uns die Bauern gemustert und herausgesucht, was ihnen brauchbar schien. Ein Bauer trat auf die Lydia zu. Er machte Melkbewegungen mit seinen Händen und fragte damit die Lydia, ob sie melken kann. Die Lydia und ich wünschten zu einem Bauern und nicht womöglich in eine Fabrik zu kommen. Es war der Kofler vom Amberg, der auf die Lydia zutrat. Als wir in Villach am Bahnhof warteten, zitterten mir die Knie, ich mußte andauernd aufs Klo rennen, ich hatte Durchfall, ich war einem Zusammenbruch nahe, schwarz ist mir schon vor Augen geworden. Die Lydia flehte mich an und sagte: **Візьми себе в руки, не піддавайсь, як ти попадеш у больницю, нас розлучать, нехай ніхто не взна, що ти больна. Як нас розлучать, то ми вже не знайдемо одна другу.** Nimm dich zusammen, nimm dich zusammen, wenn du ins Spital kommst, werden wir getrennt, nimm dich zusammen, laß dir nicht anmerken, daß du krank bist. Wenn wir auseinanderkommen, finden wir nicht mehr zusammen. Mit größter Mühe konnte ich mich auf den Beinen halten. Die Lydia nickte, als sie der Kofler vom Amberg fragte, ob sie melken könne. Sie hielt mich mit ihrer Hand fest und wollte damit dem Bauern sagen, daß sie nicht alleine mitgehen will. Die Lydia zeigte mit einer Geste dem Bauern, daß sie mich nicht zurücklassen wird. Der Kofler vom Amberg fragte mich mit derselben Geste, ob ich melken kann. Ich sagte да, mit Freuden habe ich ja gesagt, denn ich wollte zu einem Bauern kommen. Ich glaube, daß ich diesen Bauern erbarmt habe, weil ich so elend ausgeschaut habe, ich glaube, daß er mich deswegen mitgenommen hat. Oft hat dieser Bauer später von mir geredet. Vier Buben haben die Bauern unter den Gefangenen herausgesucht. Der alte Staudacher, der heute nicht mehr lebt, hat ebenfalls einen russischen Buben mitgenommen.

Dann sind wir auf den Fresachberg hinauf. Zuerst einmal haben uns die Bauern Speck und Brot gegeben. Was glaubst du, wie gut dieser Speck war! Und endlich haben wir wieder anständiges Brot essen können. In Feistritz mußten wir aus dem Zug steigen. Die Bauern zeigten, daß wir zu Fuß auf diesen Fresachberg über den Geißrücken hinaufgehen müssen. Ich kannte keine Berge. Wir lebten in Rußland in einer hügeligen, aber berglosen Umgebung. Als ich diese Berge das erstemal sah, dachte ich sofort, Wie kann ein Mensch dort oben nur leben! Und auf einmal sollten wir so weit hinaufgehen und dort oben leben. Da kann ich nicht hinaufgehen, sagte ich zur Lydia, ich habe keine Kraft mehr, das derpacke ich nicht, in drei Tagen kommen wir da nicht hinauf. Alle fünf Minuten mußten wir Rast machen, ich war so schwach, daß ich kaum gehen konnte. Mit dem Zweiuhrzug sind wir von Villach nach Feistritz gefahren, um sechs oder um halb sieben waren wir auf dem Bergbauernhof Stameter. Dort war die Zusammenkunft. Zu diesem Bergbauernhof sind die Bauern aus der Umgebung gekommen und haben die übrigen russischen Buben und Dirndlen ausgesucht. Ich hätte zum Oberleber kommen sollen. Der Oberleberbauer aber ist nicht gekommen, er hat mich nicht abgeholt. Der Halbbruder meines Mannes, der Hans, war zu dieser Zeit auch aus Rußland, von der Front zurückgekehrt. Ich habe ihn eigentlich immer als meinen Bruder und als meinen Lebensretter angeschaut. Er war zur selben Zeit, als wir beim Stameter auf die Bauern warteten, auch dort. Der Kofler vom Amberg sagte und deutete auf mich, Was soll ich mit diesem Dirndle tun? Der Oberleber ist nicht da, er holt das Dirndle nicht ab. Mein späterer Schwiegervater sagte, Dann nehme halt ich dieses Dirndle mit! Das hat man mir natürlich erst später alles erzählt, ich verstand doch kein Wort Deutsch, ich wußte nicht, was los war, was mit uns geschehen soll. Die Lydia aber blieb beim Kofler vom Amberg, während ich mit dem Niederstarzerbauern heimgehen sollte.

Ein Stück gingen die Lydia und ich noch gemeinsam. Bei einer Abzweigung mußten wir uns trennen. Ich bin dabei fast zusammengebrochen. Ich habe geplärrt, habe mich bei der Lydia eingehalten und habe gesagt: Ні, я не піду, я буду з сестрою. Nein, ich geh nicht weg, ich bleibe bei meiner Schwester. Ich wußte nicht, was los war, ich verstand nur, daß die Lydia und ich getrennt werden sollten. Der Hans, der Halbbruder meines jetzigen Mannes, der an der russischen Front gewesen war und ein wenig Russisch sprach, sagte zu mir, **Не плачъ, твоя сестра находится в полчаса ходьбы, в воскресение можешь пойти к ней.** Du brauchst nicht plärrn, deine Schwester ist nur eine halbe Stunde weit weg von dir, am Sonntag kannst du sie besuchen gehen. Als er das sagte, war mir schon leichter. Ich war froh, daß ich jemanden verstehe und daß auch mich jemand versteht. Dort drüben bei der Bacherhube wäre ich beinahe in den Bach gefallen, es war nur so ein Steg, der über den Bach führte. Der Hans führte mich über diesen Steg. Er war unglaublich lieb zu mir. Wenn er mir nicht geholfen hätte, dann weiß ich nicht, wie das alles ausgegangen wäre. Schließlich kamen wir hierher zum Starzer, traten ins Haus, in die schwarze Rauchküche ein.

Es war halb oder dreiviertel zehn Uhr nachts. Die Leute, die mich ins Haus gebracht haben, gingen in ihre Schlafzimmer, sie ließen mich alleine in der Küche. Zuerst fragte ich den Hans, wo das Klo ist. Ich wollte eigentlich schon im Zug, als wir von Villach nach Feistritz herauffuhren, aufs Klo gehen, ich konnte es aber niemandem sagen, ich wußte nicht, wie ich es sagen sollte, ich konnte kein Wort Deutsch sprechen, während die anderen kein Wort Russisch verstanden. **Во дворе уборная, за сараем.** Dort draußen hinter dem Stadel ist das Klo, sagte der Hans zu mir. Es war stockfinster. Unter dem Tisch hockte ein schwarzer Hund, Waltl hieß er. Kaum bewegte ich mich, knurrte er. Ich getraute mich nicht mehr, mich zu rühren, ich blieb einfach still sitzen und ging nicht mehr aufs Klo. Auf einmal kam eine Frau zur Tür herein, die Haare auseinander. Sie hatte einen großen Kropf und kam daher, sie schnaufte angsterregend. Ich dachte mir, Das ist eine Hexe! Ja, das war mein erster Gedanke. Eine Hexe ist das! Das ist wohl das letzte Ende für dich, dachte ich. Wie starr saß ich dort, wie gelähmt, ich traute mich nicht mehr, mich zu rühren. Die Frau mit dem Kropf heizte den Herd ein. Jetzt werde ich gebraten, dachte ich, jetzt ist alles vorbei. Von der Hungersnot in der Ukraine habe ich ja gehört, daß die Dirndlen und Buben gefangengenommen und gebraten und dann von den Hungrigen aufgegessen worden sind. Aus den Erzählungen meiner Mutter habe ich erfahren, daß während der Hungersnot in Dóbenka manche Eltern sogar ihre eigenen Kinder aufgegessen haben. Auf dem Bauernhof, du erinnerst dich, auf dem das bucklige Dirndle in Dóbenka lebte, wurde im Heustadel der Kopf von einem Kind gefunden. Die eigenen Eltern haben das Kind aufgegessen. Soweit kann die Menschen der Hunger treiben! Als ich sah, wie die Frau mit dem Kropf den Ofen einheizte, dachte ich mir sofort, Vielleicht leben auch hier hungrige Leute, die Kinder aufessen, jetzt ist es aus mit mir, jetzt wollen sie mich aufessen. Ich beobachtete die Frau, wie sie den Ofen einheizte. Ich dachte immerfort daran, daß ich gebraten werde. Ich schaute auf ihren Kropf und hörte ihr bedrohliches Schnaufen. Angst hatte ich vor allem vor ihrem großen Kropf, vor diesem vollen Hautsack, den sie am Hals mit sich trug. So etwas habe ich in meinem Leben noch nie gesehen. In Rußland habe ich keinen Menschen mit einem Kropf gesehen. Diese Frau mit dem Kropf war eine Magd, die später eine Totgeburt bekommen und gesagt hat, Meins war auch hin! Diese Magd hatte offenes, schönes Haar, schaute aber wie eine Hexe aus. Widma sagt man auf russisch zu einer Hexe. Vierundzwanzig Jahre alt war diese Magd. Sie kochte einen Tee und gab mir ein Butterbrot. Dann war mir natürlich leichter, als ich wußte, daß ich nicht gebraten werde, sondern etwas zu essen bekomme. Das war natürlich eine große Erleichterung für mich! Darüber haben wir später, als ich meine ersten Eindrücke erzählte, oft gelacht, aber damals habe ich vor ihr gezittert. Nachdem ich den Tee getrunken und das Butterbrot gegessen hatte, nahm mich die Magd an der Hand und führte mich in ihr Zimmer. Ich hatte natürlich wieder Angst, ich wußte nicht, was mit mir geschehen wird, aber als ich in ihrem Zimmer das zweite Bett sah, auf das sie mich zuführte, war mir wieder leichter, ich war doch schon sehr übermüdet, ich hatte Sehnsucht nach Schlaf. Ich wollte mich einmal richtig auf ein Bett legen, mich ausschlafen. Wochenlang hockten wir ja nur so im Viehwaggon herum, konnten nie richtig schlafen. In den Lagern schliefen wir oft auf dem Boden, es standen nicht überall Betten, wir mußten oft am Boden schlafen. In den Waggons waren wir wie die Viecher zusammengeschlichtet, gerade, daß wir sitzen, den Kopf auf die Knie hinauflehnen und so schlafen konnten. In diesem Zimmer, im Nebenbett der Magd, habe ich dann aber geschlafen.

Am nächsten Tag wurde ich munter, als es schon hell war, und es lag Schnee. Es war Anfang April, als wir von Rußland nach Kärnten kamen. In Rußland schneit es sehr früh, im Oktober fällt schon der erste Schnee. Im März aber sind die Felder schon bestellt, im März wird schon umgeackert. Es war mir natürlich fremd, daß im April noch auf den Feldern Schnee liegt, daß es hier um diese Zeit schneit. Ich schlief diese erste Nacht übrigens im selben Zimmer, in dem du jetzt übernachtest, nur im anderen Bett, nicht in dem du schläfst, dort schlief die kropfete Magd. An diesem Morgen ging ich hier das erste Mal aufs Klo. Ich ging hinter den Heustadel und öffnete die Tür dieses Plumpsklos, da saß die Mame, die Mutter meines jetzigen Mannes, das war eine sehr dicke, fast zahnlose Frau. Ich erschrak mich vor ihr, und sie erschrak sich vor mir. Sie ging hinaus und deutete mir mit ihrer Hand, daß ich ins Klo gehen kann, ich begriff wohl und ging hinein. Der Tate, mein späterer Schwiegervater, sagte zur Mame, daß er ein Dirndle, das aus Rußland stammt, mitgebracht hat. Die Mame hat sich nach einem Dirndle gesehnt, sie hatte zehn Buben, aber kein Dirndle. Von ihrem Bruder, der seinen Hof abgewirtschaftet hat, hatte sie aber ein Dirndle auf dem Hof. Dieses Dirndle war so alt wie ich. Dieses Dirndle hat alle beherrscht, eben weil sie ein Dirndle war und die Mame froh war, daß sie dieses Dirndle als Hilfskraft für den Haushalt hatte. Sie war unfolgsam und eigenwillig. Als dann aber ich kam, war dieses Dirndle furchtbar eifersüchtig auf mich. Waltl hat sie mich geheißen, wie auch der Hund Waltl hieß. Hilde hat dieses Dirndle geheißen. Die Mame hat so schön mit mir getan, sie war so gut zu mir, deshalb war die Hilde eifersüchtig und hat mit mir immer das Widerspiel getrieben, aus Bosheit gegen mich, alles hat

sie zu meinem Nachteil getan. Wo sie nur konnte, hat
sie versucht, mir eines auszuwischen. Der Hans aber,
der Russisch konnte, war auch noch auf dem Bauernhof, mit ihm konnte ich ein bißchen reden, das war für
mich eine große Erleichterung. Er versprach mir wieder, daß wir am Sonntag die Lydia besuchen werden.
Da war ich natürlich sehr froh. Die Hilde ist mit mir
zur Lydia gegangen. Wie eine Gemse ist die Hilde
vorangegangen, ich hatte Mühe, ihr nachzukommen.
Ich war noch schwach, ich hatte mich von den seeli-
schen Strapazen der Verschleppung, der Trennung von
der Mutter und von den körperlichen Strapazen der
fast vierwöchigen Fahrt im Viehwaggon noch nicht
erholt. Außerdem war ich das Berggehen nicht gewohnt. Die Hilde ist weit vorausgegangen, sie ist wohl
wieder stehengeblieben und hat gewunken, sie ist aber
absichtlich weit vorausgegangen, sie wollte mich ein
Stück zurücklassen, mir meine Schwäche zeigen. Das
hat mir natürlich schrecklich weh getan, weil die Hilde
überhaupt kein Verständnis für mich hatte, weil sie so
ein komischer Mensch war. Als wir am Bauernhof, wo
die Lydia wohnte, ankamen und ich die Lydia das
erstemal wieder sah, war ich wohl sehr glücklich. Wir
mußten wohl eine Stunde – nicht, wie gesagt wurde,
eine halbe Stunde – gehen, um zum Hof zu kommen,
wo die Lydia wohnte. Der Hans, der Russisch konnte,
ist dann aber nach einer Woche vom Starzer wieder
weggefahren, dann konnte ich wieder mit niemandem
mehr reden.

Am dritten Tag bereits nachdem ich hier angekommen
war mußten wir Erde auf einen Wagen legen und auf
ein anderes Feldstück führen. Der Bruder meines jet-

zigen Mannes, der später im Krieg gefallen ist, er war damals noch daheim, war siebzehn Jahre alt, ist mit einer Schaufel vorausgegangen und hat Erde ausgestochen. Er hat ausgestochen und ausgestochen, ich mußte das Ausgestochene besser nachputzen, damit eine Erdrinne entsteht, aber er hat fort- und fortgestochen, ich bin ihm nicht nachgekommen. Immer wieder rief er und deutete mit seinen Händen, daß ich schneller arbeiten soll. Am Abend war ich todmüde, mir hat das Kreuz so weh getan. Ich schaute immer nach Westen, ich hoffte, daß die Sonne bald untergehen werde, daß wir bald zu arbeiten aufhören. An einem Mittwoch bin ich hier beim Niederstarzer angekommen, und am folgenden Freitag haben wir diese Erde vom einen ins andere Feld schleppen müssen. Ich verstand nicht, warum wir die Erde vom einen Feld ins andere tragen sollten. Erst später verstand ich es. Wenn nach abwärts gepflügt wurde, rutschte die Erde immer wieder mit hinunter. Nach einiger Zeit war die meiste Erde am unteren Feld, deshalb mußte die Erde wieder hinaufgeschleppt werden, von wo sie abgerutscht war. Das war früher immer so bei den Bergbauern. Wir hörten erst auf mit dem Erdeführen, als die Sonne untergegangen war.

Ich ging über den Acker, aufs Haus zu. Der Balkon war früher genauso angelegt wie heute. Ich schlief, wie ich schon gesagt habe, im selben östlichen Zimmer, in dem du übernachtest. Ich ging auf den Balkon und blickte nach Osten, nach Rußland. Ich streckte meine Hände aus und plärrte die ganze Zeit. Ich blickte nach Osten und dachte, Dort muß die Mati sein. Ich habe nicht begreifen können, daß ich von meiner Mutter weg war. Ich suchte sie immer wieder, immer wieder stand ich auf dem Balkon und blickte nach Osten oder stand in meinem Zimmer am östlichen Fenster und öffnete es, als wollte ich sie rufen, als wollte ich hören, wie sie mich ruft. Ich schaute und schaute nach Osten, ich muß die Mati sehen, dachte ich, dort muß die Mati irgendwo sein, ich muß sie sehen. Einmal, da kommt die Mame in mein Zimmer und sieht, wie ich plärr und am östlichen Fenster stehe, kommt auf mich zu, drückt mich an sich und sagt, Vale plärr nicht, ich will deine Mutter sein! Ich war damals schon zwei Monate hier auf dem Hof, ich glaube schon, daß ich ihre Worte, die sie sagte, während sie mich an sich drückte, verstanden habe. Vale, plärr nicht, ich will deine Mutter sein, ich will dir helfen, sagte sie. Wenn die Mame nicht so gut zu mir gewesen wäre, glaube ich nicht, daß ich heute noch leben würde. Mir ist vorgekommen, ich muß zu Fuß heimgehen, nach Rußland, ich kann doch die Mati nicht alleine lassen. Das war für mich wohl das Allerschlimmste in meinem ganzen Leben, von meiner Mutter weggehen zu müssen, das war das Allerschlimmste. Ich habe lange nicht begreifen können, daß ich meine Mutter nicht mehr sehe.

Als ich noch nicht lang in Mooswald war, ich konnte mich noch nicht ausdeutschen, schrieb ich meiner Mutter einen Brief nach Rußland. Da es im Haus kein Briefkuvert gab, habe ich von den Buben, die in die Schule gingen, ein Blatt Papier genommen und es zu einem Kuvert zusammengelegt. Ich fütterte damals die Hühner und trug die Eier in die Speis. Da kam mir in den Sinn, daß ich dieses Briefkuvert, das ich zusammengeschneidert habe, mit einem Eiklar zusammenkleben könnte. Klebstoff hatten wir keinen. Ich habe ein Ei gestohlen, über die Stiege hinauf in meine Kammer getragen und in der Kiste versteckt, in der auch meine Kleider lagen. Diese Kiste steht noch heute auf dem Dachboden. Ein paar Tage später schrieb ich den Brief an die Mutter, öffnete den Deckel der Kleiderkiste und wollte das Ei herausnehmen, aber das Ei war fort. Die Fane hat wahrscheinlich die Kiste durchgestöbert und das Ei herausgenommen. Ich hatte von diesem Augenblick an, da ich annahm, daß es die Fane der Mame erzählen wird, daß ich ein Ei gestohlen habe, länger nicht mehr den Mut, der Mame in die Augen zu schauen. Ich habe mich furchtbar geschämt, weil die Mame glauben könnte, daß ich ein Dieb bin. Soviel Deutsch konnte ich noch nicht reden, daß ich der Mame hätte sagen können, daß ich dieses Eiklar brauche, damit ich den Brief zukleben kann, den ich meiner Mati nach Rußland geschrieben habe.

Als ich zwei Monate auf dem Bergbauernhof lebte, sagte ich zur Mame, Ich ein Jahr hier, dann ich gehn kaputt! Die Mame antwortete, Vale, du nicht gehn kaputt! Und als ich dann schon ein Jahr hier am Berg lebte, sagte die Mame, Schau, Vale, jetzt bist du schon ein Jahr hier und noch immer nicht kaputt! und lachte dabei so gütig. Ich habe dann eigentlich sehr schnell Deutsch gelernt. Als ich das erstemal Kärntner Dialekt reden hörte, dachte ich, Das kann doch überhaupt keine Sprache sein, das kann doch überhaupt nichts heißen. Das werde ich mein Lebtag nicht erlernen. Ich habe aber sehr schnell Deutsch gelernt. Eine Zeitlang vermischte ich deutsche mit russischen Wörtern, ich konnte sie nicht mehr auseinanderhalten. Meistens habe ich alles vermischt, wenn ich mit der Lydia geredet habe. Ich habe damals zu schnell geredet. Wenn ich die Lydia besuchen konnte, war ich nicht mehr so traurig, dann ist es mir besser gegangen. Sonntags habe ich die Lydia immer treffen dürfen. Einmal ist sie mich besuchen gekommen, den anderen Sonntag bin ich zu ihr gegangen. Die Buben, die Söhne meines späteren Schwiegervaters, spotteten natürlich immer wieder. Die schiachsten deutschen Wörter sagten sie mir vor, und ich sagte sie nach, ich wußte doch nicht, was diese Wörter bedeuteten. Für die Buben war das natürlich ein Spaß. Was ist das? war meine stehende Formel. Wenn ich etwas wissen wollte, habe ich immer, Was ist das? gefragt. Öfter habe ich dann natürlich von den Buben eine blöde Antwort bekommen. Ich habe natürlich jedes Wort nachgesagt, erst später bin ich draufgekommen, daß vieles, was sie sagten, nicht stimmte. Die Hilde war dabei der Capo, das war ein richtiges Rindvieh, die Hilde. Es gefiel ihr, wenn ich ausgelacht oder ausgespottet wurde. Sie hatte ihren Spaß dran. Nachdem die Hilde ein Jahr in Mooswald war, ist sie unten im Dorf, in Fresach, konfirmiert worden, dann hat sie ihr deutscher Vater abgeholt und wieder heimgebracht. Ein Berg ist von mir weggerutscht, als sie den Hof verließ. Die Hilde war eine Cousine meines jetzigen Mannes, eine Nichte meiner Schwiegermutter. Damals war ich in den Sohn des Bauern, meinen jetzigen Gatten, schon ein bißchen heimlich verliebt. Der Mame war diese heimliche Liebe schon aufgefallen. Wir arbeiteten auf dem Erdäpfelacker. Ich sah, wie ungeschickt der Jogl die Erdäpfel auseinanderschnitt. Was wirst denn du für ein Bauer werden, wenn du nicht einmal die Erdäpfel auseinanderschneiden kannst, sagte ich zum Jogl im Beisein der anderen. Und die Vale die Bäuerin! sagte die Mame und lächelte dabei. Damals habe ich mich furchtbar geschämt, die Röte muß mir ins Gesicht geschossen sein. Daß die Mame bemerkt hat, daß wir uns so gerne sehen! Damals war das furchtbar streng, ich hätte mich nichts getraut, abgebusselt haben wir uns, das war alles. Wenn sich die Ausländer damals mit den Österreichern näher abgegeben haben, wurden sie aufgehängt oder ins Lager geschickt. In Paternion wurde ein Pole aufgehängt, weil er eine Kärntnerin geschwängert hatte. Das Kind wurde ihr abgetrieben. Zur Abschreckung wurden alle Ausländer, alle Russen und Polen, zu dieser Hinrichtung geführt. Sie mußten zusehen, wie er aufgehängt wurde. Ich ging aber nicht hin, die Mame sagte, daß ich nicht hingehen muß, daß ich daheim bleiben kann. Aus diesen Gründen wußte ich, daß es zwecklos war, in diesen Buben verliebt zu sein. Ich hatte Angst, daß mir und ihm dasselbe passieren könnte wie dem Polen und der Kärntnerin. Aber der Jogl ist immer wieder zu mir gekommen, er hat mir immer wieder gezeigt, daß er mich mag. Einmal sagte er, daß er hundert Jahre alt werden möchte, wenn er mich zur Frau haben könne. Ich weiß nicht genau, warum ich mich in ihn so verliebt habe, es wird wohl auch damit zusammenhängen, daß bald danach seine Mutter, die ja auch meine Mame geworden, gestorben ist.

Am 7. April 1944 war ich auf den Tag genau ein Jahr in Kärnten auf dem Bergbauernhof, ein Jahr lang von meiner russischen Heimat, von meiner Mutter weg. Am 3. Juni 1944 ist die Mame gestorben. Es war für

uns alle ein großes Ereignis, als die Mame kurz vor
ihrem Tod ein Dirndle auf die Welt brachte. Eigentlich
war ich unaufgeklärt, aber ich habe sofort erkannt, daß
die Mame schwanger ist. Die Mame hätte kein Kind
mehr kriegen dürfen, sie hatte Brandadern, der Doktor
hatte ihr verboten, noch ein Kind zu tragen. Die anderen auf dem Hof erkannten nicht, daß die Mame
schwanger war. Die Mame war, als sie bemerkte, daß
sie schwanger ist, furchtbar zornig auf den Tate, auch
er wußte, daß sie kein Kind mehr tragen darf. Verhü-
tungsmittel hat es damals keine gegeben. Ich sagte zur
Fane, Die Mame kriegt ein Kind! Ach, du spinnst ja,
die Mame kriegt kein Kind, sagte die Fane. Du wirst
sehen, sagte ich wieder zur Fane, daß die Mame ein
Kind kriegen wird. Tatsächlich war es dann so. Am 13.
April ist ein Dirndle auf die Welt gekommen. Da
hatten wir natürlich alle eine große Freude, zehn Buben hat sie bekommen müssen, um ein Dirndle kriegen
zu können. Früher hatte sie immer einen offenen Fuß,
nach der Geburt des Dirndle aber ist der Fuß verheilt,
hat sich die Wunde geschlossen. Schauts, Dirndlen!
sagte die Mame, jetzt ist mein Fuß zugeheilt. Sie hatte
dann so eine Freude gehabt, weil ihr Fuß zugeheilt ist,
aber das war ihr Tod. Der Brand, der Eiter, der von der
offenen Wunde immer ausgeschieden wurde, ist zum
Herzen gegangen.
Dazwischen hat sich aber auch etwas ereignet, das ich
dir erzählen muß. Nachdem ich zwei Monate hier auf
dem Hof war, bin ich einmal geflüchtet. Die Buben
haben mich einmal besonders sekkiert, vor allem die
schadenfrohe Hilde, die mir immer eines auswischen
wollte und sich nur eine Gelegenheit dafür aussuchte,

da wollte ich einmal von hier flüchten. Die Hilde war eifersüchtig, weil die Mame mit mir so schön getan hat. Ich habe für die Mame alles getan, was ich tun konnte, wo ich ihr helfen konnte, denn sie hatte damals schon Schwierigkeiten mit ihren Füßen. Das hat der Mame natürlich gefallen, als sie meine Hilfe zu spüren bekam. Schwere, grobe Leintücher mußten wir waschen. Du brauchst nicht waschen, sagte ich zur Mame, werde wohl ich für dich die Leintücher waschen. Damals habe ich schon so halbwegs Deutsch reden können. Das hat sie natürlich sehr gefreut, als ich sagte, daß ich die Leintücher waschen werde. So eine Hilfe hat ihr niemand angeboten, so hilfreich war niemand zu ihr. Der Mame wurde auf dem Hof auch nichts geschenkt, sie brachte auch drei ledige Kinder mit. Auch deswegen waren ein paar Leute gehässig zu ihr. Von ihrer Mutter wurde sie eigentlich auch mißhandelt, vor allem deswegen, weil die Familie der Mame evangelisch war und sie diese drei ledigen Kinder von einem Katholischen hatte. Obwohl sie die Kinder und genug Arbeit hatte, wurde sie noch zur Arbeit getrieben. Ihre eigene Mutter hat so schiach mit ihr getan. Als der evangelische Starzerbauer heiratete und sie mit den drei ledigen Kindern zum Hof kam, wurde sie wieder von ihrer Schwiegermutter ausgestoßen. Die Töchter der Schwiegermutter waren damals auch noch daheim, so haben alle gegen die Mame intrigiert, sie ausgestoßen und schiach mit ihr getan.

Ich weiß nicht, ob ich dir schon von der Jawdocha erzählt habe, einer Dirn, die aus Galizien, aus Polen stammte und beim Waldhauserbauer eingestellt war. Diese Magd lebte schon länger am Berg, konnte schon

besser deutsch sprechen als ich. Als der Waldhauserbauer hörte, daß ich sehr fleißig bin, die Mame hat
mich sehr gelobt, wollte er, daß ich zu ihm komme. Die
Jawdocha sagte, Eigentlich gehört sie uns, wir haben
keine Kinder, wir haben nur einen Buben aus einem
Heim. Der Bub, der dort Knecht war, hieß Rottensteiner Kurt. Der Waldhauserbauer hatte bereits drei Hu-
ben versoffen. Den Oberleberhof hatten sie gepachtet.
Sie wollten, daß ich als Magd auf ihre Hube komme.
Die Mame hatte damals drei ledige Buben mit dem
Waldhausersohn, den Hans, den Robert und den Gottfried. Sie waren evangelisch nach der Konfession ihrer
Mutter getauft. Als die Mame den Waldhausersohn
heiraten wollte, sagte der katholische Pfarrer, daß er
der Heirat nur dann den kirchlichen Segen gibt, wenn
auch die Buben die katholische Konfession ihres Vaters
annehmen. Das wollte die Mame nicht. Sie sagte, daß
sie die nachkommenden Kinder katholisch taufen, aber
die anderen drei evangelisch lassen werde. Der Pfarrer
hat sich daraufhin geweigert, die beiden kirchlich zu
verheiraten. Der Waldhausersohn hat daraufhin die
Mame mit ihren drei Kinder stehenlassen. Die Mame
fragte ihn, als er eine andere mit katholischer Konfession heiratete, was aus den Kindern werden soll. Du
weißt ja, wo die Klamm ist! sagte der Waldhausersohn.
Unter der Glinznerkeusche ist eine große Steinwand,
da ist ein Wasserfall, dort hinunter hätte sie die Kinder
schmeißen sollen. Du weißt ja, wo die Klamm ist! Es
kam aber so, daß der Waldhausersohn, nachdem die
Mame den Starzerbauern geheiratet hat, den jüngsten
Buben, den Gottfried, der dann im Krieg gefallen ist,
zu sich genommen hat, während meine Schwiegerel-

tern die beiden anderen Kinder, den Hans und den Robert versorgten. Der Gottfried aber, den der Waldhausersohn zu sich genommen, hätte in einem anderen Heustadel für die Familie Futter stehlen sollen, das hat er aber nicht getan, er ist davongegangen, er ist wieder zur Mame, zum Niederstarzerhof zurückgegangen. Der Gottfried ist beim Niederstarzer geblieben, und als ich von Rußland hierher kam, lebte er schon hier auf dem Hof.

Sei nicht so dumm, bleib nicht beim Niederstarzer, sagte die Jawdocha, die Buben belästigen dich sowieso dauernd, sie spotten dich aus und lassen dir keine Ruh, komm zu uns, wir haben hier keine Kinder, hier wird es dir besser gehen, du gehörst eigentlich zu uns, dich haben sie nur gestohlen, komm zu uns! Ich hätte ja, wie ich dir schon erzählt habe, zum Oberleber kommen sollen, aber als wir in Villach vor dem Arbeitsamt standen und die Bauern die brauchbaren russischen und polnischen Dirndlen und Buben heraussuchten, war der Oberleberbauer, der mich hätte mitnehmen sollen, nicht da. Der Niederstarzerbauer und der Waldhauser waren früher sowieso Konkurrenten. Die Jawdocha hat solange auf mich dreingeredet, mich überzeugt, so daß ich gesagt habe, daß ich am Samstagabend zum Waldhauser kommen und wir von dort zum Oberleber gehen werden. Ich machte die Stallarbeit fertig, packte mein kleines russisches Bündel und schlich zur Hintertür hinaus. In diesem Augenblick aber sprang vor meiner Nase der Gottfried vom Balkon. Du Luder, sagte der Gottfried, wirst du wohl wieder hintergehen! Er hat mich beim Krawatl erwischt und wieder ins Haus hineingezerrt. Scheinbar

hat er oder gar die Familie bemerkt, daß ich davongehen will, sie wußten natürlich nicht, wohin, der Gottfried hat mich aber abgefangen. Vielleicht haben sie
sich denken können, daß ich zum Oberleber will, weil
sie mich öfter mit der Jawdocha gesehen haben. Ich
packte mein Wäschebündel wieder aus, gab die paar
Kleider, die ich hatte, in die Kiste und legte mich
schlafen. Es war Samstagabend.

Am nächsten Morgen, an einem Sonntag, erledigte ich
wieder die Stallarbeit und dachte wieder daran, abzuhauen. Wieder habe ich mein Bündel gepackt, es unter
den Arm genommen und bin über den Hügel, über das
Feld und wieder über einen Hügel zum Waldhauser
gelaufen. Diesmals ist es mir gelungen, diesmals hat
mich keiner erwischt. Die Jawdocha schimpfte mit
mir, sie fragte mich, warum ich nicht schon gestern
abend gekommen bin. Sie arbeitete gerade noch im
Stall, wusch sich danach, kleidete sich um, und um elf
Uhr vormittags gingen wir zum Oberleber. Als wir
beim Oberleber ankamen, war außer dem Rottensteiner Kurt niemand da, Bauer und Bäuerin waren außer
Haus. Durch den Wald sind wir zum Oberleber gegangen. Ich habe mich damals noch nicht ausgekannt, ich
bin dort das erstemal gegangen. Bei der Ödenkeusche
sind wir vorbeigegangen. Der Rottensteiner Kurt, der
damals vielleicht zehn Jahre alt war, war also allein
daheim. Auf den Tisch ist er hinaufgesprungen, hat
sich im Kreis gedreht, am Boden ist er herumgekro-
chen, ja, alles mögliche hat er aufgeführt. Weil er alleine daheim war, hat er den Fremden zeigen müssen,
was er kann. Der Rottensteiner Kurt war schon über
alles informiert, er zeigte mir mein Zimmer, deutete

mit seinem Finger auf ein Bett und sagte, Da wirst du schlafen! Er sagte, daß die Alten in die Kirche gegangen sind, daß sie erst später kommen werden. Eins, zwei Uhr nachmittags ist es geworden, die Bauern sind noch immer nicht gekommen. Der Rottensteiner Kurt ist mir mit seinen Tänzen bereits auf die Nerven gegangen, ich wollte nicht mehr länger warten, denn ich hatte an diesem Nachmittag auch mit der Lydia ausgemacht, daß ich sie besuchen werde. Sie kommen gleich, sie kommen gleich, sagte die Jawdocha, aber dieser Rottensteiner Kurt ist mir so auf die Nerven gegangen, daß ich mir sagte, daß mir die zehn Buben, die mich beim Niederstarzer sekkieren, lieber sind als dieser Rottensteiner Kurt beim Oberleber. Ich wollte zur Lydia gehen. Ich sagte zur Jawdocha, daß ich nicht dableiben, daß ich zu meiner Schwester gehen möchte, aber die Jawdocha wollte, daß ich dableibe, auf die Bauern warte und beim Oberleber arbeite. Ich wollte davongehen, aber ich kannte die Gegend noch nicht genau, die Wälder kannte ich nicht, ich war nicht länger als zwei Monate da. Ich habe schon zu plärren begonnen und zur Jawdocha gesagt, Bitte führ mich zu meiner Schwester, ich will nicht dableiben, ich will zur Lydia! Ich habe dann aber so geplärrt, daß sie Mitleid mit mir hatte und mit mir doch zu meiner Schwester gegangen ist. Wir gingen durch den Wald, und beim Eggerbauern kam mir die Lydia schon entgegen. Ich erzählte ihr, daß ich beim Niederstarzer mein Bündel gepackt habe und davongegangen bin, zum Oberleber hinauf. Was fällt dir denn ein, sagte die Lydia, was ist dir denn beim Niederstarzer abgegangen, du hast doch dort alles gehabt, die Mame ist auch gut zu dir, du gehst wieder zum Niederstarzer zurück! Що з тобою! Що тобі не сподобалось у твоїх хазяїв! Там у тебе все було. Хазяйка до тебе добра, вернися до твоїх хазяїв! Sie haben wohl geschaut auf mich, mir ist ja nichts abgegangen, aber die Buben haben mich belästigt, vor allem aber die Hilde. Die Jawdocha sagte, daß ich es hier schöner haben werde, daß mich niemand belästigen wird, deshalb habe ich mich über- reden lassen und habe mein Bündel gepackt, sagte ich zur Lydia. Als ich aber den Oberleberhof und den Rottensteiner Kurt sah, wäre ich schon froh gewesen, wenn ich wieder daheim beim Niederstarzer wäre. Du gehst sofort wieder zum Niederstarzer zurück, sagte die Lydia, was fällt dir denn ein, du kannst nicht davonlaufen, ohne zu jemandem etwas zu sagen. Die Lydia hatte natürlich auch Angst, daß mir etwas zu- stößt, daß ich bestraft werde, wenn ich ohne zu fragen vom einen zum anderen Bauernhof gehe, vom einen auf den anderen Bauernhof flüchte. Daraufhin bin ich wieder zum Niederstarzer zurückgegangen. Die Lydia hat mich noch ein Stück begleitet. Vor dem Niederstar- zer kehrte die Lydia um.

Ich ging ins Haus, schlich über die Stiege hinauf. Es waren nur die Fane und der Jogl daheim. Ich schlug wieder den Deckel des Koffers auf, in den ich meine sieben Zwetschken, meine Kleider, legte, die ich von der verstorbenen Großmutter des Hauses geerbt hatte. Dieser Koffer liegt noch heute auf dem Dachboden. Ein paar Kittel habe ich bekommen, nachdem die Großmutter am 25. März gestorben war. Das war die Mutter meines späteren Schwiegervaters. Am sieben- ten April habe ich mich ins Bett der verstorbenen

Großmutter gelegt und ihre Kittel tragen dürfen, die ich also wieder in den Koffer hineingegeben habe. Die Fane hat mich eine Zeitlang später wieder getratzt und spitzbübisch gesagt, Du schläfst in einem Totenbett, du schläfst in einem Totenbett! Mir war das damals aber egal, ich lag schon lange genug in diesem Totenbett und habe mich nicht drüber beklagen können. Ich weiß noch heute, daß der Kittel, den ich trug und den ich aus dem Nachlaß der toten Großmutter bekommen habe, eine blaue Farbe hatte, und ob es der Kittel einer Toten oder einer Lebendigen war, das war mir egal. Ich schloß den Koffer wieder und ging langsam und zaghaft die Stiege hinunter. Ich hatte natürlich Angst, ich wußte nicht, was auf mich zukommen würde. Daß ich abgehauen bin, haben sie schon bemerkt, denn die Stelle, wo ich aus dem Haus hinausschlüpfte, haben sie bereits mit einem Brett vernagelt. Was wird die Fane, was wird der Jogl sagen? Die Mame war nicht daheim, der Tate auch nicht, sie sind in die Kirche und dann weiter nach Duel zu ihren Eltern gegangen. Als ich zur Küchentür hereinkam, sagte keiner ein Wort, die Fane nicht, der Jogl auch nicht. Die Fane hat mir einen Gerspren auf den Tisch gestellt, und ich war froh, daß keiner ein Wort gesagt, niemand mit mir geschimpft hat.

Die Jawdocha sagte einmal, daß ich ihr meine Ohrringlein leihen soll, sie möchte sie nur einmal aufprobieren. Wir Mägde aus Rußland und aus Polen haben uns ja öfter getroffen, meistens sonntags sind wir zusammengesessen oder sind spazierengegangen. Die Jawdocha fragte mich, ob sie meine Ohrringlein einmal aufprobieren dürfe. Sie steckte die Ringlein ans Ohr und gab sie mir einfach nicht mehr zurück. Sie wollte sie mir einfach nicht mehr zurückgeben. Drei- oder viermal mußte ich zum Waldhauser hinaufgehen und sagen, daß ich meine Ohrringe zurückhaben will, daß die Jawdocha meine Ringe von den Ohren nehmen soll. Als sie dann aber doch die Ohrringe wieder abmontierte, waren sie kaputt, wahrscheinlich weil sie die Ohrringe so ungeschickt abgenommen, vielleicht weggerissen hat. Ich habe diese Ohrringe nie mehr anlegen können. Sie waren das einzige Andenken, das ich aus der Ukraine, aus Dóbenka mitgebracht habe. Mein russischer Onkel, der Goldschmied war, hat mir diese Ohrringe geschenkt, sie waren aus reinem Gold, dazu war es noch rotes Gold, das noch wertvoller ist als das gelbe Gold.

Die Jawdocha hatte in Fresach eine polnische Freundin, die bei einem Bauern Magd war, die sehr viel gestohlen hat. Diese polnische Magd war unglaublich arbeitsam und fleißig, aber sie hat halt immer etwas stehlen müssen. Als sie ein paarmal bei Diebstählen erwischt wurde, brachte man sie zur Ortspolizei, wo sie von den Polizisten durchgehauen wurde. Der Stehltrieb aber war bei dieser polnischen Dirn eine Krankheit. Sie hat auch Dinge gestohlen, die sie eigentlich nicht gebraucht hat, ob Marmelade oder sonstwas, sie hat gestohlen, was sie erwischen konnte. Dann hat sie sich aber selber weggeräumt, sie hat sich aufgehängt. Sie hat im Stall alles säuberlich fertig gemacht, die Viecher gefüttert, die Kühe gemolken, den Stall ausgekehrt, dann hat sie den Strick genommen und hat sich weggeräumt. Mutter, du weißt gar nicht, wie krank ich bin! sagte sie zur Wirtbäuerin, bei der sie

Magd war. Einen Teil des Diebsgutes hatte sie der Jawdocha, der polnischen Magd, gegeben. Ich glaube, daß sie sich auch deswegen aufgehängt hat, weil sie dieses Stehlen nicht lassen konnte, weil sie von diesem Stehlen, von der Anhäufung des Gestohlenen schon erdrückt worden ist. Das war bei ihr schon eine regelrechte Sucht. Die Wirtbäuerin hat sie sehr gern gehabt, weil sie so fleißig war. Die Jawdocha war ein abgedrehtes Mistviech. Nachdem sie meine Ohrringe, mein einziges Andenken aus Rußland, kaputtgemacht hat, wollte ich mit ihr nichts mehr zu tun haben, wollte ich sie nicht mehr sehen.

Als ich nach meiner kurzen Flucht zum Oberleberhof wieder heimkam, war wieder alles okay, der Jogl, die Fane, keiner hat mich beschimpft. Ich habe dann aber doch noch Ängste ausstehen müssen, denn die Mame und der Tate waren noch nicht daheim, ich wußte nicht, wie sie auf meinen Fluchtversuch und auf meine Flucht reagieren werden. Als sie heimkamen, lachten sie nur, sagten aber kein grobes Wort. Soviel habe ich schon Deutsch verstanden, daß ich ein grobes von einem feinen Wort unterscheiden konnte. Danach habe ich nie mehr einen Fluchtversuch gemacht. Ich war wieder froh, daß ich daheim beim Niederstarzer war.

Vierzehn Tage war ich damals auf dem Bergbauernhof, als ich neben dem Pflug und den beiden an den Pflug gespannten Ochsen hergehen mußte. Der Robert, der später SS-ler wurde, ging ebenfalls hinter dem Pflug her und kontollierte die Erdschollen, die wir machten. Die Ochsen aber wollten einmal nicht mehr weitergehen, ich habe sie treiben und mit der Rute schlagen müssen, aber sie sind starr stehengeblieben, sie wollten nicht mehr weitergehen. Die Ochsen konnten deswegen nicht gehen, weil der Pflug verstellt und abgebremst war. Der Robert ist aber, weil auf dem Acker nichts weitergegangen ist, die Ochsen nicht vorwärtsgehen wollten, auf mich losgegangen und hat die Peitsche gegen mich erhoben. Ich wollte davonlaufen, bin ein Stück nach vorn gerannt, der Robert mit der Peitsche hinterher, aber er hat wohl die Angst und das Entsetzen in meinen Augen gesehen, nachdem er die Peitsche gegen mich erhoben hat. Dieses Entsetzen und die Angst, die er von meinen Augen ablesen konnte, haben ihn zurückgeschreckt, sonst hätte er mich mit dieser Peitsche wie die Ochsen geschlagen. Seit er mich auf dem Acker bei den Ochsen mit der Peitsche bedroht hat, habe ich den Robert nie mehr mögen. Ich bin ihm ausgewichen, wo ich nur konnte. Viel später hat der Robert einmal zu mir gesagt, Ich weiß wohl, warum du mich nicht magst! Seit damals, als ich mit erhobener Peitsche auf dem Acker auf dich losgegangen bin. Er lachte dann und sagte, Dabei war nur der Pflug verstellt und abgebremst, deshalb sind die Ochsen nicht weitergegangen, und ich habe dir die Schuld gegeben.

Am ersten Morgen, als ich im östlichen Zimmer des Bergbauernhofes aufstand, ans Fenster trat und sah, daß Schnee gefallen war, ging ich zaghaft und ängstlich über die Stiege hinunter, in die Küche hinein. Ich bekam ein Frühstück. Danach gab mir die Mame einen Besen und deutete, daß ich die Labn, den Vorraum des Hauses auskehren soll. Ich wischte wohl da und dort herum, aber es kam mir nutzlos vor. Ich hatte ein Tuch um meinen Kopf gebunden, war blaß und schmal, trug einen dicken Rock und einen tiefen Kittel. Als mich der Jogl das erstemal mit dem Besen in der Hand sah, dachte er, so erzählte er es mir später, daß ich ein fünfzigjähriges Weibele bin.

Das Haus war damals weit und breit das schiachste, nicht einmal beim Siedlbacher war es so verlottert wie bei uns. Beim Koflerbauern, wo meine Schwester lebte, hatten sie schon einen Sparherd, wir lebten in einer Rauchkuchl mit kleinen Fenstern, die von einem Eisenkreuz abgeriegelt waren. Es gab in der Küche keinen Kamin, der den Rauch abzog. Wir mußten im Sommer wie im Winter, während wir heizten, die Fenster öffnen, damit der Rauch abziehen konnte. Manchmal stand so dichter Rauch in der Küche, daß man vom einen zum anderen Ende des Raumes gar nicht mehr sehen konnte. Das Innere des Hauses, so kam es mir damals vor, als ich von Rußland hierherkam, sah wie eine Höhle aus. Dieser Anblick steigerte meine Fantasie so weit, daß ich schließlich daran denken mußte, daß ich gebraten werde. Natürlich mußte ich bei diesem Anblick an unser schönes Haus in Dóbenka denken, das Vater und Mutter gebaut haben. Der einzige Trost für mich war, daß die Mame so gut zu mir war. Sie hat mich niemals mißhandelt. Das Wasser rann vor dem Haus über eine Rinne hinunter. Mit den Eimern gingen wir hinaus, fingen das Wasser auf und trugen es in die Küche. Im Winter mußten wir jeden Morgen zuerst das Eis von der Rinne weghacken, ehe wir das Wasser, das wir zum Kochen und Waschen brauchten, in den Eimern auffangen und ins Haus tragen konnten.

Drei Wochen war ich dann da, suchte Arbeit im Haus,

fand aber keine. Zum Zusammenräumen war nichts. Es stand wohl eine Bank um den Tisch, die ich hätte abreiben können, aber sonst habe ich keine Arbeit gefunden. Samstags haben wir den Boden gerieben und alles zusammengeräumt, so gut es ging, sonst war aber nicht viel zu tun. Es war mir einfach zu wenig Arbeit, ich wußte nicht, wie ich mich unterhalten sollte. Ich habe einfach am Morgen und Abend die Hühner zu füttern begonnen, ohne daß mich jemand dazu angehalten hätte. Dann wurde aber diese Aufgabe auf mich übertragen. Der Hühnerstall stand neben dem Saustall auf einer Anhöhe. Während ich am Abend die Hühner fütterte, habe ich oft in den Hof hinuntergeschaut und habe gesehen, wie die Fane mit einem Melkeimer in den Stall ging. Die Fane war die Kuhdirn, aber ich hätte auch so gerne gemolken, wußte aber nicht, wie ich darum fragen sollte, ob auch ich melken darf, ich wußte das deutsche Wort dafür noch nicht. Ich bin zur Mame gegangen und habe in der Luft mit meinen Händen Melkbewegungen gemacht. Freilich kannst du melken gehen, wenn du willst, sagte die Mame. Mit Freuden bin ich dann vom Hühnerstall heruntergesprungen und in den Stall gelaufen. Ich habe mich vor die Fane hingestellt und vor ihr ebenfalls mit meinen Händen in der Luft die Melkbewegung gemacht. Die Fane hatte immer so ein kleines Hütchen auf, hockte vor der Kuh und zog an den Zitzen, sah meine Handbewegungen, lachte und sagte abschätzig, Du und melken! Ich habe aber einen Eimer genommen, den Melkstuhl und habe mich zu einer Kuh gesetzt. Allerdings saß ich vor einer Kuh, die zwei zusammengewachsene Zitzen hatte. Diese Tuten mußte man zugleich melken, das verstand ich noch nicht. Die Fane sah es und deutete auf eine andere Kuh, ich sollte eine andere Kuh melken. Ich ging zur Hirsche, das war eine gute alte Kuh, die habe ich dann gemolken. Ich hatte natürlich eine große Freude, weil ich melken konnte. Von dieser Zeit an bin ich die Kuhdirn geworden. Jeden Morgen und jeden Abend bin ich in den Stall zu den Kühen gegangen und habe gemolken. Eine Zeitlang bin ich mit der Fane in den Stall gegangen. Wir haben gemeinsam gemolken. Später aber, als die Fane sah, daß ich schon gut melken kann, ist sie im Haus geblieben, ist sie nicht mehr melken gegangen. Die Fane hat dann die Schweine gefüttert. Das hat früher die Mame getan. Dadurch wurde die Mame wieder ein bißchen entlastet. Das Grünzeug, das Kühfutter, haben die Fane und ich gemeinsam abgemäht und in alten, groben Leinentüchern oder Körben in den Stall getragen. Der Sohn des Niederstarzerbauern, der Jogl, mein jetziger Mann, hat im Nebenstall die Ochsen gefüttert. Beim Kühemelken hat er mich entdeckt. Er ist aus dem Ochsenstall gekommen und hat mir eine Zeitlang beim Melken zugeschaut. Mein Kittel, so sagte er immer wieder, hat ihm so gefallen. Wenn ich mich gedreht habe, hat sich der Kittel mitgedreht.

Sechs oder sieben Bündel Grünfutter haben wir jeden Morgen vom Kuhgarten in den Stall hinaufgetragen. Diese Leinentücherbündel voll Kühfutter, die wir auf den Kopf nahmen, waren so schwer, daß ich oft unter dieser Last zusammengebrochen bin. Wenn ich mit dem nassen Kühfutter in die Knie ging, hat natürlich die Fane wieder gelacht, hat mit mir geschimpft und mir gesagt, wie schwach ich bin. Oft bin ich unter dieser Kühfutterlast zusammengebrochen. Die Fane hat mir wohl wieder aufgeholfen und mir das Bündel auf den Kopf gegeben. Sie hat dann, wenn sie mir aufhelfen mußte, immer mit mir geschimpft. Zum Glück habe ich die Worte, die sie dabei ausstieß, nicht verstanden. Am Klang dieser Worte verstand ich natürlich, daß sie keine feinen Ausdrücke von sich gab. Ja, dieses Kühfutterarbeiten war eine große Plage. Es war einfach zu schwer für mich. Ich hatte mich von den Strapazen unserer Fahrt im Viehwaggon durch Rußland, Polen, die Tschechoslowakei und Österreich noch nicht erholt. Ich hatte noch nicht genug Kraft. Nachdem wir mit der Sense das Kühfutter gemäht hatten, warfen wir es auf das ausgebreitete Leinentuch, faßten die vier Enden des Leinentuches zusammen, hoben es auf den Kopf und trugen das nasse, schwere Kühfutter über den Hügel hinauf, unter der Linde, die zwischen Haus und Stadel steht, durch, in den Stall hinein. Mehrere Male mußten wir gehen, bis genug Grünfutter im Stall war. Oft habe ich die Mame gefragt, warum wir das Kühfutter in den Stall hinauftragen müssen, warum die Kühe nicht in den Anger hinuntergetrieben werden und dort alles auffressen, was sie finden können. In Rußland haben wir die Viecher immer auf die Weide, auf die Halt hinausgetrieben, haben nie das Gras abgemäht und in den Stall getragen. Wahrscheinlich war es hier wegen der vielen Obstbäume, die im Kuhgarten standen, nicht möglich. Mit der Zeit habe ich von diesem Kühfuttertragen Genick- und Buckelweh bekommen, aber ich wurde nicht verschont, ich habe jeden Morgen mit der Fane das schwere, nasse Kühfutter vom Kuhgarten über den Hügel hinauf in den Stall tragen müssen.

Dazwischen ereignete sich aber noch eine Geschichte. Es war August geworden. Ich war schon fünf Monate von Rußland, von meinem Dóbenka und von meiner Mutter weg. Die Mame hat erfahren, daß ich im August Geburtstag habe. An meinen eigenen Geburtstag habe ich hier in Mooswald auf dem Bergbauernhof gar nicht gedacht. Draußen in Rußland war es nicht der Brauch, die Geburtstage zu feiern, jedenfalls damals bei uns nicht. Die Fane und ich haben die Kühe in den Kuhgarten getrieben. Kühfutter haben wir zu dieser Zeit trotzdem im Leintuch über den Hügel hinauf in den Stall tragen müssen, aber damals wurden die Kühe in der Nacht in ein eingezäuntes Feldstück hinuntergetrieben. Am nächsten Morgen holte ich die Kühe herauf und trieb sie in den Stall. Während des Tages wollten sie nicht im Kuhgarten bleiben, es war zu heiß, es war noch August. Ich bin also in den Kuhgarten hinuntergegangen, um die Kühe raufzutreiben. Eine Kalm war unten, die schon vier, fünf Monate trächtig war und später hätte kälbern sollen, aber als ich hinkam und die Kühe rauftreiben wollte, sah ich, daß sie schon gekälbert hatte. Da lag ein Kalb im Klee, aber das war alles nur so ein Fleischpatzen, zu früh ausgetragen, das hat schiach ausgeschaut. Vier Monate ist das Kalb zu früh auf die Welt gekommen. Dieser Anblick hat mich furchtbar erschreckt. Die Kühe brachte ich nicht weiter, mit der Kalm wußte ich nicht, was tun, der Fleischpatzen lag vor mir. Ich rief zum Hof hinauf, Tate! Tate! Ich wußte aber nicht, wie ich es sagen, wie ich mich ausdrücken sollte. Soviel Deutsch sprechen konnte ich noch nicht, daß ich hätte sagen können, daß die Kuh gekälbert hat. Ich schrie dann hinauf, Tate! Tate! Kuha Kalbl weg! Tate! Kuha Kalbl weg! Zuerst verstand man mich nicht. Es dauerte eine Zeitlang bis sie begriffen haben, was ich meinte. Dann sind der Tate und der Jogl wohl heruntergekommen. Wir haben die Kalm und die Kühe in den Stall hinaufgetrieben. Das war eine große Aufregung. Ich war sehr bekümmert um diese Totgeburt, es hat mir fast mehr weh getan als den Bauersleuten, weil das Kalb hin war. Der Tate und der Jogl haben diesen Fleischpatzen eingegraben. Aber das hat mich furchtbar erschreckt, als ich in den Kuhgarten hinunterlief, die Kühe hinauftreiben wollte, um sie zu melken, und ich auf einmal vor dieser Frühgeburt stand, die noch keine Haare hatte. Nachdem ich die Kühe gemolken hatte, bin ich ins Haus, in die Küche gegangen. Es stand frischer Kaffee auf dem Tisch, überzuckerter Schmarren und ein in Papier eingemachtes Paket. Das war für mich!

Die Mame hat mir zum vierzehnten Geburtstag gratuliert. Ich war damals vierzehn Jahre auf der Welt. In meinen russischen Papieren stand, daß ich fünfzehn Jahre alt bin. Ich habe damals in Kiew, du erinnerst dich, bevor wir einwaggoniert wurden, bei der Untersuchung, wie es mir die Mutter aufgetragen hat, ein falsches Geburtsdatum angegeben, nachdem sie hörte, daß die 29er Jahrgänge nicht mehr einberufen werden. Ich habe statt dem 28er Jahrgang den 29er angegeben, aber es hat, wie ich dir schon erzählt habe, trotzdem nichts geholfen. Sie haben mich trotzdem zu den anderen Ukrainern in den Viehwaggon gesteckt. Als mir die Mame zum Geburtstag gratulierte und mir das

Paket in die Hand gab, habe ich vor Freude geplärrt. Das war so feierlich, das hat mich so gerührt, daß ich wirklich plärrn mußte. Dabei habe ich wieder zu spüren bekommen, wie mich die Mame mag, wenn sie an meinen Geburtstag denkt. Wenn jemand im Haus Geburtstag oder Namenstag hatte, war die Mame immer aufmerksam. Das war ein sehr schönes Ereignis für mich.

Damals hatten wir eine Kuh, die sich nicht vom Stier besamen lassen wollte. Wir sind zum Nachbarschaftsstier gefahren, aber sie hat sich nicht besamen lassen, sie hat, wie man es bei uns nennt, immer überstiert. Früher war das ja nicht so wie heute, daß der Tierarzt auf den Berg gekommen ist und die Kuh künstlich besamt hat, früher mußten wir die Kühe zum Nachbarschaftsstier treiben, der auf einem Bauernhof stand, und dort besamen lassen. Heute kommt deswegen oft der Tierarzt auf den Berg. Aber es kommt natürlich auch heute noch vor, daß wir mit einer Kuh zum Nachbarschaftsstier gehen. Der Tate wollte diese Kuh, weil sie sich nicht besamen lassen wollte, verkaufen. Ich habe schon soviel Deutsch verstanden, daß ich auch verstand, wenn sie davon im Ärger sprachen, wenn sich die Kuh nicht besamen lassen wollte. Einmal, als ich die Kühe wieder heimtrieb, habe ich gesehen, wie die eine Kuh auf der anderen reitet. Das ist ein Zeichen dafür, daß sie besamt werden will. Als ich mit dem Melken im Stall fertig war, sagte ich zum Jogl, zu meinem jetzigen Gatten, Fahren wir mit der Kuh zum Stier, zum Marhof runter, die Kuh reitet jetzt. Nein, ich fahre nicht, sagte der Jogl. Ich habe aber der Kuh einen Strick um den Hals gebunden, habe sie aus dem

Stall geführt und bin mit ihr zum Stier gegangen. Ich hätte aber die Kuh nicht mehr zum Stier führen dürfen, denn der Tate wollte sie verkaufen. Milch hatte sie keine mehr, aber eine Kuh, die besamt ist, wollte er nicht mehr verkaufen. Mit dem Marhof war der Niederstarzer damals zerrauft, sie waren zerstritten. Der Marhof aber hatte den Genossenschaftsstier, zu dem alle Bauern aus der Umgebung ihre Kühe brachten, um sie besamen zu lassen. Aber bevor der Niederstarzerbauer zum Marhofbauern, mit dem er zerstritten war, ging, um von seinem Genossenschaftsstier die Kuh besamen zu lassen, wollte er die Kuh lieber verkaufen.

Beim Marhof lebte auch als Magd ein verschlepptes Dirndle aus der Ukraine. Ich war mit ihr befreundet. Dieses achtzehnjährige Dirndle wurde vom Bauern mehr ausgenutzt als wir. Nicht einmal einen freien Sonntag hätte dieses Dirndle haben sollen. Sie hat sowieso fast Tag und Nacht arbeiten müssen. Die Lydia und ich sagten zum Marhofbauern, daß dieses Dirndle aus der Ukraine unsere Cousine ist. Der Marhofbauer wußte, daß die Lydia und ich aus der Ukraine stammen, deshalb haben wir leicht sagen können, daß dieses Dirndle unsere Cousine ist, was nicht stimmte, aber wir wollten sie wenigstens sonntags von ihrem Magddasein befreien. Die Lydia und ich gingen gemeinsam zum Marhof und holten das Dirndle ab. Der Bauer war natürlich böse auf uns, aber das hat mir nichts ausgemacht. Die Frau des Marhofbauern hat mich trotzdem sehr gemocht, sie hat mich gut leiden können, obwohl wir ihnen sonntags ihre ukrainische Magd entrissen haben. Entweder ist die Lydia zu mir heruntergekommen und wir haben das Dirndle gemeinsam abgeholt, oder ich bin alleine zum Marhof hinuntergegangen, habe die Magd abgeholt, und wir sind dann gemeinsam zur Lydia gegangen.

Ich dachte, als ich die Kuh am Strick hielt und damit zum Nachbarschaftsstier gehen wollte, mich kennen die Marhofleute wohl, ich gehe einfach mit ihr hinunter. Der Jogl, der damals gleich alt war wie ich, schrie mir nach, und dabei habe ich nur die Worte, Du Luder! Hinterfahren! verstanden, alles andere habe ich noch nicht verstanden, so gut Deutsch konnte ich noch nicht reden und verstehen. Ich verstand nur, daß ich mit der Kuh wieder hinterfahren, daß ich die Kuh nicht besamen lassen soll. Wahrscheinlich hat er dabei auch gesagt, daß der Tate die Kuh nicht mehr besamen lassen, daß er sie verkaufen will, aber ich habe nur verstanden, Du Luder! Hinterfahren! Ich dachte, Schrei, soviel du willst, ich habe die Kuh weitergeführt am Strick, der Stier hat sie belegt, sie war besamt. Als ich mit der belegten Kuh wieder heimkam, hat der Jogl mit mir geschrien. Ich habe plärrend die Kuh in den Stall geführt, sie angehängt und bin zur Mame ins Zimmer gegangen. Wart nur, wenn der Tate heimkommt, dann kriegst du Schläge, sagte der Jogl. Ich hatte natürlich Angst davor, ich plärrte deshalb. Ich glaubte, daß ich im Sinne des Bauern handle, er wollte ja die Kuh besamen lassen, habe aber nicht mitgekriegt, daß er sich in der Zwischenzeit anders entschieden hatte, daß er die Kuh verkaufen wollte. Zur selben Zeit hatte die Fane, die gerne Dummheiten machte, in das Bett vom Jogl einen Haufen Brennesseln hineingesteckt, und der Jogl hat sich, während ich bei der Mame immer noch

plärrte, niedergelegt, in die Brennesseln hinein. Die
Mame hat mich aber getröstet und hat gütig mit mir
geredet, sie sagte, Er wollte die Kuh verkaufen, jetzt
hast du sie aber besamen lassen, aber du brauchst keine
Angst zu haben, Schläge bekommst du keine. In diesem Moment aber stürzte der Jogl zur Zimmertür
herein und rief, Diese Ludersweiber haben mir Brennesseln ins Bett gelegt! Er hatte sich nämlich in die
Brennesseln hineingelegt. Das habe ich ihm natürlich
vergönnt, da hatte ich natürlich eine große Freude. Die
Mame und ich haben gelacht, als er das zur Tür herein-
rief. Die Mame sagte, Siehst du, das war jetzt die Strafe,
weil du mit dem Dirndle so geschrien hast. Das war
natürlich eine Wohltat für mich, das habe ich ihm
vergönnt, da war ich einmal schadenfroh. Der Jogl
wollte mir die Schuld geben, er glaubte, daß ich die
Brennesseln in sein Bett gesteckt habe, dabei war es die
Fane. Das war so eine Dummheit, die die Fane gemacht hat, nicht aus einem Rachegefühl, weil der Jogl
mit mir geschrien hat, nein, es hat ihr immer gefallen,
wenn mich die anderen gehänselt oder beschimpft haben. Das war nur so eine Dummheit von ihr, die
zufällig mit der Kuhgeschichte zusammengefallen ist.
Im folgenden Winter mußten wir radspinnen. Die
Mame brachte mir ein kleines Spinnrad, zeigte mir, wie
ich spinnen soll, und ich begriff schnell, weil die Mutter und ich auch in Rußland gesponnen haben. Schon
in Rußland hatte mir die Mutter ein kleines Spinnrad
gegeben. Die Fane, die das Radspinnen nie begriffen
hat, wunderte sich, warum ich so schnell spinnen
konnte. Obwohl die Fane schon 24 Jahre alt war und
winters immer gesponnen wurde, hat sie es nicht er-

lernt. Ich habe erst später erfahren, daß die Mame so ein Heil mit mir hatte, weil ich sofort am Spinnrad arbeiten konnte. Selbst die Nachbarn sagten, Die Fane hat schon so oft probiert und kapiert es immer noch nicht, während sich die Vale ans Rad gesetzt und gesponnen hat. Deshalb war die Fane natürlich wieder eifersüchtig. Die Hilde war natürlich auch eifersüchtig, weil ich für die Mame alles getan habe, während die Hilde eigentlich überhaupt nicht arbeiten wollte. Die Hilde war ein Mordsluder! Einmal sagte die Mame zu ihr, daß sie Schwarzbeeren klauben soll. Sie ging in den Ebnerwald, legte sich im Moos nieder und schlief den ganzen Tag. Als sie zurückkam, sagte sie, daß sie keine Schwarzbeeren gefunden hat. Die Mame kannte ihre Streiche schon, sie schimpfte in einem solchen Fall nicht, sie war halt eine gute Frau. Sie wußte außerdem, daß die Hilde nicht lange auf dem Hof bleibt, daß sie wieder nach Deutschland zu ihrem Vater gehen wird. Ich habe unter der Hilde viel gelitten. Die Mame hat mich immer wieder beschützt und sagte, Laß sie, laß sie, mach dir nichts draus. Ich konnte zu dieser Zeit schon ein bißchen Deutsch reden und verstehen, ich konnte mich schon mit Worten verteidigen, wenn es notwendig war. Am Anfang habe ich unter diesem Mistviech furchtbar gelitten.

Draußen in Rußland habe ich in der fünften Klasse die deutschen Buchstaben und ein bißchen lesen gelernt, verstanden habe ich nichts. Mit russischem Akzent habe ich einmal in der Schule ein deutsches Gedicht aufgesagt, Bunt sind schon die Wälder, braun sind schon die Felder, draußen geht der Wind . . ., weiter weiß ich dieses Gedicht nicht mehr. Als ich dieses

Gedicht aufsagte, habe ich einen Einser bekommen. Deshalb hatten alle Schüler eine Wut auf mich. In Russisch habe ich einen Vierer und in Deutsch einen Einser ins Zeugnis bekommen. Als ich hierher nach Kärnten kam, merkte ich, daß ich vom Deutschunterricht in Rußland eigentlich überhaupt nichts profitiert habe. Ich verstand kein Wort, außerdem wurde Kärntner Mundart gesprochen.

Als ich dann ein paar Monate hier war, begann ich schon zu fragen, Was ist das? Die Buben haben mir natürlich oft blöde Sachen vorgesagt, und wenn ich ihre Worte nachgesprochen habe, da kannst du dir vorstellen, wie sie mich ausgelacht haben. Das war eine Show für die Buben! Ich habe mich dann natürlich immer geschämt. Die Fane hatte zwei Schimpfwörter, die sie oft ausstieß, Sauviechmetze und Luder. Diese Wörter habe ich oft nachgesagt, weil ich geglaubt habe, daß sie weiß Gott wie schön sind. Wenn der Fane irgend etwas nicht gepaßt oder irgend etwas nicht gleich so funktioniert hat, wie sie es haben wollte, hat sie immer Sauviechmetze oder Luder gerufen. Das Wort Teufel habe ich schon sehr früh kennengelernt. Dieses Wort, da ich wußte, was es für eine Bedeutung hat, habe ich gemieden, habe ich nicht nachgesagt, aber auf die Wörter Sauviechmetze und Luder bin ich länger hereingefallen. Ich wußte, daß Teufel Tschort auf russisch heißt. Ich wußte, daß man das Wort Teufel nicht in den Mund nehmen soll. Als mich der Gottfried einmal fluchen hörte, sagte er, Vale, das darfst du nicht mehr sagen. Wenn du Sauviechmetze sagst, sprichst du die heilige Jungfrau Maria, die Mutter Gottes an, das ist eine Gotteslästerung, das darfst du nicht mehr sagen. Luder sollst du auch nicht mehr sagen, das ist so etwas Ähnliches wie Teufel, das sollst du nicht mehr sagen. Als ich das wußte, habe ich diese Wörter nie mehr in den Mund genommen. Der Gottfried war vernünftig, er begann mich aufzuklären, und ich glaube, daß er mit den anderen öfter geschimpft hat, wenn sie mich gehänselt haben oder mit mir Dummheiten treiben wollten, wenn mich die Buben und die Hilde ausgespottet haben. Der Gottfried, der als Siebzehnjähriger einrücken mußte, ist dann im Krieg gefallen.

Nach einiger Zeit aber, als ich mehr und mehr Deutsch lernte, habe ich mich nicht mehr foppen lassen. Die Polen haben aber auch ziemlich geflucht. Die Hilde sagte wieder, Vale! was ist das? Ich konnte noch keine Antwort geben. Dann hat sie wieder schiache polnische Wörter gesagt. Ich habe mich für sie geschämt, weil sie so eine ungebildete Gans war. Ich hätte mich nie getraut, diese Wörter in den Mund zu nehmen, das wäre mir nie eingefallen, und die Hilde hat mir jedesmal so ein Zeug vorgeredet. Als ich später verstanden habe, welche Bedeutung diese polnischen Wörter auf deutsch oder russisch haben, habe ich die Hilde zu hassen begonnen, weil sie solche schiachen Wörter vorgesagt hat. Ich begann sehr intensiv Deutsch zu lernen. Gulter sagten wir zur Steppdecke. Gulter, Polster, Bettkrowat habe ich immer wieder gesagt. Die beiden deutschen und russischen Wörter Bett und Krowat habe ich zusammengestoppelt. Ich habe wohl sehr viele deutsche und russische Wörter beim Reden durcheinandergemischt, die Lydia hat mich aber darauf aufmerksam gemacht. Wenn ich mit ihr russisch

sprach, habe ich oft deutsche Wörter dazwischenge-
mischt. In einem Jahr allerdings habe ich dann ziemlich
gut deutsch geredet. Die Mame und auch die anderen
staunten, weil ich so schnell Deutsch lernte.

Oft haben die Mame und ich gemeinsam Lieder gesungen. Diese Lieder kann ich noch heute auswendig.
Stille Nacht, Heilige Nacht haben wir vor allem gesungen und O, du fröhliche. Ein Lied, das eigentlich ein
Trauerlied, ein Wachlied ist, das man vor einem Sarg
singen sollte, haben wir oft zu Weihnachten, wenn wir
unter dem Christbaum standen, gesungen. Zu Weihnachten, unter dem Christbaum wollen meine Buben
und mein Mann, der auch mit diesem Lied aufgewachsen ist, dieses Lied heute noch singen: Pilger, sag,
wohin dein Wallen mit dem Stabe in der Hand? Nach
des Königs Wohlgefallen reis ich nach dem bessern
Land. Über Berge, Tal und Felder, durch die Wüsten,
durch die Wälder, durch die Wüsten, durch die Wälder
zieh ich meiner Heimat zu. Weißt du nichts von Furcht
und Grauen, wenn du pilgerst so allein? Nein, denn
treue Engelscharen müssen meine Wächter sein. Jesus
selbst steht mir zur Seiten, er wird meine Schritte
leiten, er wird meine Schritte leiten auf dem Weg ins
Vaterland.

Drei oder vier Monate war ich vielleicht schon hier am
Berg, da habe ich meiner Mutter nach Rußland geschrieben. Sie hat mir zurückgeschrieben. Ich hoffte,
daß wir, sobald der Krieg aus ist, nach Rußland zu
unserer Mutter heimfahren dürfen. Das wurde uns
damals versprochen, daß wir, sobald der Krieg aus ist,
in unsere Heimat zurückfahren können. Der größte
Schmerz war die Sehnsucht nach der Mutter, aber der

einzige Trost dabei war, daß wir uns immer wieder geschrieben haben und daß auch die Mame so gut zu mir war. Die Lydia und ich hatten immer wieder die Hoffnung, daß wir wieder in die Ukraine, in unsere Heimat, zu unserer Mutter zurückkehren können. Auf dem Dachboden in der Kiste, wo die Schulbücher meiner Söhne und die vielen, vielen Gebetsbücher meiner Schwiegermutter drinnen sind, liegen heute noch die russischen Briefe meiner Mutter. Ich habe sie nicht weggeworfen. Ja, ein ganzes Paket von diesen Briefen habe ich in dieser Kiste aufbewahrt, in die ich damals, als ich hierher kam, meine russischen Kleider legte.

Nach der Entbindung waren wir, wie ich schon erzählt habe, alle recht froh, daß der offene Fuß der Mame wieder zugeheilt ist. Der Hans ist, als das Kind auf die Welt kam, mit seinem Fotoapparat gekommen und hat Aufnahmen gemacht. Erika hieß das Kind. Es war ein großes Ereignis für mich, als dieses Kind getauft wurde. Ein Ereignis war es auch deshalb, weil ich früher nie mit einem kleinen Kind zusammenleben konnte, auch nicht in Rußland. Ich habe immer nur mit den russischen und Kärntner Puppen gespielt, und jetzt hatte ich auf einmal ein lebendes Kind, mit dem ich spielen durfte. Dieses Dirndle war für mich wie eine kleine Schwester.

Nach meinem ersten Streich, als ich davonlaufen und auf einem anderen Bauernhof arbeiten wollte, aber wieder freiwillig zurückgekehrt bin, habe ich mich mit den Buben erst so richtig angefreundet. Von diesem Augenblick an hänselten mich die Buben weniger, hatten mich lieber, anscheinend wollten sie doch, daß ich auf dem Hof bleibe. Die Lydia und ich haben uns auf den Höfen sehr wohlgefühlt, wir sind sehr gut behandelt worden, im Gegensatz zu manchen anderen Russen und Polen, die auf manchen Höfen mißhandelt und ausgenützt, zu regelrechten Arbeitstieren gemacht wurden. Wir ausländischen Mägde haben uns öfter getroffen und einander unser neues Leben erzählt. Da waren die Lydia und ich natürlich froh, daß wir beim Kofler und Starzer waren, wenn uns andere Dirnen erzählt haben, wie sie auf manchen Höfen behandelt wurden. Wir hatten genug zum Essen, wir hatten zum Anziehen, wir mußten nicht, wie andere Mägde und Knechte auf manchen Höfen, am Gesindetisch essen. Wir haben auch nicht das schlechtere Essen bekommen, wir haben dasselbe Mittagessen bekommen wie die anderen, im Gegensatz zu anderen Russen und Polen auf anderen Bauernhöfen. Sonntags haben wir russischen und polnischen Mägde uns getroffen und einander alles mögliche erzählt. Freilich haben wir einander auch unsere Lebensgeschichten aus unserer Heimat, aus Rußland oder Polen, erzählt. Wir hatten hier damals kein besonders gutes Essen, es war doch Krieg, die Lebensmittel waren knapp, aber wir Bauern hatten genug zum Essen, wir mußten beileibe nicht hungern. Für die Lydia und für mich war es wichtig zu spüren, daß wir zur Familie gehören, daß wir keine Ausgestoßenen sind. Wir wurden nicht schlechter behandelt als die anderen Familienmitglieder. Die Familie des Koflerbauern am Amberg waren ebenfalls nette Leute, sie haben die Lydia gern gehabt. Die Lydia war stark, hat fest gearbeitet, die Familie war mit ihr zufrieden. Damals, diese paar Monate, in denen die Mame

268

noch lebte, waren wir eine zufriedene Familie. Siehst du, wie die Vale schon waschen kann, sagte die Mame zu den anderen, ich brauch nicht mehr waschen, das macht schon die Vale für mich. Diese Worte haben mir natürlich gut getan. Die Ereignisse zum Schluß in Rußland, die wochenlange Reise im Viehwaggon und die ersten Wochen hier am Berg haben furchtbar an mir gezehrt, ich bin sehr abgemagert. Ich habe hier auf dem Bergbauernhof wieder an Gewicht zugenommen, ich habe gern und viel gegessen, ich habe mich erholt und habe auch gut ausgeschaut. Da sagte einmal mein zukünftiger Schwiegervater, als ich am offenen Herd stand, Jetzt kriegt die Vale auch schon festere Beine. Wahrscheinlich war ich dünn wie ein Strich, als ich hierher kam.

Im Sommer habe ich mir eine Nierenbeckenentzündung geholt. Die Mame und der Tate wollten den Doktor holen, aber vor lauter Angst, daß sie für mich zahlen müssen, sagte ich, Nein, ich brauche keinen Doktor, ich werde schon so gesund werden. Die Buben haben mir auch fast nicht geglaubt, daß ich so krank war, mein Urin war schon ganz weiß, ganz trüb. Damals wußte ich nicht, daß es eine Nierenbeckenentzündung war, heute weiß ich es.

Im Winter hatte ich eine Mandelentzündung. Nach Weihnachten, im Jänner muß es gewesen sein, ist der Jogl mit mir nach Feistritz zum Doktor gegangen. Er hat mich ins Ordinationszimmer hineingesteckt, und ich habe zusehen müssen, wie ich zurechtkomme, er selbst ist inzwischen fortgegangen. Ich habe damals noch nicht so gut deutsch gesprochen und habe dem Doktor mit meinem Finger auf den Hals gedeutet.

Alles verschwollen, sagte der Doktor und fuhr mit einem Gerät, einer Nadel, glaube ich, in meinen Mund und öffnete ein paar Beulen, aller Eiter floß heraus. Ich hätte zu einer Nachbehandlung gehen sollen, aber ich bin nicht gegangen. Ein kleiner Schaden ist mir von damals zurückgeblieben. Wenn ich heute verkühlt bin und mich räuspern muß, spüre ich noch die Stellen, die er aufgeschnitten hat, und sie lassen mich an die Zeit denken, als ich sprachlos vor dem Doktor stand und auf meinen Hals deutete. Die Schmerzen im Hals waren so groß, daß ich kaum Milch trinken konnte, etwas Anständiges essen konnte ich überhaupt nicht.

Als ich wegen meiner Nierenbeckenentzündung sagte, daß ich keinen Doktor brauche, wurde die Mame richtig zornig. Sie wollte nicht, daß meine Bescheidenheit so weit geht, daß ich bei einer schweren Krankheit auf den Doktor verzichte. Diese Nierenbeckenentzündung habe ich im Juli bekommen, im April wurde ich nach Kärnten verschleppt, deutsch reden konnte ich damals noch nicht, ich konnte ihr meine Krankheit nicht mit Worten erklären. Obwohl ich sehr viel Fieber hatte, habe ich mich nicht getraut zu sagen, daß ich einen Doktor brauche. An den Reden der Buben habe ich aber, obwohl ich wenig verstand, schon erfahren, daß sie sagten, daß ich nur nicht arbeiten will, daß ich nicht krank bin, daß ich nur faulenzen möchte. Das hat mir natürlich wieder schrecklich weh getan. Ich lag mit einer Nierenbeckenentzündung da, hatte vielleicht vierzig Fieber, und die Buben sagten, daß ich faulenzn möchte.

Der Mai ist auf sein Ende zugegangen. Die Fane und ich waren gerade bei der Wäschearbeit. Wir wuschen die schweren Leinentücher. Die Mame kam zu uns und sagte, Dirndlen! ich gehe jetzt hinunter zur Beihütte, ich werde dort ein bißchen liegen, mir ist so kalt. Sie ging hinunter, aber es dauerte nicht lange, dann kam sie wieder herauf und sagte, Nein, ich muß ins Bett gehen, mir ist gar nicht gut. Sie hat Schüttelfrost bekommen. Am nächsten Tag, am Donnerstag, mußte der Doktor geholt werden. Der Anderle, ihr Sohn, der damals dreizehn Jahre alt war, ging die Medizin holen, die der Doktor verschrieben hat. Das war für uns hier am Berg damals recht schwierig. Der den Doktor holte, mußte zu Fuß über den Berg hinunter nach Feistritz gehen. Der Doktor hatte wohl auch ein Motorrad, aber oft mußte er auch zu Fuß auf den Berg raufkommen. Das dauerte dann natürlich lange, bis so ein Doktor zu einem Kranken kommen konnte. Solange es nicht wirklich notwendig schien, haben die Bauern hier am Berg keinen Doktor geholt, einerseits, weil man die Arztrechnungen, und das ist auch heute noch so, zuerst zur Gänze einzahlen muß, bevor man von der Bauernkrankenkasse achtzig Prozent zurückbekommt. Dieser zwanzigprozentige Selbstbehalt ist noch heute. Manche Bauern hatten damals nicht einmal das Bargeld, um den Doktor bezahlen zu können, deshalb haben sie ihn oft gar nicht geholt, wenn es nicht unbedingt notwendig war. Wir Bauern müssen noch heute zwanzig Prozent von der Doktorrechnung bezahlen, während die Angestellten und Arbeiter in Österreich nichts bezahlen müssen, deshalb gehen wir ja auch heute noch nicht wegen jeder Kleinigkeit zum Doktor.

Der Anderle mußte also damals am Freitag wieder zu

Fuß ins Tal in die Apotheke gehen und die Medizin holen. Zeitweise war hier am Berg so ein schlechter Weg, daß der Doktor mit dem Motorrad nicht mehr weitergekommen ist, er ist steckengeblieben, er mußte es entweder schieben oder überhaupt in Fresach stehen lassen. Die anderen Buben und der Tate gingen auf die Alm, um zu zäunen, da doch bald die Viecher hinaufgetrieben werden mußten. Sie mußten die schadhaften Stellen an den Zäunen auf der Alm ausbessern. Mehr als eine Woche mußten sie auf der Alm arbeiten, ehe die Zäune wieder in Ordnung waren. Wir, die Fane und ich, haben unterdessen Flachs gejätet. Später ist die Fane bei der kranken Mame geblieben, während ich weitergejätet habe. Der Anderle ist um elf Uhr vormittags mit der Medizin gekommen. Ich habe das Jäten unterbrochen und bin zur Mame gegangen. Ich war dabei, als sie die Medizin eingenommen hat. Auf einmal stöhnte sie schmerzhaft auf und sagte, Was ist denn jetzt! Von diesem Augenblick an schnaufte sie sehr stark, sie hatte Mühe, Luft zu holen. Sie konnte nicht mehr liegen. Wir mußten ihr ein paar Polster hinter den Rücken schieben, damit sie aufrecht im Bett sitzen konnte, dabei konnte sie leichter atmen. Sie hat, wahrscheinlich von dieser Medizin, die sie nicht ertragen hat, eine Lungenembolie bekommen. Eine halbe Stunde, nachdem sie diese vom Doktor verschriebenen Tropfen eingenommen hatte, trat dieser Zustand der immer schwerer werdenden Atemnot ein. Die Mame verlangte den Pfarrer. Sie wußte, daß sie bald sterben muß. Der Pfarrer kam und versah sie mit den heiligen Sterbesakramenten. Ein paar Buben gingen auf die Alm und holten den Tate und den Jogl, die dabei waren, die Zäune zu richten. Wir standen vor ihr oder saßen mit gefalteten Händen am Bett und beteten.

Am Nachmittag, nachdem der Pfarrer wieder fort war, lief der Jogl wieder ins Dorf, nach Fresach hinunter und telefonierte nach dem Doktor. Damals hat es in Mooswald noch kein Telefon gegeben. Damals mußte man noch zu Fuß durch die Wälder nach Fresach hinuntergehen. Der Doktor sagte zum Jogl, daß er um sechs Uhr abends kommen werde. Gekommen aber ist der Doktor nicht. Wir haben noch bis neun Uhr gewartet, dann sagte der Tate, Die Dirndlen sollen zum Doktor hinunterlaufen, die Fane und die Vale. Die Fane und ich liefen zu Fuß vom Berg ins Tal hinunter, nach Feistritz. Um zehn Uhr nachts sind wir in Feistritz angekommen und haben den Doktor gesucht. Dort, wo jetzt das Gasthaus Tarock steht, wohnte der Doktor. Die Ordination hatte er dort, wo vor kurzem noch das Feistritzer Kino stand. Lange mußten wir ihn suchen, bis wir ihn fanden. Um das Wohnhaus sind wir herumgegangen und haben ihn gerufen, haben nach ihm geschrien. Es hat lange gedauert, bis er sich gerührt, den Fensterflügel im ersten Stock geöffnet und uns gefragt hat, was wir wollen. Wir erzählten, daß die Mame, seit sie die Medizin eingenommen hat, im Bett liegt und nach Luft ringt. Das versteh ich nicht, sagte der Doktor vom Fenster runter. Wir fragten ihn, warum er nicht um sechs Uhr abends, wie er am Telefon versprochen hat, zur Mame gekommen ist. Das Motorrad ist hin, sagte er. Alle möglichen Ausreden hat er gemacht. Eine halbe Stunde saß er dort am Fensterbrett und sagte immer wieder, als wir sagten, daß die Mame nach Luft ringt, Das versteh ich nicht,

das versteh ich nicht! Er ist am Fensterbrett sitzenge-
blieben, er ist lange nicht heruntergekommen. Wir
wissen nicht mehr, was wir tun sollen, sagten wir zu
ihm. Wir baten ihn noch einmal, daß er auf den Berg
hinauf zur Mame kommen soll. Er kam dann mit einem
Medizinfläschchen herunter und sagte, daß wir ihr
diese Tropfen geben sollen und daß er am nächsten Tag
um sechs Uhr in der Früh zur Mame kommen werde.
Die Fane und ich haben das Medizinfläschchen genommen und sind zu Fuß wieder auf den Berg hinaufgegangen.
Wir gingen über den Geißrücken nach Fresach und
von dort weiter nach Mooswald, bis wir hinter dem
Wald am Kuhgarten ankamen und dort hinauf auf den
Bauernhof zugingen. Es war schon halb zwei Uhr
morgens, als wir hinaufgingen und bereits von weitem
sahen, daß alle Lichter im Haus brannten. Wir hörten
die Kinder und alle, die im Haus wohnten, schreien.
Die Mame war schon gestorben. Um zwei Uhr nachts
sind wir am Hof angekommen. Die Nachbarsfrauen
waren schon da, sie haben schon zusammengeholfen,
sie haben schon den Strohsack hergerichtet, auf dem
die Mame aufgebahrt werden sollte. Heute bahrt die
Toten der Stimniker, der Leichenbestatter, auf. Heute
dürfen die Toten aus hygienischen Gründen, wie es so
heißt, ohne ausdrückliche Behördengenehmigung in
Kärnten nicht mehr in den Bauernhäusern aufgebahrt
werden. Früher haben wir alles selber machen müssen.
Auf ein Bett mit Einsätzen wurden die Bretter drauf-
gelegt, und auf diese Bretter kam der Strohsack, und
auf den Strohsack der Tote. Der Strohsack wurde mit
einem schönen Leinentuch überdeckt, rundherum

wurden Blumen und Grünzeug um den Toten gelegt. Ja, richtig verziert worden ist die tote Mame mit Blumen, Grünzeug und Tüchern. Als die Fane und ich mit dem Medizinfläschchen im Haus ankamen, war die Leich schon hergerichtet. Die Kinder und der Vater haben geschrien. Die Fane und ich haben uns fast nicht mehr zum Haus hingetraut. Wir haben am Geschrei und an den Kerzenlichtern, die wir von weitem sahen, schon erkannt, daß die Mame gestorben ist. Wie die jungen Hunde haben die Kinder gewinselt. Auch das kleine Kind in der Wiege hat geplärrt. Am Sonntag war das Begräbnis. Samstag nacht hielten wir Totenwache bei der verstorbenen Mame. Die Klageweiber haben die ganze Nacht Wachlieder gesungen. Das habe ich nicht verstanden, das war für mich furchtbar, die Mame liegt dort auf dem Strohsack, die Mame lebt nicht mehr, und die Weiber hier *singen*, das habe ich nicht verstanden. Das habe ich nicht begriffen, das war für mich entsetzlich. Ich bin in mein Zimmer gegangen und habe geplärrt. Am Sonntag, als sie dann mit ihr gegangen sind, habe ich so geplärrt, Jetzt habe ich wieder eine Mutter verloren! Ich bin daheim geblieben, zum Begräbnis bin ich gar nicht gegangen, ich habe nichts mehr verstanden. Ich habe furchtbar geplärrt, ich weiß nicht, ob noch jemand so furchtbar plärren kann wie ich, Jetzt habe ich wieder keine Mutter mehr! Ich war wieder ein verlorenes Schaf.

Der Jogl und ich waren zu dieser Zeit die ältesten Kinder in der Familie, die drei Buben waren schon eingerückt, es war keiner dabei, als die Mame starb und begraben wurde, sie waren alle drei im Krieg. Als die Mame schon begraben war, sind die Buben in ihrer

Uniform dahergekommen. Mir ist fast das Herz gebrochen, wenn ich daran dachte, wie stolz die Mame gewesen wäre, wenn sie ihre drei Buben in ihrer Uniform gesehen hätte. Die kleinen Kinder waren wie schüchterne Schafe. Der Jogl und ich haben zusammengehalten. Wir haben aber auch mit der Fane geredet, wir haben sie aus unserem Kreis nicht ausgeschlossen. Eine Woche nach dem Begräbnis hat der Tate im Kuhgarten ein Lied gesungen. Das hat mich damals sehr abgestoßen. Wie kann er nur, so dachte ich mir, nachdem die Mame gestorben ist, so ein Lied davontrillern! Wie kann er das zusammenbringen. Das habe ich auch dem Jogl, seinem Sohn, erzählt. Wir waren halt in Freud und Leid beinander. Der zweite Schock für uns war dann eigentlich, als wir gehört haben, daß der Tate zur Fane, zur Dirn, ins Bett gegangen ist. Die Fane selbst hat es uns stolz erzählt.

Einmal war ich gerade dabei, Kühfutter zu holen. Ich habe ein Bündel auf meinen Kopf gehoben und in den Schupfen hinaufgeschleppt. Der Jogl hat gerade aus diesem Schupfen das Stroh für die Schafe herausgetragen. In diesem Schupfen sind wir wieder zusammengestanden, haben ein bißchen geredet und haben uns abgebusselt. Der Tate ist in den Stall hinuntergegangen, hat uns gesucht, aber niemanden gefunden, da wir oben in dem Schupfen waren. Er ist in den Schupfen hinaufgegangen und hat gesehen, wie wir uns abgebusselt haben. Du mit der Russin! schrie er den Jogl an. Er hat jedenfalls einen Krampen, eine Harke, die am Boden lag, aufgehoben. Ich weiß aber nicht mehr, ob er dem Jogl mit diesem Krampen eines draufgehauen oder ob er nur gedroht hat. Jedenfalls hat er, als er uns im Schupfen beim Busseln erwischte, so mit dem Jogl geschrien, daß er im Gesicht ganz blau wurde. Er war ja ein furchtbarer Nazi. Und jetzt auf einmal soll sein Sohn mit einer Russin eine Liebesgeschichte haben! Heute kann ich den Schwiegervater verstehen. Vielleicht hatte er Angst vor den Folgen. Es war, wie ich dir schon erzählt habe, verboten, daß die Ausländer, die Russen und die Polen, Verhältnisse mit den Kärntnern eingingen. Die Ausländer wurden aufgehängt, die Kärntner mit dem Arbeitslager bestraft, den schwangeren Frauen wurden die Kinder abgetrieben. Damals lebte hier auf dem Bergbauernhof auch schon die Käthe, die Lebensgefährtin des Tate, die der Jogl und ich einfach nicht ausstehen konnten. Kaum war seine Lebensgefährtin auf dem Berg, sind sie auch schon beieinandergelegen. Das hat den Jogl und mich sehr erschreckt. Auch die anderen Kinder konnten die Käthe nicht leiden und sind vor ihr davongegangen. Ihr Mann und ihr Sohn sind im Krieg gefallen. Das war für sie, und davon werde ich dir noch erzählen, eigentlich eine Erlösung. Bald nachdem die Mame begraben wurde, ist der Jogl zu ihr hinuntergegangen und hat sie, da bei uns die Schnitter im Haus waren – es wurde gerade das Getreide unter Dach und Fach gebracht –, gefragt, ob sie zu uns kochen kommen könne. Sie ist gekommen, hat die Hausarbeit gemacht und für die Getreideschnitter gekocht. Nach der Getreideernte ist sie aber nicht mehr heimgegangen, sondern ist bei uns geblieben. Aber daß der Tate und die Käthe so schnell beinanderliegen, das hat uns abgestoßen, das hat den Jogl und mich sehr erschreckt. Ich habe nicht geglaubt, daß er die Mame so schnell vergessen kann.

Der Tate hat uns also im Schupfen beim Busseln erwischt und den Jogl angeschrien, Mit einer Russin treibst dus also! Verschwinde! sagte er zum Jogl. Der Jogl sagte, Du brauchst mich nicht davonjagen, ich gehe sowieso freiwillig zum Militär. Ich sagte zum Tate, Ich habe mit dem Jogl nichts gehabt, ich gehe jetzt zum Doktor und laß mich untersuchen und bring dir eine Bestätigung, wenn du glaubst, daß wir miteinander etwas gehabt haben. Ich war damals schon recht frech, mir war das schon wurst, weil er so gemein zu uns war. Ich hätte mich niemals getraut, eine wirkliche Liebesgeschichte mit dem Jogl anzufangen, ich hatte Angst vor den Folgen. Ich hatte Angst, daß uns dasselbe passieren kann wie den anderen Russen und Polen, die entweder umgebracht oder ins Arbeitslager geschickt wurden. Der Jogl hat mich immer wieder in Versuchung geführt, und obwohl ich ihn gern hatte, sagte ich, Nein, ich habe vor einem Kind Angst. Ich habe mich immer wieder gewehrt, wenn er aufdringlich wurde, aber er hatte auch für mich Verständnis.
Ich bin in mein Zimmer gegangen, habe mich umgezogen und habe mich bereit gemacht, um zum Doktor zu gehen und mich untersuchen zu lassen. Ich wollte vom Hof sowieso bald weggehen. Es war für mich kein Bleiben mehr. Die Käthe hat mich nicht leiden können. Sie war eigentlich dahinter, daß ich vom Hof gehen sollte, sie war wahrscheinlich auch eifersüchtig. Ich habe mich auch, wenn es an der Not war, gegen sie aufgelehnt. Die Käthe hatte einen Sohn von einem Ukrainer. Ich nehme an, daß sie mich, die ich die Russenmenscher genannt wurde, auch deshalb nicht leiden konnte, weil sie einen Sohn von einem Ukrainer

hatte. Hätte ich damals schon gewußt, daß die Käthe einen Sohn von einem Ukrainer hat, hätte ich ihr etwas anderes erzählt, wenn sie mich als Russin beschimpft hat. Aber wahrscheinlich hat sie mich auch deswegen nicht leiden können, weil sie einen Sohn von einem Ukrainer hatte und ich Russin war. Wieder Jahre später, als die Käthe auf dem Totenbett lag, schrie und röchelte sie furchtbar. Ich habe geglaubt, sie ringt auf dem Totenbett mit dem leibhaftigen Teufel, so furchtbar war ihr Röcheln anzuhören. Dieser Sohn, den sie von einem Ukrainer hatte, wurde auch in den Krieg eingezogen. Sie hat aber einen anderen Vater, einen Kärntner, angegeben. Den Kircher, der im Krieg gefallen ist, hat sie als Vater angegeben, damit sie keine Schwierigkeiten bekommt. Das war natürlich leicht für sie. Der Kircher lebte nicht mehr, er konnte nicht mehr sagen, daß er nicht der Vater ihres Sohnes ist. Ja, ich glaube, daß ich sie auch deswegen nicht leiden konnte, weil sie nicht die Wahrheit sagte, weil sie nicht sagte, daß sie das Kind von einem Ukrainer hatte, weil dafür ein Kärntner, der schon tot war und der sich nicht wehren konnte, herhalten mußte. Aber ich kann sie verstehen. Es hätte ja wirklich etwas passieren können, wenn sie die Wahrheit gesagt hätte.

Ich habe mich also umgezogen, ich dachte, daß die Käthe alleine Brot backen soll, ich gehe zum Doktor und laß mich untersuchen und bring eine Bestätigung, damit der Tate erfährt, daß sein Sohn mit der Russin kein Verhältnis hatte. Nachdem die Käthe vorerst einmal gekommen ist, um die Schnitter zu verköstigen, dann aber für ganz bei uns blieb, ist die Fane fortgegangen, zur Lugerkeusche hinunter. Allein wegen der

Eifersüchteleien, die zustandegekommen wären, mußte die Fane weggehen, weil der Tate auch mit ihr ein Verhältnis hatte, jetzt aber mit der Käthe zusammenlebte. Ich hatte mich also angezogen, ich war bereit, zum Doktor zu gehen und mich untersuchen zu lassen. Ich kam in die Küche hinunter. Der Tate saß beim Tisch, seine Hände lagen auf seinen Oberschenkeln, ich erinnere mich noch genau. So, Tate, sagte ich, ich geh jetzt zum Doktor, ich laß mich untersuchen, ich werde sowieso bald von hier weggehen, aber mit deinem Sohn habe ich nichts gehabt. Ich habe damals schon recht gut deutsch geredet, ich war schon recht frech. Geh, rief er, geh, überleg dich wieder, geh zu deiner Arbeit. Er ließ mich doch nicht zum Doktor gehen, dann war wieder alles gut, er konnte mich ja gut leiden. Wie ich erzählte, vermute ich, daß er nebenbei, wenn der Jogl und ich eine Liebesgeschichte haben, vor den politischen Folgen Angst hatte. Er hatte wahrscheinlich Angst, daß dem Jogl oder mir etwas passiert, daß man uns etwas antut, nur weil wir uns gern haben, weil ich eine Russin und keine Kärntnerin bin.

Der Jogl sagte zum Tate, nachdem er uns beim Abbusseln erwischt hat, daß er freiwillig zum Militär gehen wird, das ist dann aber auch ausgeblieben. Das alles ereignete sich im September oder im August des 44er Jahres. Im Oktober hat der Jogl, damals war er sechzehn Jahre alt, sowieso schon einen Einberufungsbefehl gekriegt. Als er, kurz vor Weihnachten, einrücken mußte, dachte ich daran, daß ich ihn wahrscheinlich nie wiedersehen werde. Ich kannte den Krieg in Rußland schon, ich wußte, was da auf den Buben zukommen wird. Ich machte mir keine Hoffnungen mehr, ihn wiederzusehen.

Einen Tag bevor der Jogl einrückte, sagte er, daß ich noch einmal in sein Zimmer kommen soll, damit wir wenigstens, wenn er schon am nächsten Tag zum Militär gehen muß, noch ein bißchen beinander sind.

Dazwischen hatten wir hier auf dem Hof eine Magd aus Jugoslawien, Maritza hat sie geheißen. Der Hans sagte zu mir, Ich glaube, die Maritza kann Ukrainisch oder Russisch. Versuch einmal mit ihr zu reden, vielleicht versteht sie dich. Ich habe ihr auf russisch und ukrainisch Fragen gestellt, aber sie verstand mich nicht, wir konnten uns vorerst nicht unterhalten. Die Schwester dieser Maritza lebte als Magd beim Hinterberger, die Maritza war bei uns, beim Niederstarzer. Ich habe gehört, daß die Schwester der Maritza so furchtbar viel plärrt, daß es ihr beim Hinterberger nicht gut geht, dort lebten ja auch zehn Kinder, und der Vater war schon gestorben. Ich wußte nicht, wie ich ihr sagen sollte, daß ihre Schwester beim Hinterberger sehr unglücklich ist, daß sie viel plärrt. Platsche, platsche, sagte ich zur Maritza, sjestra platsche, die Schwester weint. Ah, platsche, sjestra platsche! sagte die Maritza. Sie hatte mich verstanden. Von diesem Augenblick an ist die Maritza draufgekommen, daß wir uns ein bißchen unterhalten können. Ich habe von ihr ein bißchen Jugoslawisch gelernt und sie von mir Russisch.

Ein paar Jahre später, als wir bekanntgaben, daß wir heiraten werden, sagte Jogls Großmutter, Wenn der Jogl diese Russenmenscher heiratet, dann gehe ich nicht zur Hochzeit.

Im Villacher Lager
Njetotschka Wassiljewna Iljaschenko (angekreuzt)
Lydia Wassiljewna Iljaschenko (vorn links)

Inhalt

Josef Winkler
Die Menscherkammer
5

Die Verschleppung
Njetotschka Wassiljewna Iljaschenko
erzählt Josef Winkler ihre russische
Kindheit
61